W0064288

Die Ärzte der Nazis

Hans-Henning Scharsach

Die Ärzte der Nazis

Mit einem Vorwort von Teddy Kollek

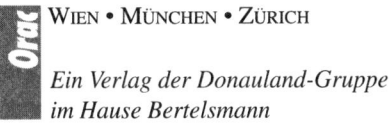

WIEN • MÜNCHEN • ZÜRICH

Ein Verlag der Donauland-Gruppe im Hause Bertelsmann

ISBN 3-7015-0429-6
Copyright © 2000 by Verlag Orac im Verlag Kremayr & Scheriau, Wien
Alle Rechte vorbehalten
Schutzumschlag: Ernst Meyer
unter Verwendung eines Fotos von Martin Vukovits
Satz: Zehetner Ges. m. b. H., A-2105 Oberrohrbach
Druck und Bindung: Wiener Verlag, Himberg bei Wien

Gesetzt nach den Regeln der neuen deutschen Rechtschreibung

Inhalt

5

Gegen das Vergessen.
Ein Vorwort von Teddy Kollek

Gut erinnere ich mich noch an die erste, trotzige Widerstandshandlung als Jugendlicher. Ein Wiener Warenhaus warb Mitte der dreißiger Jahre damit, nicht an Juden zu verkaufen. Also ging ich hin und probierte eine geschlagene Stunde lang Anzüge, Hemden und Hüte. Als alles schön verpackt war und der Kassier mir die Rechnung reichte, sagte ich ihm: „Ach, tut mir Leid, ich habe ganz vergessen, dass Sie Juden nicht bedienen" – und ging hoch erhobenen Hauptes aus dem Laden.

Wenige Jahre später hatte der Widerstand seinen unschuldigen Trotz verloren. Jetzt war es ein Kampf auf Leben und Tod. Ich war gemeinsam mit Freunden in Istanbul, als erste Nachrichten von Massenvernichtungen aus Deutschland und Österreich eintrafen. Wir lebten im Wissen um die Katastrophe – und konnten nichts dagegen tun. Wir schrieben tausende Briefe an alle möglichen Leute in allen möglichen Ländern. Wir reisten, redeten und telegrafierten. Vergeblich. Die Welt weigerte sich zu glauben, was da geschah.

Damals lernte ich die Verzweiflung kennen, die einen erfasst, wenn man weiß, dass alles, was man tut, vergeblich ist. Aber ich war mir gleichzeitig bewusst, dass es trotzdem getan werden muss.

Auch heute ist Widerstand nötig – Widerstand gegen das Vergessen. Bücher wie dieses leisten dazu ihren Beitrag. Versöhnung basiert auf gemeinsamer Einsicht, die durch gemeinsames Wissen erst möglich wird. Die Geschichte des Dritten Reiches muss auch ein Stück Gegenwart bleiben. Nur so lässt sie sich bewältigen. Wer die Augen vor der Vergangenheit verschließt, macht sich blind für die Zukunft.

Im Gespräch. Dank an Zeitzeugen

Innigen Dank sage ich jenen Zeitzeugen, deren Berichte zur Entstehung dieses Buches beitrugen. In langen Gesprächen haben sie mir nicht nur Wissen vermittelt. Vor allem haben sie mir die für heutige Generationen unvorstellbaren Dimensionen der Angst, der Leiden und der Verzweiflung erschlossen, die der politische Terror der Nazizeit hervorbrachte. Sie haben mir aber auch Einblick gegeben in die Dimensionen des Mutes und der Selbstpreisgabe, die den Widerstand gegen das NS-Regime auszeichneten. Besonders danke ich: Vera *Alexander* (Auschwitz, als Blockälteste für die Betreuung von Mengeles Zwillingen zuständig); David *Ariel* (Ghetto Muntasch, Auschwitz, Mauthausen, Melk, Ebensee); Asher *Ben-Natan* (Widerstand von Israel aus, organisierte als Kommandant der Bricha den Transit jüdischer Flüchtlinge nach Palästina, nach Kriegsende erster israelischer Botschafter in Deutschland, Berater von Verteidigungsminister Shimon Peres); Henri *Borlant* (Auschwitz, Sachsenhausen, Buchenwald); Marko M. *Feingold,* (Auschwitz, Neuengamme, Dachau, Buchenwald); Amalie *Fritz* † (im Wiener Gestapo-Gefängnis neun Monate lang verhört, ohne Kameraden zu verraten, Auschwitz, Ravensbrück, Veröffentlichung: *Es lebe das Leben*); Hilde *Fuchs* (Flucht aus Wien über Jugoslawien nach Israel); Katriel *Fuchs* (Flucht aus Wien über Jugoslawien nach Israel, kämpfte als Freiwilliger in der britischen Marine gegen Hitler-Deutschland); Rudolf *Gelbard* (Theresienstadt, nach dem Krieg eine der Zentralfiguren des Antifaschismus in Wien); Hermann *Gugig* (Buchenwald); Ivan *Ivanji* (Auschwitz, Buchenwald, Veröffentlichungen u. a. *Schattenspringen; Der Aschenmensch von Buchenwald*); Otto *Klein* (Auschwitz, gemeinsam mit seinem Bruder Opfer von Mengeles Zwillingsversuchen); Fritz *Kleinmann* (Buchenwald, Auschwitz, Mauthausen, Autor von *Doch der Hund will nicht krepieren, Tagebuchnotizen aus Auschwitz*); Leo *Kuhn* (Mauthausen); Hermann *Lein* (Dachau, Mauthausen, Veröffentlichung: *Als Innitzergardist in den Konzentrationslagern Dachau und Mauthausen*); Ella *Lingens* (wegen Fluchthilfe für Juden als Häftlingsärztin in Auschwitz); Solomon *Malek* (Ghetto Ober Viseu, Auschwitz, gemeinsam mit seiner Zwillingsschwester in Mengeles Zwillingsblock); Hans *Marsalek* (Lagerschreiber in Mauthausen, koordinierte KZ-Widerstandsgruppen, nach Kriegsende Aufbau des Mauthausen-Archivs, Veröffentlichung: *Die Geschichte des Konzentrationslagers Mauthausen*); Leon *Nachwalger* (Ghetto Kolomea, überlebt nach der Flucht als U-Boot); Dagmar *Ostermann* (Ravensbrück, Auschwitz, Veröffentlichung: *Die Begegnung – ein Opfer und ein Täter im Gespräch*); Edeltraud *Posiles* (versteckt jüdische Freunde und Familienmitglieder); Ephraim *Reichenberg* (Auschwitz, gemeinsam mit seinem Bruder Opfer von Mengeles Zwillingsversuchen, Mitinitiator des symbolischen Prozesses gegen Mengele in Yad Vashem, Jerusalem); Fritz *Rubin-Bittmann* (als Kind jüdischer Eltern im Untergrund geboren); Rudolf *Sarközi* (im Zigeunerlager Lackenbach geboren, Vorsitzender des Wiener Volksgruppenbeirats der Roma); Max *Schneider* (als Emigrant Freiwilliger in der britischen Armee, erhält als einziger Österreicher die Military Medal, die höchste Auszeichnung für britische Soldaten); Ludwig *Soswinski* † (Mauthausen, Mitorganisator des KZ-Widerstands); Johann (Mongo) *Stojka,* (Auschwitz, Buchenwald, Flossenbürg, Todesmarsch); Karl *Stojka* (Zigeunerlager Lackenbach, Auschwitz, Buchenwald, Flossenbürg, Todesmarsch, Bilderzyklen: *Ein Kind in Birkenau* und *Die zwölf Kreuzwege der Roma und Sinti im Dritten Reich*); Irma *Trksak* (als Widerstandskämpferin in Gestapo-Haft, Ravensbrück, Todesmarsch); Arthur George *Weidenfeld* (während des Krieges für den Abhördienst der BBC tätig, Berater von Israels Staatspräsident Chaim Weizmann, zahlreiche Veröffentlichungen); Simon *Wiesenthal,* (interniert in zwölf Arbeits- und Konzentrationslagern, u. a. Groß-Rosen, Buchenwald, Mauthausen, Leiter des Jüdischen Dokumentationszentrums, zahlreiche Veröffentlichungen, u. a. *Jeder Tag ein Gedenktag – Chronik jüdischen Leidens; Recht nicht Rache; Die Mörder leben*); Anneliese *Winterberg-Nossbaum* (Theresienstadt, Auschwitz, Freiberg/Flossenbürg, Mauthausen); Leon *Zelman* (Ghetto Lodz, Auschwitz, Falkenberg, Wolfsberg/Groß-Rosen, Mauthausen, Ebensee, Mitbegründer der Zeitschrift *Das jüdische Echo,* Leiter des *Jewish Welcome Service* in Wien); Stefan *Zweig* (Ghetto Krakau, Bierzanow, Kamiena, Plaszow, Buchenwald – die Rettung des damals dreijährigen Kindes liegt dem verfilmten Roman *Nackt unter Wölfen* zugrunde).

1. Die Zeit vor 1933.
Ärzte als Vorreiter der Rassenpolitik

Landsberg. Hitler lässt sich inspirieren

In der nationalsozialistischen Bewegung spielen Ärzte von Anfang an eine wichtige Rolle. Hitler lässt sich von ihnen vielfach inspirieren. Schon in der Festungshaft von Landsberg, als er willkürlich Zusammengelesenes zu politischen Zielen verdichtet, spielen medizinische Themen wie Rassen- und Vererbungslehre eine wesentliche Rolle. Die Idee von Autobahn und Volkswagen soll hier ebenso geboren worden sein wie die Vision, durch Auslese eine *arische Rasse* zu züchten.[1]

Zu den Büchern, die Hitler begierig in sich einsaugt, zählt *Grundriss der menschlichen Erblichkeitslehre und Rassenhygiene*. Zwei der Mitverfasser, Eugen Fischer und Ernst Rüdin, sind Lehrer jenes fanatischen Rassegenetikers Otmar Freiherr von Verschuer, der Jahre später in der nationalsozialistischen Ärzteschaft eine zentrale Rolle spielt und als Doktorvater und Förderer des Auschwitz-Arztes Josef Mengele traurige Berühmtheit erlangt.

Fasziniert verschlingt Hitler auch psychologische Arbeiten. Die im Herbst 1919 von dem Münchener Psychiater J. R. Roßbach verfasste Broschüre *Die Massenseele. Psychologische Betrachtungen über die Entstehung von Volks-(Massen-)Bewegungen (Revolutionen)* scheint seine Ideen zur Führung und Emotionalisierung von Massen unmittelbar zu beeinflussen. Vorträge wie der von Hofrat Dr. med. J. Decker im Juli 1920 in München erstmals gehaltene über *Massensuggestion und Politik* werden zu festen Bestandteilen nationalsozialistischer Schulungsprogramme.[2]

Nebenbei lassen sich unter den Ärzten auch großzügige Mäzene finden. So spielt Wilhelm Gutberlet, der zu Beginn der zwanziger Jahre Hitlers Kehlkopfbeschwerden behandelt hat und zu den frühesten NSDAP-Mitgliedern zählt, beim Ankauf des *Völkischen Beobachters* eine wichtige Rolle.

Ärztliches Selbstverständnis. Unpolitisch deutsch

Von Anfang an sind Ärzte in Hitlers Gefolgschaft überrepräsentiert, auch wenn viele, angesichts des traditionell unpolitischen Selbstverständnisses ihres Berufsstandes, mit dem offiziellen Beitritt zögern. *Unpolitisch* aber bedeutet damals vor allem *nicht parteipolitisch.* In einer 1921 erschienenen Folge der *Verlautbarungen des Verbandes Deutscher Medizinerschaften* heißt es, Ärzte befassten sich zwar nicht mit parteipolitischen Fragen, stünden jedoch „auf einem streng deutschen Standpunkt".

Nationales Engagement wird nicht unbedingt als *politisch* angesehen. Führende Vertreter des *Hartmannbundes* – jener Standesorganisation, die den *unpolitischen Arzt* zum Wahrzeichen erhoben hat – engagieren sich in der Deutsch-Nationalen Volkspartei (DNVP). Diese pflegt enge Verbindungen zur NSDAP samt zahlreicher Doppelmitgliedschaften unter den Ärzten. Der Standespolitiker Karl Haedenkamp gehört von 1924 bis 1928 als DNVP-Abgeordneter sogar dem Reichstag an.

Zudem begreifen selbst Mitglieder der NSDAP diese anfangs nicht als politische Partei, sondern als *Bewegung,* in der man sich *parteiungebunden* gegen all das engagieren kann, was von der etablierten Politik zu wenig konsequent bekämpft wird: gegen Linke und Rote, gegen Internationalismus, Kriegsschuldlüge und das Diktat von Versailles. Schließlich geht es um die Wiedererrichtung dessen, was Moeller van den Bruck in seinem 1923 erschienenen Hauptwerk *Das dritte Reich* propagiert: eine in der Großmacht-Kontinuität stehende Fortsetzung von Heiligem Römischen Reich und Deutschem Kaiserreich.

Als in der Spätphase der Weimarer Republik die Deutsch-Nationale Volkspartei in immer neue Gruppen und Grüppchen zerfällt, scheinen sich ärztliche Standesvertreter samt ihren Publizisten in die Tradition Wilhelms II. von 1914 zu flüchten: „Ich kenne keine Parteien mehr, ich kenne nur noch Deutsche." In Wirklichkeit aber ist dieser als *unpolitisch* ausgegebene Standpunkt nur Tarnung für den immer stärker werdenden Zulauf zur NSDAP, die erfolgreich alles zu integrieren versucht, was auf der Rechten unzufrieden oder heimatlos ist.

Konzepte der Mediziner. National und autoritär

Schon Ende der zwanziger Jahre kommt aus der Ärzteschaft eine Vielzahl autoritärer Vorschläge für Staat und Gesundheitswesen. Gemeinsam ist ihnen, dass sie sich gegen das System der unabhängigen Krankenkassen richten. Die Alternativen reichen von der Schaffung staatlich bestellter Kreiskassenärzte über die Einführung eines Zwangssparsystems, die Errichtung staatlicher Verrechnungsstellen für Privatpraxen und die Verbeamtung der Mediziner bis zur Gründung eines Nationalen Gesundheitsdienstes. Die Ärzteschaft, die 1848 an der Spitze des revolutionären Bürgertums den demokratischen Aufbruch maßgeblich mitgetragen hat, beginnt sich den Regierenden als Herrschaftsinstrument anzudienen.[3] Statt Träger sozialer Gesinnung zu sein, verlangt sie vom Volk, was nationalsozialistische Propaganda zur wichtigsten *Tugend* erhebt: Höchstleistungen und Härte gegen sich selbst.

Was für viele von ihnen die Zukunft der Medizin sein soll, wird von nationalen Vordenkern publiziert, lange bevor Hitler an die Macht kommt. Schon während des Ersten Weltkrieges beginnen sie, die individuelle Verpflichtung des Arztes dem Patienten gegenüber der Pflege des *Volkskörpers* unterzuordnen. Die *Erhaltung und Mehrung der Volkskraft* wird zum erklärten Ziel ärztlichen Handelns. Die in staatsgläubiger und autoritätshöriger Kontinuität stehenden Ärzte passen ihre Tätigkeit der politischen Nützlichkeit an, bei der Behandlung von Kriegsneurosen ebenso wie bei den zunehmend restriktiv gehandhabten Krankschreibungen, den versicherungsmedizinischen Begutachtungen oder der Ernährungslenkung, die den Menschen Hungerrationen verordnet.[4]

Noch im Verlauf des Krieges werden die liberalen Restbestände der Standespolitik weitgehend preisgegeben. Statt dessen lassen sich die Ärzteverbände von jenem Bündnis aus Schwerindustrie, Großlandwirtschaft und Mittelstandsverbänden einspannen, das als *Leipziger Kartell* schon 1913 die gesamte Sozialpolitik inklusive Krankenkassen als zu kostspielig und wirtschaftsschädlich abgelehnt hat. Die Sozialversicherung, kritisieren ärztliche Standesvertreter allen Ernstes, führe zur „Verweichlichung des Patienten" und zum „Niedergang des deutschen Volkes".

Rassenlehre. *Neue Ethik* als Ersatzreligion

1917 bringt der damals 30-jährige Fritz Lenz das nationale Sendungsbewusstsein der neuen Ärztegeneration in der Zeitschrift *Deutschlands Erneuerung* visionär auf den Punkt. Die von ihm vertretene *neue Ethik* ist völkisch deutsch, gesäubert von fremden Elementen, dem *Volksorganismus* verpflichtet, vor allem aber antisozialistisch, weil die Gleichheit der Bürger zur „Aufpäppelung wertloser Menschen" führe.

Lenz kann sich bei seiner Arbeit auf frühere Quellen stützen. Schon 1895 hat sein geistiger Mentor, der Arzt Alfred Ploetz, den Aufsatz *Ableitung einer Rassenhygiene und ihrer Beziehungen zur Ethik* veröffentlicht. Die von Wilhelm Schallmayer 1903 veröffentlichte Abhandlung *Vererbung und Auslese im Lebenslauf der Völker* gilt als führendes Fachbuch für *Eugenetik (Eugenik)*. Die *neue Ethik,* wie diese Ärzte sie definieren, wird nicht mehr durch die Tat, nicht durch ethisches Handeln, sondern durch die Geburt bestimmt.

Andere Autoren folgen. Der praktische Arzt Gustav Sondermann überhöht 1924 in einer Broschüre mit dem Titel *Der Sinn der völkischen Sendung* nationalsozialistische Ideen mit seiner tiefgläubigen, christlichen Haltung. Nationales Sendungsbewusstsein, dumpfe Religiosität und die Hoffnung auf einen „Erlöser" aus der politischen Depression nach einem verlorenen Krieg beginnen sich zu einer Art Ersatzreligion zu verdichten. Zur Betonung des Organischen, Gewachsenen, Erdverbundenen kommen Blut und Rasse.

Hitler hat die Propagandawirkung der Rassenlehre längst erkannt. Ihm geht es nicht um Wissenschaftlichkeit. Seinen Anhängern schon gar nicht. Die neue Wahrheit wird zu einer Sache des Glaubens. Die Wiedererlangung der „Reinheit des Volkskörpers" soll über das „Ausmerzen artfremder Einflüsse" erreicht werden. Was Ärzte dazu publizieren, dient der Politik als Feigenblatt.

Als das rassistische Pamphlet von Fritz Lenz 1933 in ausführlicher Form neu aufgelegt wird, trägt es den Obertitel *Die Rasse als Wertprinzip*. Im Vorwort kann Lenz sich rühmen, schon 1917 alle wesentlichen Züge der nationalsozialistischen Weltanschauung vorweggenommen zu haben. Nur wenige stoßen sich daran, dass der Verfasser den Begriff *Volk* durch *Rasse* ersetzt hat, ohne das zu begründen. Die wissenschaftliche Diskussion darüber findet ein schnelles Ende. Ärzte wie Sondermann räumen zwar ein, dass in der *Rassenfrage* vieles noch unklar sei, beharren jedoch gleichzeitig darauf, dass sich die deutsche und die jüdische „Volkheit" absolut „fremdartig" gegenüberstünden. Es sei daher „widernatürlich", wenn die Zellen der einen sich mit denen der anderen mischten.

Antisemitismus. Erste Ausschlüsse von Juden

In der neuen Fassung bekennt Lenz sich erstmals offen zum Antisemitismus. Kritik daran, das „Judenproblem" früher nicht angesprochen zu haben, kontert er mit dem Hinweis auf die von ihm schon bisher geforderte „Ausschaltung alles Fremden": Damit seien „ohnedies die Juden gemeint" gewesen.

Die vorsichtige Aussparung und Umschreibung dieses Themas in der Erstfassung scheint jedoch wohl überlegt gewesen zu sein. Große Teile der mehrheitlich „rechten" Ärzteschaft haben bis weit in die zwanziger Jahre hinein auf antisemitische Ausfälle mit offener Ablehnung reagiert. Der *Hartmannbund* wehrt sich noch 1929 gegen einen antisemitischen Artikel mit dem Hinweis, für den Ärztestand gebe es keine Konfessionsunterschiede – auch deutsch-jüdische Ärzte hätten Großes geleistet.

Aber es gibt auch die anderen Beispiele: Die *Marburger Medizinerschaft* ist die erste, die 1919 Juden ausschließt. Die *Klinikerschaft der Königsberger Medizinstudenten* und die *Münsterische Vorklinikerschaft* folgen 1920. Der *Verband deutscher Medizinerschaften* reagiert entgegen seiner Satzung mit euphorischem Beifall: Solange es zu wenig Studienplätze für Deutsche gebe, sei es unzumutbar, dass „Ostjuden die deutsche Volksseele mit nihilistischen Ideen asiatischer Fanatiker verpesten", wird in ihrer Stellungnahme die Diktion des späteren Nationalsozialismus vorweggenommen.[5]

Gefährlicher Fortschritt. Diskussion um „unwertes Leben"

Auch die „Vernichtung unwerten Lebens" wird in der Ärzteschaft lange vor Hitlers Machtergreifung diskutiert. Beim *42. Deutschen Ärztetag* 1921 in Karlsruhe stellt Oberstabsarzt a. D. Walter Bergemann den Antrag, die Teilnehmer sollten „die Tötung bei nicht lebenswertem Leben befürworten". Die Bürger würden „eine unfortschrittliche Haltung in dieser Frage" nicht verstehen. Der Antrag wird niedergestimmt, die Diskussion aber geht weiter. Im *Ärztlichen Vereinsblatt* erscheinen mehrfach ablehnende Stellungnahmen, aus denen hervorgeht, dass ein immer größerer Teil der Ärzteschaft an der „fortschrittlichen Art" Gefallen zu finden scheint, den „deutschen Volkskörper" durch Auslese zu stärken.

Protestpotenzial. Folgen der Wirtschaftsflaute

Die Inflation Anfang der zwanziger Jahre und die Weltwirtschaftskrise Anfang der Dreißiger setzen auch den Ärzten zu. Die 1932 vom *Hartmannbund* veröffentlichten Zahlen, nach denen 72 Prozent der Mediziner „am Existenzminimum liegen", mögen als Zweckbehauptung einer Standesorganisation im Kampf gegen die Sozialpolitik der Reichsregierung weit übertrieben sein. Eine große Gruppe Unzufriedener aber gibt es. Vor allem junge Ärzte und Kriegsteilnehmer leiden unter der restriktiven Zulassungspolitik der Kassenverbände, die den etablierten Teil der Ärzteschaft vor Konkurrenz zu schützen trachten.

Aus der Ende 1926 vom Privatdozenten Fritz Lejeune gegründeten *Reichsnotgemeinschaft Deutscher Ärzte* entsteht ein Protestpotenzial, das Hitler in die Hände arbeitet. In Reden und Publikationen wettert der Gründer und Vorsitzende der *Notgemeinschaft* zuerst gegen die „Politik des Aushungerns", dann gegen „linksradikale Strömungen" und schließlich gegen die „Verjudung" der Ärzteschaft.

Dass Teile der Ärzteschaft schon damals auf materielle Besserstellung durch Ausschaltung der jüdischen Konkurrenz hoffen, ist aus vorhandenen Dokumenten nicht belegbar – vielleicht, weil sich zu dieser Zeit niemand vorstellen kann, mit welcher Rigorosität die NSDAP gegen jüdische Mediziner vorgehen wird. An den überfüllten Universitäten, wo der Kampf um die knappen Hörsaalplätze chaotische Züge angenommen hat, wird der Ausschluss der Juden vom Studium leidenschaftlich diskutiert. Die praktizierende Ärzteschaft aber führt ihren Kampf gegen jüdische und „linke" Kollegen vorerst nicht mit ökonomischen, sondern mit politischen Argumenten.

Im erbitterten Streit um ärztliche Interessen verlieren liberale Standespolitiker an Einfluss. Mitte der zwanziger Jahre verlässt eine

Gruppe reformerischer Kräfte protestierend den *Hartmannbund,* was dessen Position noch weiter nach rechts verschiebt. Der durch die Abspaltung entstandene *Verein sozialistischer Ärzte* aber sieht sich ins politische Ghetto gedrängt und kann so gut wie nicht mehr wirksam werden. 1926 geht er in der *Arbeitsgemeinschaft sozialde-mokratischer Ärzte* auf, die ebenfalls auf verlorenem Posten kämpft. Sozialdemokraten werden von den etablierten Standesvertretern ebenso wie von der *Reichsnotgemeinschaft* als „kommunistisch" und „standesfeindlich" beschimpft. Während die Standesorganisa-tionen auf Kritik von links immer heftiger reagieren, hofieren sie rechte Anhänger, inklusive NS-Sympathisanten.[6]

Als Hitlers NSDAP nach dem ersten Wahlerfolg 1930 in den Reichs-tag einzieht, hat sie die große Bühne gefunden, um sich als „einzige arztfreundliche Partei" zu profilieren. Obwohl sie den Ärzten vorerst nur große Worte bieten kann, entsteht der Eindruck, sie habe „ihre Versprechen gehalten". Die *Reichsnotgemeinschaft* kann ihren Mit-gliedern suggerieren, dass jede Stärkung der Bewegung auch eine Stärkung ärztlicher Anliegen bedeute.

Neue Aufgaben. Erzieher und Aufklärer in *Rassenfragen*

Vieles von dem, was in der deutschen und österreichischen Ärzte-schaft längst gedacht und formuliert ist, muss Hitler nur zu Ende denken und in Programme gießen. Von Anfang an schätzt er Medizi-ner als Propagandisten. Das besondere Verhältnis zwischen Arzt und Patient macht sie zu effizienten Wegbereitern nationalsozialisti-scher Ideen. Wo immer er auf Ärzte trifft, versucht er sie unter Auf-bietung aller Überredungskunst für seine Ideen zu gewinnen. Den berühmten Chirurgen Ferdinand Sauerbruch bittet er schon beim ersten Zusammentreffen, unter seinen Studenten die Verbreitung des Antisemitismus zu fördern – was dieser nicht tut, obwohl er mit den Vorstellungen des angehenden Führers durchaus sympathisiert.[7]

Um die Ärzte für seine Bewegung zu begeistern, schiebt Hitler ihnen eine Rolle zu, von der sie sich eine Aufwertung ihres gesellschaftli-chen Status erhoffen dürfen: die der auserwählten Volkserzieher und Prediger jener *neuen Ethik,* deren Grundzüge Lenz so kompakt zu Papier gebracht hatte. Ärzte wie Sondermann greifen das Angebot freudig auf, indem sie sich zu „Seelsorgern" und „Erziehern zum

Deutschtum" ernennen. Viele von ihnen, wie etwa der ausgezeichnete Redner Johannes Dingfelder, leisten der *Bewegung* wertvolle Dienste als *Aufklärer in Rassenfragen.* Ein wichtiger Schritt gegenseitiger Annäherung ist getan.

Führende Rolle. Mediziner in der NS-Bewegung

Schon in den frühesten Mitgliederlisten der NS-Bewegung sind die Ärzte überrepräsentiert. Im Gesamtverzeichnis von 1919 bis 1922 stellen Mediziner und Medizinstudenten mit knapp 23 Prozent die größte Gruppe unter dem akademisch gebildeten Teil der Mitglieder.

Mit der Gründung des *Nationalsozialistischen Deutschen Ärztebundes* im Jahr 1929 haben sie ihre prominente Stellung innerhalb der Partei endgültig gesichert. Auf dem außerordentlichen Ärztetag im Spätherbst 1931 kündigt *Ärztebund*-Sprecher Hans Deuschl an, dass „wir an dem Tag, an dem das Hakenkreuzbanner vom Brandenburger Tor weht [...] die Führung der deutschen Ärzteschaft übernehmen werden".

Nach den Wahlen im Sommer 1932 ziehen für die NSDAP vier Mediziner in den Reichstag ein. Auch in den Länderparlamenten sind Ärzte überproportional vertreten. Zu den Unterzeichnern des Wahlaufrufs *Deutsche Hochschullehrer für Adolf Hitler* wenige Wochen vor dessen Ernennung zum Reichskanzler zählen rund ein Dutzend Professoren und Dozenten der Medizin.

In der NSDAP steigen viele Ärzte der ersten Stunde in hohe Funktionen auf. Leonardo Conti, ein Schweizer mit deutschen Vorfahren, der 1920 mit einer Gruppe militanter Rechtsextremer einen Vortrag des jüdischen Professors Georg Nicolai vor dem *Verein Pazifistischer Studenten* gestört hat und sich daher später rühmen darf, „diesen jüdischen Deserteur von der Berliner Universität vertrieben" zu haben, bringt es im Dritten Reich zum Reichsärzteführer, Fritz Bartels, der schon 1920 bei der Gründung der NSDAP mit dabei war und die niedrige Alt-Partei-Nr. 1212 trägt, zum Stellvertretenden Reichsärzteführer. Unter den frühesten Gauleitern der Jahre 1925 bis 1928 finden sich mit W. Ernst (Halle-Merseburg), Ludolf Haase (Hannover Süd), O. Hellmuth (Unterfranken) und Gustav Schmischke (Anhalt und Sachsen Nord) gleich vier Mediziner.[8]

Trotz dieser vielfach dokumentierten Entwicklung hat sich nach Kriegsende lange das Märchen gehalten, die Mehrzahl der Ärzte habe sich gegenüber dem Nationalsozialismus distanziert verhalten; die Ärzte hätten unter einer diktatorisch eingesetzten Standesführung versucht, die NS-Zeit weitgehend „unpolitisch" zu überdauern; nur ein kleiner Teil der Ärzteschaft habe mit Hitler sympathisiert, nur Einzelne seien an Verbrechen beteiligt gewesen.

Der kanadische Historiker Michael Kater räumt 1979 mit dieser Geschichtslüge auf. Er weist nach, dass im Dritten Reich 45 Prozent aller Ärzte Mitglieder der NSDAP waren, 26 Prozent der SA und sieben Prozent der SS angehörten – ein Spitzenwert, der von keiner anderen Berufsgruppe auch nur annähernd erreicht wurde. Selbst der Anteil der Lehrer, deren Tätigkeit im NS-Staat besonders intensiv überwacht wurde und die unter deutlich stärkerem Druck standen, der Partei beizutreten, war mit etwa 35 Prozent deutlich geringer.[9]

Genozidpolitik. Ärzte als Täter und Schreibtischtäter

Von allem Anfang sind Ärzte bei der Planung der nationalsozialistischen Massenvernichtung federführend. Die Genozidpolitik der Auslese, der Ausrottung und des fabriksmäßigen Völkermordes trägt ihre Handschrift. Von den ideologischen Anfängen bis zum verbrecherischen Ende sind sie als Vordenker, Vorbereiter, Vorantreiber und Exekutoren daran beteiligt. Die medizinische Wissenschaft ist es, deren *rassenhygienische Konzepte* zur Grundlage des Genozids werden. Ärzte sind es, die sie umsetzen.

Schon bei der Realisierung des Sterilisierungsprogrammes spielen sie eine zentrale Rolle. Auch wenn rund 90 Prozent der Anträge von Amtsärzten gestellt werden, leisten die niedergelassenen Ärzte einen entscheidenden Beitrag: Jeder ist gesetzlich zur Meldung von *Erbkranken* verpflichtet. Viele tun mehr, als das Gesetz ihnen vorschreibt. Ärzte sind es, die wider besseres Wissen heilbare Krankheiten und harmlose Behinderungen als *Erbkrankheiten* ausgeben. Ärzte sind es, die in vorauseilendem Gehorsam das Sterilisierungsprogramm auf *Asoziale* ausdehnen.

Die von ihnen angelegten Namenslisten werden anschließend zur *Euthanasie* (griechisch: schöner Tod) herangezogen, wie die „Ausmerzung von Ballastexistenzen" verharmlosend genannt wird. Die

Initiative zur „Ausrottung Minderwertiger" geht von den Ärzten im *Reichsausschuss zur wissenschaftlichen Erfassung erb- und anlagebedingter schwerer Leiden* aus. Ärzte legen die Kriterien fest, nach denen selektiert wird. Ärzte durchkämmen die psychiatrischen Anstalten auf der Suche nach „unwertem Leben". Ärzte füllen die Meldebögen aus. Ärzte fällen die Todesurteile in Form von Gutachten. Ärzte stellen die Transporte in *Euthanasie*-Zentren zusammen. Ärzte verabreichen tödliche Medikamente und Spritzen. Ärzte ordnen den Nahrungsmittelentzug an, um das staatlich verordnete Sterben zu verbilligen. Ärzte drehen die Gashähne auf.[10]

Anstaltsärzte können Patienten vom Transport in den Tod zurückstellen. Um Einzelne retten zu können, bleiben vereinzelt auch Gutwillige und Regimegegner in ihren Positionen. Jetzt sind auch sie eingebunden in den mörderischen Prozess der Selektion.[11]

Deutsche und österreichische Ärzte vernichten psychisch Kranke und Tuberkulosekranke in Polen. Ärzte nehmen Abtreibungen an Zwangsarbeiterinnen vor. Ärzte organisieren die Tötung von Kriegsgefangenen und stellen tödliche Versuche mit ihnen an.

Ärzte leisten schließlich auch zur „Endlösung der Judenfrage" den entscheidenden Beitrag. Das von ihnen entwickelte „medizinische Töten" in den *Euthanasie*-Zentren wird zum Vorbild für die Massenvernichtung in Auschwitz. Dort stehen Ärzte an der Rampe. Für die Selektion und die Überwachung der Vergasung ist der medizinische Doktorgrad zwingend vorgeschrieben. Ärzte organisieren den fabriksmäßigen Massenmord. Ärzte unterbreiten Verbesserungsvorschläge zur Leichenverbrennung. Ärzte nehmen die grauenhaftesten Menschenversuche an KZ-Insassen vor.

Von den 76.000 bis 1942 im Deutschen Reich approbierten Ärzten werden hunderte zu Henkern des Regimes. Tausende machen sich der Beihilfe schuldig oder nützen die Chance rassistischer Selektion für die eigene Karriere. Zehntausende erweisen sich als gewissenhafte Pflichterfüller. Nur Einzelne leisten Widerstand.[12]

2. Zwangssterilisation.
Die Verbesserung der Rasse

Tödliche Vision. Von der *Auslese* zur Vernichtung

Als Hitler an die Macht kommt, hat die medizinische Wissenschaft
den Weg Richtung biologischer und rassistischer *Auslese* bereits ge-
ebnet. Die Nationalsozialisten müssen nur tun, was Vordenker der
Erblichkeitslehre und *Rassenhygiene* als Utopien entwickelt haben.
In der zweiten Hälfte des 19. Jahrhunderts ist Darwins Evolutions-
theorie der natürlichen Auslese entstanden: In der Natur setzt sich
das besser angepasste Lebewesen durch.[13] Die so genannten Sozialdarwinisten verfälschen diese Aussage, indem sie die Erkenntnisse
aus dem Tierreich auf den Menschen übertragen: Im Kampf um das
Dasein überlebt nur der Stärkste. Die Nationalsozialisten übertragen
dieses Modell auf den Konkurrenzkampf der *Rassen*. Unter Berufung auf Darwin versuchen sie ihre Politik und ihre Verbrechen als
„naturgegeben" zu legitimieren.
Renommierte Wissenschaftler haben die Richtung vorgegeben. Als
Darwins Vetter Francis Galton, ein englischer Arzt und Naturforscher, Ende des 19. Jahrhunderts seine Vererbungslehre entwickelt
und daraus Thesen zur *Verbesserung der menschlichen Rasse* ableitet, prägt er dafür den Begriff *Eugenetik (Eugenik)*[14]. Darunter versteht er, die Geburtenrate „Ungeeigneter" zu beschränken und die
„Produktivität der Geeigneten" durch frühe Heirat und gesunde Aufzucht ihrer Kinder zu erhöhen. In Deutschland versucht man den Begriff *Eugenetik* als *Rassenhygiene* leichter verständlich zu machen.[15]
Als Reflex auf solche Interpretationen des Sozialdarwinismus beginnen populistische Vereinfacher Darwinscher Selektionsgesetze
wie der *Rassenhygieniker* Alfred Ploetz oder der Zoologe und Natur-
philosoph Ernst Haeckel Strategien zur Vernichtung „Minderwertiger" in ihre Visionen einfließen zu lassen. Haeckel definiert den
menschlichen Überlebenskampf als Akt „natürlicher Züchtung", bei
dem der Stärkere über den Schwächeren siegt. Beschleunigen lasse
sich der Selektionsprozess durch „künstliche Züchtung".[16] Neben
der Todesstrafe, die Verbrecher von weiterer Fortpflanzung aus-

schließt, verweist er auf das Beispiel der Spartaner. Diese hätten bereits Neugeborene einer „künstlichen Auslese" unterworfen, indem sie die schwächlichen töteten.[17] Dass Haekel hinzufügt, der Kampf müsse „immer einer des Geistes" sein, verschweigen jene, die ihn politisch instrumentalisieren.

Einen Schritt weiter geht Alfred Ploetz. Der Mitinitiator der *Gesellschaft für Rassenhygiene,* die 1905 gegründet wird und bis 1930 sechzehn Ortsgruppen in Deutschland und vier in Österreich unterhält, hat sich von Jugend an der *Reinerhaltung und Stärkung der deutschen Rasse* verschrieben. Der fanatische *Eugenetiker* tritt dafür ein, die Fortpflanzung nicht dem Zufall zu überlassen, sondern die Erlaubnis dazu auf solche Ehepaare zu beschränken, deren rassische Hochwertigkeit wissenschaftlich ermittelt ist. Sollte trotzdem ein schwächliches oder „missratenes" Kind zur Welt kommen, müsse ein Ärztekollegium die Entscheidung zur Tötung treffen, während es die Eltern „frisch und fröhlich" ein zweites Mal versuchen sollten, falls ihnen das „nach dem Zeugnis der Fortpflanzungsfähigkeit erlaubt ist".[18]

Ausdrücklich warnt Ploetz vor der „konträren Selektion" durch Kriege oder Revolutionen, in denen die Besten zu Tode kommen können. „Kontraselektiv" sind für ihn aber auch Armenpflege, Kranken- und Arbeitslosenversicherung, weil sie „die natürliche Selektion im Kampf ums Dasein" behindern. Das gleiche gelte für „falsch verstandenen medizinischen Fortschritt". Auch durch ärztliche Hilfe werde „die natürliche Auslese der Schwachen" beeinträchtigt und „Minderwertiges" am Leben erhalten, das „später zur Last wird". Als größte Gefahr für die notwendige *Rassenhygiene* sieht Ploetz die „humanitäre Idee der Gleichberechtigung, die den Siegeszug durch unsere moderne Kulturwelt anzutreten droht".[19]

Auf der *Internationalen Hygieneausstellung* 1911 in Dresden tritt eine Gruppe um Ernst Rüdin und den Münchener Hygieniker Max von Gruber mit einem gemeinsam herausgegebenen Katalog *Fortpflanzung, Vererbung, Rassenhygiene* auf, der vor der „Degeneration" der Kulturvölker warnt. „Diese müssen eine große Zahl von Minderwertigen, Schwächlichen und Krüppeln mit sich schleppen".[20] Als Voraussetzung wirksamer Gegenmaßnahmen verlangen die Autoren vom Staat die „systematische Erhebung der Volkskonstitution und Rassenhygiene". An die Spitze der zu ergreifenden

Maßnahmen stellen sie „die Ausmerzung der Untüchtigen und Minderwertigen aus dem Leben der Rasse".[21]

Rassenhygiene. Von der Theorie zur Praxis

Unter Berufung auf solche „wissenschaftlichen" Konzepte wird *Rassenhygiene* im Nationalsozialismus zur flächendeckenden Vernichtungsstrategie entwickelt. Der erste Schritt ist die Zwangssterilisierung. Sie wird nicht in Deutschland und nicht von den Nationalsozialisten erfunden. Nur in Deutschland und nur bei den Nazis aber ist sie Ausgangspunkt einer Entwicklung, die zu *Euthanasie* und industriell organisiertem Massenmord führt.

Schon ein halbes Jahr nach der Machtergreifung beschließen die Nationalsozialisten das *Gesetz zur Verhütung erbkranken Nachwuchses.* Dass die Pläne so schnell verwirklicht werden können, liegt an den ideologischen und juristischen Vorarbeiten während der Weimarer Republik.

Schon im Juli 1932 hat ein Ausschuss des preußischen Landesgesundheitsrates einen Entwurf vorgelegt. Im Unterschied zu den Gesetzen, die kurz danach von den Nationalsozialisten beschlossen werden, sieht dieser vor, die Sterilisierung von der Einwilligung der Betroffenen abhängig zu machen. Zu einer Verabschiedung kommt es nicht mehr. Die Weimarer Republik befindet sich bereits in Auflösung. Man hat andere Sorgen.

Die Vorarbeit aber ist getan. Führende Mediziner haben gemeinsam mit Juristen alle Voraussetzungen geschaffen, den „kranken deutschen Volkskörper" einer Radikalkur durch „Auslese und Ausmerze" zu unterziehen.[22] Die Nationalsozialisten müssen aus den Vorarbeiten nur das für sie Passende auswählen.

Bereits zu Beginn des Jahrhunderts hat die zwangsweise Sterilisierung von Kriminellen, Geisteskranken und Menschen mit unheilbaren Erbkrankheiten unter Medizinern in aller Welt Befürworter gefunden. Anfang der zwanziger Jahre ist sie in zahlreichen europäischen Ländern und in 25 Bundesstaaten der USA gesetzlich geregelt. Menschen, die an „unheilbaren Erbkrankheiten" leiden oder „verschiedenen Rassen" angehören, sind dort mit Eheverboten belegt.[23]

In Deutschland werden diese Vorbilder begeistert aufgegriffen. Zu den Medizinern, die die Forderung nach einem umfassenden System der Zwangssterilisierung zur heiligen Mission erhöhen, zählt Fritz Lenz, der vom glühenden Befürworter der *neuen medizinischen Ethik* zum führenden Ideologen im nationalsozialistischen *Programm für Rassenhygiene* wird. In zahlreichen Publikationen beklagt er sich darüber, dass die Weimarer Verfassung Zwangseingriffe am Menschen verbiete und Deutschland den *Eugenetik*-Instituten in England und den Vereinigten Staaten nichts entgegenzusetzen habe. Doch auch dem Vorbild der USA steht er kritisch gegenüber, weil dort die *weiße Rasse* und nicht die *nordische Rasse* vor Vermischung geschützt wird.[24]

Ähnlich wie er denken viele renommierte Ärzte. Prominente Genetiker wie der aus der Schweiz stammende Psychiater Ernst Rüdin scheinen für die wissenschaftliche Seriosität des neuen Glaubensbekenntnisses zu bürgen, dass die Züchtung einer *starken und gesunden Rasse* das „Ausmerzen genetisch Minderwertiger" erforderlich mache. Der Direktor des Forschungsinstituts für Psychiatrie der *Kaiser-Wilhelm-Gesellschaft* in München, der gemeinsam mit Alfred Ploetz die *Deutsche Gesellschaft für Rassenhygiene* gründet, arbeitet von Anfang an mit dem Regime zusammen, auch wenn er erst 1937 der Partei beitritt. Gemeinsam mit Lenz zählt er zu den Wegbereitern der Sterilisationsgesetzgebung.[25]

Der erste Schritt zur Korrumpierung der Ärzte fällt den Nazis damit leicht: Sie müssen nur ihre autoritäre Struktur den biomedizinischen Visionären und genetischen Romantikern dienstbar machen. Das Regime kann in der Maske des biederen Helfers auftreten. Es fordert nichts von den Ärzten, es macht der Wissenschaft keine Vorgaben. Es bietet nur an, ihr zu dem Recht zu verhelfen, längst definierte Ziele umzusetzen. „Nationalsozialismus ist nichts anderes als angewandte Biologie", formuliert Hitlers Stellvertreter Rudolf Heß auf einer Kundgebung 1934 und stellt damit klar: Es ist die medizinische Wissenschaft, die der nationalsozialistischen Rassenpolitik den Weg vorgibt.

Im Zusammenspiel zwischen Ärzten und Ideologen entsteht das umfassendste Programm der Zwangssterilisation, das es je gegeben hat – radikal und menschenverachtend in seiner Planung, autoritär und unbarmherzig in der Durchführung, gekennzeichnet von politischer Willkür, wie sie für den Nationalsozialismus typisch ist.

Erbgesundheitsgesetz. *Selektion* und *Ausmerze*

Das am 1. Januar 1934 in Kraft tretende *Erbgesundheitsgesetz* soll Menschen mit *Erbkrankheiten* wie Schizophrenie oder Epilepsie unfruchtbar machen. Die Konstruktion der dafür errichteten *Erbgesundheitsgerichte* öffnet dem politischen Missbrauch Tür und Tor. Die Nationalsozialisten haben sich, mit Hilfe führender Vertreter der Ärzteschaft, ihr erstes tödliches Disziplinierungsinstrument geschaffen. Eine Verordnung, die Sterilisierungen durch Röntgen- und Radiumstrahlen „auf Grundlage wissenschaftlicher Versuche" ermöglicht, ist Vorbote jener Entwicklung, die zu Experimenten an lebenden Menschen führt.

Unmittelbar nach Verabschiedung des Gesetzes beginnen beim *Hauptgesundheitsamt* die Anzeigen einzugehen. Die Direktoren von Heilanstalten und Gefängnissen, die Leiter von Heimen, Fürsorgeeinrichtungen und Arbeitsämtern scheinen brennend daran interessiert, möglichst viele Kranke sterilisieren zu lassen. Anfangs melden auch praktizierende Ärzte Patienten, die sie als *erbunwürdig* oder *erbminderwertig* einstufen. Als der Ausgrenzungs-, Verfolgungs- und Disziplinierungscharakter des Gesetzes immer deutlicher wird, beginnen sie sich zurückzuhalten – nicht (nur) aus ethischen Bedenken, sondern weil sie verhindern wollen, dass ihre Praxen in Verruf geraten und Patienten abwandern.[26]

Dafür versuchen die Ärzte in Kliniken und Anstalten, den nationalsozialistischen Gesetzgeber womöglich noch zu übertreffen. Viele Einrichtungen haben die *erbbiologische Verkartung* schon vor 1933 eingeführt. Jetzt treten führende Mediziner in der Doppelrolle als Anzeiger und Gutachter auf. Sie leisten Spitzeldienste, die im Gesetz nicht vorgesehen sind, indem sie Ermittlungen in den Familien, bei Behörden, Arbeitgebern oder Lehrern durchführen. Als diese Praxis auf öffentlichen Widerstand stößt und selbst renommierte Kliniken um ihren Ruf fürchten müssen, ziehen sich die Anstaltsleiter nach und nach aus der Antragstellung zurück und überlassen diese den Amtsärzten.[27]

In den *Gesundheitspassarchiven* werden die eingehenden Informationen zu einer *erbbiologischen Bestandsaufnahme* zusammengetragen und *verkartet,* um Partei und Verwaltung, Sozialversicherungsträgern und Wissenschaft zur Verfügung zu stehen. Die Erfassung der *Erbkranken* erfolgt mit unterschiedlicher Geschwindigkeit. In einzelnen Städten wie Hamburg oder München arbeiten die Ämter des *Gesundheitspassarchivs* besonders effizient: Dort sind 1939 mehr als zwei Drittel der Bürger als „gesundheitlich auffällig" registriert.[28]

Weil zum damaligen Zeitpunkt gesicherte Erkenntnisse fehlen, welche Krankheiten vererbbar sind, wird alles registriert, was von der Norm abweicht: Blindheit und starke Kurzsichtigkeit, Taubheit, körperliche Missbildungen wie Klumpfuß oder Hasenscharte. Als „geistig zurückgeblieben" gilt, wer die Volksschule nicht schafft[29], als „erbunwürdiger Schwächling" jeder, von dem durchschnittliche Leistungen „im Sport, im Leben und im Krieg" nicht erwartet werden können[30]. Dem Nachweis der Erblichkeit wird kaum Beachtung geschenkt. Im offiziellen Kommentar zum Gesetz stellen Ernst Rüdin und Arthur J. Gütt selbst klar, dass es nur „um die Wahrscheinlichkeit geht"[31], während es in den *Ärztlichen Mitteilungen* offen heißt, in vielen Fällen komme es „auf die Erblichkeit gar nicht an"[32].

Viele Gutachten werden von Assistenzärzten oder Medizinalassessoren nach nur oberflächlicher Besichtigung des *Erbkranken* erstattet. Sie geben sich bei der schriftlichen Ausfertigung nicht einmal Mühe, den wissenschaftlichen Schein zu wahren. Oft begnügen sie sich mit einer Aneinanderreihung irrelevanter Details, die sie fälschlich für Beweise erblicher Krankheiten halten. Ein Forschungsprojekt der psychiatrischen Nervenklinik in Hamburg kommt 1987 bei der Auswertung von 522 Gutachten zu dem Ergebnis, dass kaum sieben Prozent davon einem wissenschaftlichen Minimalstandard genügen.

Die Urteile der Erbgesundheitsgerichte entsprechen denen der Gutachter. In ihnen finden sich juristisch abenteuerliche Begründungen wie „die Erblichkeit liegt sicher vor, ist aber nicht nachzuweisen"[33].

Ärztlicher Terror. Gegen Missliebige und Schwache

Die Diagnosen „angeborener Schwachsinn", „Schizophrenie" und „manisch-depressives Irresein" werden nahezu beliebig auf politisch Unliebsame ausgedehnt. Ärzte, Anstaltsleiter und Erbgesundheitsgerichte folgen dem Druck von Hitlers Privatsekretär Martin Bormann, der argumentiert, „störrisches, renitentes und uneinsichti-

ges Verhalten", sowie „charakterliche Abartigkeiten in der Familie"
seien „typische Symptome für Schwachsinn". In einer Anweisung
fordert er offen, „moralisches und politisches Verhalten" in die Diagnose von Schwachsinn mit einzubeziehen.[34] Die Sterilisierung
wird damit zum Instrument des politischen Terrors: Moralisch minderwertig, störrisch, uneinsichtig und renitent sind in den Augen der
Nationalsozialisten vor allem ihre Gegner.

Viele Ärzte begnügen sich nicht damit, Bormanns Auftrag zu erfüllen. In vorauseilendem Gehorsam beginnen sie, sozial Schwächere,
Arbeitsunwillige, Bettler, Landstreicher, Fürsorgezöglinge, Angehörige „minderwertiger Sippen", Alkoholiker, Rauschgiftsüchtige,
Prostituierte, Homosexuelle, „Menschen mit sexueller Triebhaftig-
keit" (vor allem Frauen), „zweifelhaften (politischen) Moralvorstel-
lungen", „charakterlicher Abartigkeit" oder „mangelnder Einsicht in
die Erfordernisse des Staates" als *Erbkranke* auszugeben. Mediziner
wie der Augenarzt Heinrich Wilhelm Kranz oder der Blutgruppen-
forscher Siegfried Koller behaupten bedenkenlos, soziale Abwei-
chungen seien „genetisch bedingt und daher vererbbar"[35].

Das *Erbgesundheitsgesetz* richtet sich damit gegen die soziale Unterschicht, gegen auffällig und straffällig Gewordene und gegen politisch Missliebige. Aus dieser Zielgruppe werden oft ganze Fami-
lienverbände als *erbkrank* erfasst und zur Sterilisation gezwungen.
In Sonntagsreden erheben nationalsozialistische Politiker die Verbrechen der Ärzte anschließend zur Tugend: Die Sozialausgaben
könnten von „unnützen Essern" endlich auf „würdige Volksgenossen" umverteilt werden.[36]

Verhöhntes Recht. Urteile im Dreiminutentakt

Den *Antrag auf Unfruchtbarmachung* können nicht nur Ärzte stellen. Um den terroristischen Charakter des Gesetzes zu verschleiern,
nennen die nationalsozialistischen Gesetzgeber den *einsichtigen
Erbkranken* an erster Stelle der *Antragsberechtigten*.

Anfangs sollen gleich mehrere juristische Feigenblätter die Rechtsstaatlichkeit und Freiwilligkeit der Maßnahmen betonen: Wer den
Antrag selbst stellt, ist berechtigt, nach ärztlicher Überprüfung
den Eingriff abzulehnen. *Erbkranke* können sich anwaltlich vertreten lassen, Gegengutachten von einem Arzt ihres Vertrauens als

Beweismittel vorlegen und Beschwerden vor dem Obergericht einbringen.

Als sich herausstellt, dass es Menschen gibt, die von diesen Möglichkeiten tatsächlich Gebrauch machen, werden die „Hindernisse auf dem Weg zur Volksgesundung" rasch aus dem Weg geräumt. Die (seltenen) Eigenanträge *Erbkranker* werden von einem Arzt mit unterschrieben, was dem Antragsteller die Chance nimmt, den Eingriff zu verweigern. Richter erhalten die Möglichkeit, Rechtsbeistände zurückzuweisen. Als Gegen- bzw. Obergutachter dürfen nur noch Ärzte auftreten, die von der Gesundheitsbehörde ausdrücklich dafür zugelassen sind. Obergerichte lehnen Einsprüche im Schnellverfahren ab, ohne auch nur die Aktendeckel zu öffnen.[37]

Um den Widerstand „Uneinsichtiger" zu brechen und eine „reibungslose Durchführung der Verfahren" zu gewährleisten, entwickeln die Gerichte allerlei Disziplinierungsmechanismen. Widerspenstige werden nach ihrer „polizeilichen Zuführung" bis zu sechs Wochen in geschlossenen Anstalten untergebracht. Gerechtfertigt wird die Beugehaft mit der Notwendigkeit, die „Verdachtsdiagnose zu sichern". In einigen Städten stellt man „geistig Gebrechliche", die ihre Unfruchtbarmachung verweigern und „offensichtlich einsichts- und einwilligkeitsunfähig sind", unter so genannte „Sterilisationspflegschaft", womit ihnen die Möglichkeit des Rechtsbeistandes und die des Rechtsmittels genommen ist.[38]

Schwangerschaftsabbrüche aus *eugenetischen* Gründen sind längst Routine, als die Methode im Juli 1935 gesetzlich legalisiert wird. Der Eingriff ist bis zum sechsten Monat möglich und darf nur auf freiwilliger Basis erfolgen. Zumindest auf dem Papier. Wenn Betroffenen „die Bedeutung dieser Maßnahme nicht verständlich gemacht werden kann", greifen Richter zum Mittel der „Pflegschaft". Aber auch die nach dem Buchstaben der Gesetze unter Ausschluss der Öffentlichkeit abgewickelten Verfahren sprechen jedem Rechtsempfinden Hohn. Die Entscheidungen über Anträge zur Sterilisierung bei den Erbgesundheitsgerichten fällen jeweils ein Arzt, ein Gesundheitsbeamter und ein Berufsrichter – alles linientreue Nationalsozialisten. Rechtsstaatliche Grundsätze spielen so gut wie keine Rolle. Es geht nur darum, der *rassegesetzlichen Erblehre* zu folgen. Auf Grundlage zweifelhafter „Gutachten" wird im Schnellverfahren – oft im Dreiminutentakt – geurteilt. Nach dem Motto, „im Zweifel für die Volksgemeinschaft", dürfen Personen aus nationalsozialistischen Familien mit besserem Status auf Nachsicht hoffen, während Vertreter der Unterschicht ohne Chance sind. „Gerecht" ist ein Urteil nach Meinung der Richter vor allem dann, wenn es „den Lebensgesetzen des Volkes Rechnung trägt"[39]. Nicht einmal zehn Prozent der Anträge werden abgelehnt.

Ärzte als Richter. Vorrang für die Volksgemeinschaft

Bei den Verfahren vor den Erbgesundheitsgerichten werden Ärzte in ihren Rollen als Gutachter, Beisitzer und beauftragte Richter nicht nur zu Sachwaltern des NS-Staates, sondern zu treibenden Kräften der Terror-Justiz. Bezeichnenderweise ist es Reichsärzteführer Gerhard Wagner, der immer wieder versucht, Initialzündungen für noch strengere Gesetze zu geben. Mehrfach kritisiert er das zu geringe Tempo der Sterilisierungsmaßnahmen und fordert ein noch schärferes Durchgreifen der Gerichte, wenn „Sand ins Getriebe" zu geraten droht. Dass Operationen ohne medizinischen Sinn Ärzte in einen moralischen Konflikt stürzen, wird von Wagner geleugnet. Das „Wohl der Volksgemeinschaft" müsse Vorrang haben vor „Dogmen und Gewissenskonflikten". Ärztlichem Widerstand gegen das Sterilisierungsprogramm droht er „rücksichtslose Vergeltung" an. Fanatische *Eugenetiker* und *Rassenhygieniker* wie Ernst Rüdin oder Fritz Lenz kämpfen dagegen unentwegt für umfassendere Richtlinien in medizinischem Sinn. Vor allem fordern sie die Ausdehnung des Programmes auf einen immer größeren Personenkreis. Lenz tritt für Unfruchtbarmachung bei Krankheits- und Schwächezuständen ein, welche „die Leistungsfähigkeit der Betroffenen beeinträchtigen". Auch Verwandte von *Erbkranken* und Personen mit „nur geringfügigen Anzeichen von Erbschäden" sollten einbezogen werden. Die Ausdehnung des Programmes auf über zwölf Millionen Betroffene – rund 20 Prozent der deutschen Bevölkerung – empfindet er als „lösbares Problem". Die durch Ausschaltung von „Ballastexistenzen" entstandene *Volkslücke* könnte durch geburtenfördernde Maßnahmen für *Erbgesunde und Erbbegabte* gefüllt werden.[40]
Anerkannte Mediziner wie der in Berlin unterrichtende Professor Rudolf Ramm versuchen, die Rolle des Arztes neu zu definieren. Als „Pfleger der Gene" und „biologischer Soldat" müsse er sich auch als

„Bevölkerungspolitiker" verstehen, um „unser Blut rein zu halten". Wie viele Personen in Deutschland und Österreich tatsächlich sterilisiert wurden, lässt sich mit letzter Sicherheit nicht feststellen. Schätzungen sprechen von 300.000 bis 400.000 Zwangssterilisierungen und 30.000 Abtreibungen aus *eugenetischer Indikation*.[41] Bei den am Fließband vorgenommenen und oft nachlässig durchgeführten Eingriffen kommen 5000 bis 6000 Frauen und etwa 600 Männer ums Leben. Wegen des angewendeten Zwangs ist dieses erhöhte Sterberisiko von Anfang an einkalkuliert. Das Sterilisierungsprogramm kann daher als „der erste planmäßige Massenmord des Nationalsozialismus" angesehen werden.[42]

3. *Pflicht zur Gesundheit.*
Die Neue Deutsche Heilkunde

Leistungsmedizin. *Ausmerze* statt Heilung und Pflege

Das Streben der NS-Führung nach Autarkie und weltweiter Expansion führt unmittelbar nach der Machtübernahme zu einer Neudefinition der Medizin. Die „Systemmedizin" der Weimarer Republik habe Deutschlands Arbeiter zu „Bummelanten", „Rentenjägern" und „Leistungsverweigerern" erzogen, heißt es in der nationalsozialistischen Propaganda. Die *Neue Deutsche Heilkunde* weist den Ärzten eine neue Aufgabe zu: „Leistungssteigerung zu erbbiologisch und rassisch erreichbaren Höchstformen", wie es der stellvertretende Reichsärzteführer und zweite Mann im *Hauptamt für Volksgesundheit,* Friedrich Bartels, formuliert.[43]

Sprecher dieser Bewegung ist Karl Kötschau, für den der 1924 geschaffene Lehrstuhl für Naturheilkunde in Jena 1934 in einen *Lehrstuhl für biologische Medizin* umbenannt wird.[44] Der Leiter der 1935 geschaffenen *Reichsarbeitsgemeinschaft für eine neue deutsche Heilkunde* beschreibt in einem von der Partei sanktionierten und vom Reichsärzteführer ausdrücklich empfohlenen Buch die radikale Ausrichtung der nationalsozialistischen Gesundheitspolitik.[45] Im Mittelpunkt stehe die „Pflicht, gesund zu sein". Der Staat könne auf keinen einzigen Mitarbeiter verzichten. Krankheit sei daher „Pflichtversäumnis" und dürfe nicht belohnt werden. Die Aufgabe des Arztes bestehe in der Vorbeugung und „nicht im Schutz des Schwächlichen". In anderen Publikationen wird Kötschau noch deutlicher: Schwächliche wie Krebskranke, Tuberkulöse oder Rheumatiker seien „nicht dazu da, geschont zu werden". Für den Arzt bedeute das „Leistungsfähigkeit oder Ausmerze".[46]

Als wichtigste Aufgabe der Arbeitsmedizin wertet Reichsärzteführer Bartels, „das Absinken der Leistungsfähigkeit im frühen Lebensalter zu verhindern"[47]. In zynischer Offenheit erklärt er, das werde „Opfer an Toten" fordern und fügt hinzu: „Wir müssen nur dafür sorgen, dass die Menschen ihr Opfer nicht fühlen."[48] Werner Bockhacker, Leiter des *Amtes für Volksgesundheit* der *Deutschen Arbeits-*

front, steckt das Ziel nach Kriegsbeginn noch höher. Angesichts steigender Soziallasten sei anzustreben, dass „der Zeitpunkt des allmählichen Kräfteschwundes kurz vor dem Eintritt des Todes liegt und der endgültige Kräfteverfall mit ihm zusammenfällt". Aus dem in der NS-Ideologie verankerten „Recht auf Arbeit" wird die „Pflicht zur Arbeit bis zum Tod".[49] NS-Propagandisten stellen die Erkenntnis „Gesundheit ist Leistung" auf den Kopf: Gesteigerte Leistung am Arbeitsplatz führe zur Steigerung der Gesundheit.[50]

Totalerfassung. Kataster der Volksgesundheit

Mit Hilfe einer *betrieblichen Gesundheitsführung* versucht die Regierung die *Leistungsmedizin* an der Basis durchzusetzen. Als Grundlage dafür wird eine systematische Durchuntersuchung angeordnet, um Daten für einen *Volksleistungs-Kataster* zu erhalten. In einem *Gesundheitsstammbuch* mit bis zum Jahr 1800 zurückreichender *Sippschaftstafel* werden alle Behandlungen dokumentiert. Die Daten werden von Hebammen, Säuglingsstellen, Schul-, Haus-, Fach-, Betriebs- und Wehrmachtsärzten geliefert. Sie sollen Partei, Gesundheitsämtern, Wehrmacht, Arbeitgebern und Wissenschaft zur Verfügung stehen und bei Entscheidungen über die Zulassung zu Ferienlagern und Ausbildungskursen oder zur Teilnahme an Parteiveranstaltungen herangezogen werden.[51] Die Totalerfassung des Volkes mit dem Ziel einer *Erb- und Leistungskartei* hat begonnen. Für die *neue Medizin,* die nicht in erster Linie heilen und lindern, sondern die Leistungsfähigkeit steigern soll, ist ein neuer Typ Arzt gefragt: politischer Soldat des Führers, verantwortlich nicht dem Patienten, sondern der Volksgemeinschaft, Heiler nicht des Einzelnen sondern des *Volkskörpers.* Die nach weltanschaulicher Schulung durch das *Hauptamt für Volksgesundheit* zugelassenen Betriebsärzte entsprechen meist diesem Ideal. Gemeinsam mit „Gesundheitstrupps", die Spitzeldienste für sie leisten, sollen sie die Arbeiterschaft zu „fanatischem Gesundheits- und Leistungswillen" erziehen. Gleichzeitig setzen sie die Hausärzte unter Druck, die Krankschreibungen zu senken. Als dies nicht in ausreichendem Maß gelingt, erhalten Betriebsärzte auch Behandlungskompetenz. Die freie Arztwahl ist damit ebenso relativiert wie die ärztliche Schweigepflicht, zu deren Bruch die *Deutsche Arbeitsfront* offen aufruft.[52]

Kurskorrektur. Grenzen der Manipulierbarkeit

Die menschenverachtenden Aspekte der nationalsozialistischen Gesundheitspolitik werden von Teilen der Ärzteschaft zu Anfang kaum wahrgenommen. Die Beschreibung von Krankheit als „Pflichtvergessenheit" ist schon in den letzten Jahren der Weimarer Republik entstanden. Nach dem Ersten Weltkrieg muss die Leistungssteigerung des Einzelnen den Verlust an leistungsfähigen Arbeitskräften ausgleichen. Schon damals waren Fabriks- und Landesgewerbeärzte maßgeblich daran beteiligt, gesundheitsschädigende Höchstleistungen als „Pflicht am Vaterland" auszugeben. Kein Wunder, dass dieses Modell nach Hitlers Machtergreifung ebenso auf Akzeptanz stößt wie die Forderung nach Einsparungen bei „Asozialen" und „unnützen Essern".[53]

Obwohl diese Grundeinstellung die *Neue Deutsche Heilkunde* zu begünstigen scheint und sich eine Propagandalawine über das Volk ergießt, lässt sich die *Leistungsmedizin* innerhalb der praktizierenden Ärzteschaft nur zögernd durchsetzen. Mit Widerstand im politischen Sinn hat das nichts zu tun – eher mit Festhalten an althergebrachten Gewohnheiten. Das besondere Verhältnis zwischen Arzt und Patient, das die Nationalsozialisten ausbeuten wollen, erweist sich in der Praxis als sperriges Hindernis. Einen Patienten, den man persönlich gut kennt und seit Jahren behandelt, schickt man nicht durch willkürliche Gesundschreibung in Siechtum und Tod. Auch das Verhalten der Patienten wird zum Korrektiv: NS-Aktivisten unter den Medizinern werden eher gemieden als gesucht.

Die nationalsozialistische Propaganda reagiert auf das unerwartete Problem mit vorsichtigem Richtungswechsel. Mitte 1936 erklärt Reichsärzteführer Wagner auf einer Gautagung des NS-*Ärztebundes*, Hauptaufgabe der Medizin bleibe „selbstverständlich das Behandeln und Heilen im traditionellen Sinn". Das Vertrauen der Ärzte lasse sich nicht erzwingen.

Wenige Monate später beginnt die *Neue Deutsche Heilkunde* in Ungnade zu fallen. Linientreu ausgerichtete Kliniken wie das Moabiter Krankenhaus in Berlin, das Hamburger Gerhard-Wagner-Krankenhaus oder das Rudolf-Heß-Krankenhaus in Dresden registrieren – verbittert über zunehmenden Patientenschwund – „Anfeindung, Verleumdung und Nichtverstehenwollen"[54]. In einem Bericht des

Sicherheitsdienstes (SD) der SS von 1938 heißt es, dass die Aktivität der Mediziner „im Hinblick auf die Mitarbeit in der Partei und ihren Gliederungen" immer mehr nachlasse.[55] Um den Zulauf zu ihren Praxen nicht zu gefährden, wenden sich bisher auch medizinisch linientreue Teile der Ärzteschaft wieder der traditionellen, heilenden und fürsorglich behandelnden Medizin zu. Selbst in den Krankenhäusern, die dem Druck der Partei wesentlich stärker ausgesetzt sind, regt sich medizinischer Widerstand. Auch wenn den Vorgaben der Politik nicht offen widersprochen wird, beginnen Spitalsärzte zu ihrer traditionellen Rolle zurückzufinden. „Humane Medizin" wird teilweise auch von jenen wieder praktiziert, die sonst als stramme Mitläufer keinen Zweifel an ihrer Gesinnung aufkommen lassen. Die *Neue Deutsche Heilkunde* der Leistungsmaximierung zu Lasten der Schwachen ist an der mehrheitlich traditionellen Einstellung der Ärzte gescheitert.

Ruhmloses Ende. Die Totalerfassung scheitert

Auch die gesundheitliche Totalerfassung in einem *Volksleistungs-Kataster* verläuft im Sand. Arbeitsmediziner bezeichnen das erhobene Datenmaterial als „unbrauchbar", weil man verabsäumt habe, den Untersuchungsergebnissen entsprechende Angaben über die Art der Arbeit gegenüberzustellen. Das Mammutunternehmen scheitert an schlampiger Planung und überstürzter Durchführung. Mit Kriegsbeginn wird es zuerst unterbrochen, dann schubladisiert. Was Historiker wie Hans Mommsen für die NS-Zeit insgesamt feststellen, trifft auch für die Medizin zu: Die selbst gesetzten Ansprüche der Nationalsozialisten halten mit ihrer Einlösung nicht Schritt.[56] Trotz ihres Scheiterns ist die *Neue Deutsche Heilkunde* mit ihrer menschenverachtenden *Leistungsmedizin* ein exemplarisches Beispiel dafür, wie willig Teile der Ärzteschaft sich zu Wegbereitern von Totalitarismus und Terror machen ließen. Die Folterwerkzeuge nationalsozialistischer Gesundheitspolitik stammen nicht aus den Werkstätten der Ideologen. Der nationalsozialistische Frontalangriff auf humane Medizin, politische Kultur und menschlichen Anstand wird mit Waffen geführt, die Wissenschaftler geschmiedet haben.

4. Gesäuberte *Medizin.*
Die Ausschaltung von Juden und Linken

Aufruf. *Völkischer Beobachter* gegen „Verjudung"

Im Juli 1930 kündigt die NSDAP für die Zeit nach ihrer Machtübernahme an, die Zulassung „fremdrassiger Elemente" zum Ärztestand
zu beschränken. Die Nöte des ärztlichen Nachwuchses würden „sofort behoben sein, wenn im kommenden Dritten Reich deutsche
Volksgenossen sich nur von deutschstämmigen Ärzten behandeln
lassen". Nur ein „von jüdischem Einfluss gesäuberter", freier und
ethisch hoch stehender deutscher Ärztestand könne die Zukunftsauf-
gaben bewältigen.[57]
Nach der Machtergreifung geht es tatsächlich Schlag auf Schlag.
Am 23. März 1933 erscheint im *Völkischen Beobachter* ein Aufruf
des *Nationalsozialistischen Deutschen Ärztebundes,* der keine
Zweifel am Kommenden lässt:
„Es gibt wohl keinen Beruf, der für Größe und Zukunft der Nation so
bedeutungsvoll ist wie der ärztliche. [...] Aber keiner ist auch so ver-
judet wie er und so hoffnungslos in volksfremdes Denken hineinge-
zogen worden. Jüdische Dozenten beherrschen die Lehrstühle der
Medizin, entseelen die Heilkunst und haben Generation um Generation der jungen Ärzte mit mechanistischem Geist durchtränkt. Jüdische Kollegen setzten sich an die Spitze der Standesvereine und der
Ärztekammern; sie verfälschten den ärztlichen Ehrbegriff und unter-
gruben arteigene Ethik und Moral. [...] Deshalb rufen wir heute die
gesamte deutsche Ärzteschaft auf: Säubert die Führung unserer Organisationen, fegt alle hinweg, die die Zeichen der Zeit nicht verstehen wollen, macht unseren Stand in Leitung und Geist wieder
deutsch, so wie es Reich und Volk in diesen Wochen geworden
sind."[58]

Antisemitische Propaganda: *Rasse* statt Religion

Der Antisemitismus hat einen Höhepunkt erreicht – in einer Form,
die ihn zur tödlichen Gefahr werden lässt. Die konfessionell begrün-

dete Ablehnung ist zum offensiv geführten Kampf gegen die jüdische *Rasse* geworden. Der Fluchtweg der Assimilation ist versperrt. Den von der nationalsozialistischen Propaganda als „biologisch, geistig und moralisch minderwertig" verleumdeten Juden wird alles in die Schuhe geschoben, was schief läuft in Gesellschaft, Wirtschaft und Politik. Alte Vorurteile werden durch neue ergänzt. Diffuse Ängste vor den Gefahren der modernen Naturwissenschaften, vor der Unbeherrschbarkeit der Technik, vor Überfremdung, vor politischen und sozialen Umwälzungen – all das wird als Waffe gegen *Nichtarier* gerichtet. Das „internationale Judentum" muss als Schuldiger am verlorenen Krieg, am „Schandvertrag" von Versailles, an der ungeliebten Republik, an Wirtschaftskrise und Inflation herhalten.[59]

Die Nationalsozialisten bereiten den Boden für den Vernichtungsschlag gegen die Juden vor. Der verschärfte Nationalismus zu Ende des 19. Jahrhunderts hat Minderheitenrechten viel von ihrer öffentlichen Akzeptanz genommen. In dem veränderten Klima fällt es leicht, die mit der französischen Revolution in Gang gekommene Emanzipation und Integration der Juden rückgängig zu machen.[60]

In der Medizin werden die antimodernistischen Züge des neuen Rassismus besonders deutlich. Juden wird vorgeworfen, an grausamen Tierversuchen und gefährlichen bakteriologischen Experimenten beteiligt zu sein, oder die Hypnose zu missbrauchen. Gezielt werden Gerüchte geschürt, der Talmud erlaube wissenschaftliche Experimente an nicht jüdischen Patienten. Die Erfolge jüdischer Forscher bei der Begründung der modernen Sexualwissenschaft und Psychoanalyse mutieren in der nationalsozialistischen Propaganda zur „schamlosen Entschleierung des Geschlechtslebens". Frauen werden davor gewarnt, sich von Juden behandeln zu lassen, weil die „in ihrer orientalischen Abkunft begründete Erregbarkeit" sie anfällig für sexuelle Übergriffe mache.[61]

Nicht nur Parteiideologen, sondern vor allem Mediziner sind es, die derart gegen ihre Kollegen hetzen. Trotzdem scheint bei der auffällig starken Zuwendung der Ärzte zum Nationalsozialismus der Antisemitismus als Motiv zunächst nicht im Vordergrund zu stehen. Die Mehrheit der Standesvertreter und Sprecher sind Juden – von ihren Kollegen in die Ämter gewählt. Antisemitismus scheint für viele erst ein Thema zu werden, als sich mit ihm wirtschaftliche Vorteile lukrieren lassen.[62]

Judenboykott. Die Vorbereitung der *Säuberungen*

Die propagandistischen Vorbereitungen sind getroffen, als die NSDAP zur Einstimmung auf die geplanten *Säuberungen* für den 1. April 1933 zum Judenboykott aufruft. Am Vortag geben Lokalzeitungen die Namen jüdischer Geschäfte, Anwaltskanzleien und Arztpraxen bekannt, vor denen sich Männer der SA postieren, um Kunden vor dem Betreten zu „warnen". Von Lautsprecherwagen herab ertönen jene Parolen, die auch auf Transparenten und Plakaten zu lesen sind: „Kauft nicht bei Juden", „Meidet jüdische Ärzte", „Die Juden sind unser Unglück", oder „Eine deutsche Frau geht nicht zum jüdischen Arzt". Auf Kundgebungen wird gefordert, die Zahl der Juden an Mittelschulen, Universitäten und in wichtigen Berufsgruppen wie der Ärzteschaft oder bei den Rechtsanwälten „entsprechend ihrem Anteil an der Bevölkerung" zu beschränken.[63]

Beamtengesetz. Zwangsweise in den Ruhestand

Unter dem Eindruck dieser Mobilisierung wird am 7. April 1933 das *Gesetz zur Wiederherstellung des Berufsbeamtentums* beschlossen, das alle *nicht arischen* Beamten in den zwangsweisen Ruhestand versetzt. Dazu zählen die an Universitäten, staatlichen und städtischen Krankenhäusern und in Gesundheitsämtern beschäftigten Ärzte. Betroffen sind alle, die auch nur einen *nicht arischen* Großelternteil haben. Da erst nach mehr als zehnjähriger Dienstzeit Anspruch auf ein Ruhegehalt besteht, werden schon durch diese erste Maßnahme zahlreiche Existenzen zerstört.
Auf Intervention von Reichspräsident Hindenburg bleiben vorerst jene ausgenommen, die schon vor 1914 Beamte waren, im Ersten Weltkrieg für das Deutsche Reich gekämpft haben oder deren Väter bzw. Söhne im Krieg gefallen sind. Die widerwillig gewährte Ausnahmebestimmung hält nur ein Jahr. Am 17. Mai 1934, noch vor Hindenburgs Tod, wird sie außer Kraft gesetzt.[64]

Gewalt. Ärzte werden aus den Spitälern geprügelt

Die *Säuberung* der Krankenhäuser erfolgt oft mit brachialer Gewalt. Bevor noch die Reichsregierung das erste Diskriminierungsgesetz beschlossen hat, organisiert die SA systematische Razzien. Die von Spitzeln unter dem Personal oder direkt von den kommunalen Krankenhausverwaltungen mit Namenslisten ausgestatteten Schlägerbrigaden dringen in die Spitäler ein, treiben jüdische Ärzte aus Krankenzimmern und Operationssälen. In so genannten „wilden" Konzentrationslagern – nach dem Reichstagsbrand errichtete provisorische Kerker – werden sie gedemütigt, misshandelt und manchmal zu Tode geprügelt.

Die Vorbereiter und Organisatoren der braunen Gewalt machen Karriere. SS-Arzt Heinrich Teitge ist nur einer von vielen. Der durch fachliche Qualifikation nie besonders aufgefallene Assistenzarzt eines Vorstadtkrankenhauses, der bei den *Säuberungen* in Berlin eine entscheidende Rolle spielt, wird Chefarzt und ärztlicher Direktor des Urbankrankenhauses, bevor er zum SS-Brigadeführer und Gesundheitsminister der Regierung Frank im besetzten Polen aufsteigt. Dort kann er sich als Vernichter von Seuchen profilieren, die seiner Meinung nach „vor allem durch Juden verbreitet werden".[65]

Staatsfeinde. Jagd auf Sozialdemokraten und Kommunisten

Neben den Juden schließt das neue Beamtenrecht auch jene aus, „die nach ihrer bisherigen politischen Betätigung nicht die Gewähr bieten, dass sie jederzeit rückhaltlos für den nationalen Staat eintreten". Die Jagd auf „linke Staatsfeinde" beginnt. Die Nationalsozialisten machen dabei keinen Unterschied zwischen Sozialdemokraten und Kommunisten. Die pauschal als „Marxisten" verunglimpfte Linke steht ihnen im Weg. Denn diese verteidigt das bestehende Gesundheitswesen. Und sie behindert den Zugriff auf die selbstverwalteten Krankenkassen, die gewerkschaftlich-sozialdemokratisch dominiert sind.

In vielen Fällen trifft der Doppelschlag gegen Juden und Marxisten dieselbe Zielgruppe. Aufgrund des dort verbreiteten Antisemitismus sind rechte Parteien selbst für Juden mit konservativen Grundeinstellungen nicht wählbar. Zudem hat die Geschichte eigener Diskriminierungen das Bewusstsein für soziale Benachteiligungen anderer geschärft. Kein Wunder also, dass die Mehrzahl der Juden liberalen oder linken Ansichten zuneigt und sie in der *Arbeitsgemeinschaft sozialdemokratischer Ärzte*, die 1926 aus der Fusion des *Vereins so-*

zialistischer Ärzte mit dem *Sozialdemokratischen Ärzteverein* hervorgegangen ist, überrepräsentiert sind.[66]

Existenzvernichtung. Verlust der Kassenzulassung

Zwei Wochen nach Verabschiedung des *Beamtengesetzes* erfolgt am 22. April 1933 der nächste Schlag. Mit Verordnung des Reichsarbeitsministers erlischt die Tätigkeit „von Kassenärzten *nicht arischer* Abstammung sowie von Kassenärzten, die sich im kommunistischen Sinne betätigt haben". Die Ausschlüsse erfolgen aufgrund von Listen, die von den *Kassenärztlichen Vereinigungen* erstellt werden.

Trotz einer hohen Zahl erfolgreicher Einsprüche verlieren bis zum Frühjahr 1934 über 2000 Ärzte die Krankenkassenzulassung. Da auch Ersatzkassen und private Versicherungen damit beginnen, jüdische Ärzte von der Erstattung auszuschließen, müssen viele ihre Praxen sperren. Die frei gewordenen Stellen werden an junge, parteitreue Ärzte vergeben, die begierig nach dieser Chance greifen.[67]

Ausschluss. Universitäten werden *judenrein*

Parallel dazu verläuft die *Säuberung* der Universitäten. Wie rasch und reibungslos sie auch an „fortschrittlichen" Anstalten funktioniert, wird am Beispiel der renommierten medizinischen Fakultät in Freiburg deutlich, an der zahlreiche jüdische Professoren unterrichten. Bis 1933 scheint die Agitation des NS-Kampfblattes *Alemanne* ins Leere zu laufen. Anhänger des Nationalsozialismus treten innerhalb der Universität nicht offen auf. Für das Amtsjahr 1933/34 wählen die Professoren einen jüdischen Internisten zum Dekan, schlagen zwei jüdische Ärzte als Professoren vor und bereiten die Habilitation zweier weiterer jüdischer Kollegen vor.

Nach Verabschiedung des *Beamtengesetzes* reicht ein einziges Gespräch zur lautlosen Kapitulation der mehrheitlich NS-kritischen Professorenschaft. Die Leitung der Universität habe die „loyale Durchführung zugesichert", notiert der Hochschulreferent am 11. April. Einen Tag später trifft die Vollzugsmeldung ein: Alle Personen jüdischer Herkunft sind beurlaubt – darunter Wissenschaftler von internationalem Rang.[68]

In Österreich erfolgt die *Säuberung* erst nach dem Anschluss, dann aber umso radikaler. Wiens medizinische Fakultät ist 1938 mit mehr als 300 Professoren und Dozenten die größte im deutschen Sprachraum. Mehr als die Hälfte von ihnen wird entlassen.

Während die *Säuberung* an der Berliner medizinischen Fakultät nahezu drei Jahre gedauert hat, erfolgt sie in Wien über Nacht. Der *Verein deutscher Ärzte in Österreich* und die *Deutsche Studentenschaft* haben gründliche Vorarbeit geleistet. Als die medizinische Fakultät 1932 den jüdischen Pharmakologen Ernst Peter Pick zum Dekan wählt, heißt es in einem offenen Brief: „Die Deutsche Studentenschaft nimmt mit Entrüstung davon Kenntnis, dass Sie wider Erwarten Ihre Wahl zum Dekan der medizinischen Fakultät angenommen haben. Nach wie vor steht die D. St. auf ihrem 1923 kundgetanen Standpunkt, dass Professoren jüdischer Volkszugehörigkeit akademische Würdenstellen nicht bekleiden dürfen. Wollen Sie bedenken, dass Sie sich an einer deutschen Hochschule befinden und dass die deutschen Studenten als ihre Führer nur deutsche Lehrer anerkennen! Schon im Interesse eines ordnungsgemäßen Lehrbetriebes hoffen wir auf Ihre Einsicht." Zu den drei Unterzeichnern des Briefes zählt ein junger Mann, der später als konservativer Reformer Karriere machen wird: Josef Klaus, 1964 bis 1970 Bundeskanzler von Österreich.[69]

Die Nationalsozialisten können sich bei der *Entjudung* der Wiener Universität 1938 nicht nur auf antisemitische Helfer in der Studenten- und Ärzteschaft stützen. Sie können vor allem auf Namens- und Berufslisten zurückgreifen, die lange vor dem Einmarsch entstanden sind.[70]

Schon Ende der zwanziger Jahre hat eine *Völkische Arbeitsgemeinschaft* auf einem Flugblatt zur Inskription die Namen jüdischer Professoren aufgelistet. Im Text heißt es: „Ebenso wenig wie deutsche Professoren an der jüdischen Universität von Palästina lehren, ebensowenig sollen im deutschen Vaterlande Professoren jüdischer Rasse die Lehrer deutscher Studenten sein! Und so tragen wir einem allseitigen Wunsche Rechnung und geben euch die Namen der Professoren jüdischer Rasse oder jüdischer Abstammung bekannt. Ihr wisst, was Ihr anlässlich der Einschreibung zu tun habt!"

Auch das Fachärzteverzeichnis des *Vereins deutscher Ärzte in Österreich,* in das nur *reine Arier* Aufnahme finden, erleichtert 1938 die Feststellung der *Rasse*: Wer nicht verzeichnet ist, wird entlassen. Zwanzig *deutsche* Hochschullehrer werden später aus politischen Gründen aus ihren Ämtern entfernt.

Die neue politische Ausrichtung der Universitäten hat begonnen. Anfang 1933 wird *Rassenhygiene* nur von Fritz Lenz in München gelehrt. In der Studienordnung von 1939 ist *Menschliche Erblehre als Grundlage der Rassenhygiene* Pflichtfach an allen medizinischen Fakultäten. An den Universitäten werden *Rassenbiologische Institute* gegründet, mit Abteilungen für *Anthropologie, Rassenhygiene, Erbpathologie, experimentelle Genetik* oder *Erbstatistik*.

Mit Kriegsbeginn ändert sich das wissenschaftliche Klima. Die *rassenhygienischen* Unterrichtsschwerpunkte büßen an Bedeutung ein. Dafür gewinnen Fächer wie *Wehrpsychologie, Wehrhygiene, Wehrchirurgie oder Wehrtoxikologie* an Gewicht.[71] In den Vorlesungsverzeichnissen findet sich kaum ein Titel, der nicht mit dem Zusatz „einschließlich Wehr …" endet. Das kriegstaugliche Handwerk der Schulmediziner ist wieder gefragt.

Auch die *Säuberung* unter den Studenten verläuft ohne nennenswerte Zwischenfälle. Das am 25. April 1933 beschlossene *Gesetz gegen die Überfüllung deutscher Schulen und Hochschulen* verfügt, dass *Nichtarier* an Mittelschulen und Universitäten nur noch entsprechend ihrem Bevölkerungsanteil vertreten sein dürfen. Juden sollen nicht mehr als 1,5 Prozent der Schüler und Studenten stellen. In Bayern werden sie vom Medizinstudium überhaupt ausgeschlossen.

Bei einem jüdischen Bevölkerungsanteil von knapp einem Prozent schwankt der Anteil jüdischer Studenten an den medizinischen Fakultäten zwischen 15 und über 40 Prozent. Die meisten müssen die Universitäten verlassen. Die Verbliebenen dürfen ihr Studium nicht abschließen. Die am 5. Februar 1934 in Kraft tretende neue Prüfungsordnung macht die Approbation von *Ariernachweis* und *politischem Wohlverhalten* abhängig. Ausgeschlossen sind neben Juden auch Studenten, bei denen „berechtigte Zweifel an der nationalen oder moralischen Zuverlässigkeit" bestehen.[72]

Eskalation. Stufen der Vertreibung

Am 17. Mai 1934 legt eine neue Verordnung fest, dass auch Ärzten mit *nicht arischen* Ehegatten die Zulassung entzogen wird. Wieder werden Praxen geschlossen, wieder füllen parteitreue Jungärzte die Lücken.

Der nationalsozialistischen Ärzteschaft geht das immer noch nicht schnell genug. Schikane folgt auf Schikane. Das zu den *Nürnberger Gesetzen* zählende *Gesetz zum Schutz des deutschen Blutes und der deutschen Ehre* vom 15. September 1935 untersagt es jüdischen Ärzten, weibliche Angestellte deutschen Blutes unter 45 Jahren zu beschäftigen. Jüdischen Ärzten wird es untersagt, Gutachten über Schwangerschaftsunterbrechungen zu erstellen. Ein Erlass des Reichsinnenministeriums verwehrt Beschäftigten im öffentlichen Dienst Beihilfen und Unterstützungen für Leistungen, die jüdische Mediziner erbracht haben.

Schlussstrich. Der Ärztestand ist *judenfrei*

Am 25. Juli 1938 zieht die NSDAP den Schlussstrich: Mit der *Vierten Verordnung zum Reichsbürgergesetz* wird sämtlichen jüdischen Ärzten die *Bestallung* entzogen. Der Ärztestand ist *judenfrei*. Ein unglaublicher Vorgang: Vollberechtigte deutsche Staatsbürger, die in Deutschland studiert und teilweise jahrzehntelang praktiziert, die in Praxis, Forschung und Standesvertretungen eine führende Rolle gespielt haben, sind wegen *nicht arischer* Abstammung fast zur Gänze aus ihren Berufen vertrieben.[73]

Von den rund 9000 jüdischen Medizinern, die Anfang 1933 im Deutschen Reich tätig waren, bleiben gerade 700 übrig, die ausschließlich jüdische Patienten behandeln und sich nur noch *Krankenbehandler* nennen dürfen. Sie haben viel zu tun: Zwangsarbeit und die den Juden im ersten Kriegswinter auferlegten Ernährungsbeschränkungen sorgen für überlastete Praxen.

Einigen dieser jüdischen Ärzte gelingt noch in letzter Minute die Flucht. Die meisten aber werden gemeinsam mit ihren Patienten deportiert und sterben in den Konzentrationslagern.[74]

Willkürgesetze. Das Ende des Rechtsstaates

Wo es gegen Juden und Linke geht, sind rechtsstaatliche Grundsätze aufgehoben. Jeder Landespolitiker, jeder Ortskaiser oder regionale Standesvertreter darf seinen Antisemitismus nach eigenem Gutdünken ausleben, ohne befürchten zu müssen, zur Rechenschaft gezogen zu werden. *Direkte Aktionen,* wie solche Fälle von offenem Rechtsbruch anerkennend genannt werden, dürfen mit nachträglicher Legitimation durch den Gesetzgeber rechnen.[75]

Oft wird schon im Gesetzestext sichtbar, dass willkürliche Auslegung zum Nachteil von Juden und Linken erwünscht ist. So heißt es beispielsweise im ersten Satz des *Gesetzes zur Wiederherstellung des Berufsbeamtentums,* die Entlassung (von Juden und Linken) sei auch dann vorzunehmen, „wenn die nach dem geltenden Recht hierfür erforderlichen Voraussetzungen nicht vorliegen".

Prompt wird von der pauschalen Ermächtigung zum Rechtsbruch Gebrauch gemacht. Die diskriminierenden Bestimmungen des Beamtenrechts werden auch auf jene Personen angewendet, die nicht Beamte sind, wie Honorarprofessoren oder Privatdozenten.[76]

Als das *Beamtengesetz* am 20. Juli 1933 ergänzt wird, enthält es einen weiteren Willkürparagrafen. Entlassen soll nicht nur werden, wer sich in kommunistischen Organisationen betätigt hat, sondern auch, wer sich „in Zukunft marxistisch betätigen" wird. Die durchführenden Behörden haben freie Hand. Viele Ärzte, die fälschlich beschuldigt werden, können beweisen, sich nie kommunistisch betätigt zu haben. Den Beweis, sich in Zukunft nicht politisch betätigen zu wollen, müssen sie schuldig bleiben.[77]

Wegbereiter. Ärzte übertreffen Ideologen

Bei der Vertreibung jüdischer Kollegen aus dem Beruf spielen deutsche – nach dem Anschluss auch österreichische – Ärzte eine maßgebliche Rolle. In vielen Fällen beschließen sie aus eigener Initiative diskriminierende Maßnahmen, bevor diese gesetzlich angeordnet sind. Der Fanatismus der Mediziner scheint vielfach den der Ideologen zu übertreffen.

Vielleicht ist es die Hoffnung auf wirtschaftliche Vorteile. Viele Söhne und einzelne Töchter von nationalsozialistischen Ärzten studieren Medizin. Um dem eigenen Nachwuchs lästige Konkurrenz vom Leib zu halten, dringen die Väter auf rasche Entfernung jüdischer und kommunistischer Studenten von den Universitäten.

Aber auch die Ausschaltung der eigenen Konkurrenz ist plötzlich ein Thema: „Zuerst muss jeder deutsche Volksgenosse seinen Arbeitsplatz innehaben, ehe wir daran denken können, auch anderen Brot und Arbeit zu garantieren", hat ein Vertreter des *Nationalsozialistischen Deutschen Ärztebundes* als Gastredner einer Tagung des *Hartmannbundes* im November 1931 seinen Kollegen den Blick auf eine finanziell rosige Zukunft eröffnet.[78]

Nach der Machtübernahme werden solche Ankündigungen zu konkreten Versprechen. Die deutschen Ärzte können sich ausrechnen, was das für sie wirtschaftlich bedeuten kann: Zu Beginn des Dritten Reiches liegt der Anteil jüdischer Ärzte bei 15 bis 17 Prozent, in manchen Städten bei über 30 Prozent, in Berlin sogar bei 43 Prozent. Für die deutsche Ärzteschaft gibt es also lohnende Gründe, die Ausschaltung von Juden voranzutreiben.

In vielen Fällen kommt sie dem nationalsozialistischen Gesetzgeber zuvor. Die ersten „Säuberungen verjudeter Spitäler" etwa in Berlin oder Breslau finden statt, bevor die nationalsozialistische Verdrängungsmaschinerie anläuft. In Münchener Krankenhäusern dürfen jüdische Ärzte schon früh nur noch jüdische Patienten behandeln und nur noch die Leichen von Juden sezieren.

Bevor Gesetze das verlangen, fordern die mit dem *Nationalsozialistischen Deutschen Ärztebund* vereinigten Spitzenverbände all ihre Gliederungen auf, „beschleunigt dafür Sorge zu tragen, dass aus Vorständen und Ausschüssen die jüdischen Mitglieder ausscheiden" und Kollegen, „die sich innerlich der Neuordnung nicht anschließen können", durch linientreue Mitglieder ersetzt werden. *Kassenärztliche Vereinigungen* sollen darauf dringen, jüdische und marxistische Vertrauensärzte in den Betrieben „beschleunigt" auszutauschen. Wenig später kann der *Ärztebund*-Vorsitzende und spätere Reichsärzteführer Gerhard Wagner den Vollzug melden: Die „Entfernung von Juden und Marxisten aus den Vorständen und Ausschüssen" sei abgeschlossen.[79]

Ohne gesetzliche Deckung untersagt Wagner am 10. August 1933 per Anordnung *arischen* Ärzten jede Zusammenarbeit mit *nicht arischen* Kollegen. Praxisgemeinschaften sind ebenso verboten wie Überweisungen oder Vertretungen.

Bevor es diesen Befehl von oben gibt, haben einzelne Ärztevertreter, wie der kommissarische Vorsitzende des *Kassenärztlichen Vereins* in Fürth, solch diskriminierende Maßnahmen im lokalen Bereich längst umgesetzt.

Bevor es dafür gesetzliche Grundlagen gibt, werden *Nichtarier* von der Begutachtung bei Schwangerschaftsunterbrechungen ausgeschlossen, weil nicht geduldet werden dürfe, dass „jüdische Ärzte über keimendes deutsches Leben zu Gericht sitzen".[80]

Geschlossen und widerspruchslos nimmt es die Ärzteschaft hin, dass Kernbereiche ihres beruflichen Selbstverständnisses ausgehebelt werden, von der freien Arztwahl bis zur Bindung der Berufszulassung an die Vorschriften des Beamtengesetzes.

Reichsärzteführer Wagner geht das immer noch zu langsam. Mehrfach bedrängt er Hitler, das Tempo der „Eliminierung jüdischen Einflusses auf das Gesundheitswesen" zu verschärfen. Am 14. Juni 1937 schlägt er ihm vor, die noch praktizierenden jüdischen Ärzte ganz auszuschalten.[81]

Missbrauch. NS-Bürokratie korrigiert Ärzteschaft

Das eklatanteste Beispiel vorauseilenden Gehorsams liefern die *Kassenärztlichen Vereinigungen,* als es darum geht, jene Listen zu erstellen, aufgrund derer Juden und Kommunisten die Kassenzulassung verlieren sollen. Rücksichtslos missbrauchen sie ihre Stellung, um möglichst viele unliebsame Kollegen loszuwerden. Die Ergebnisse der Einsprüche, die von mehr als der Hälfte der Betroffenen eingelegt wird, machen das deutlich. Das nationalsozialistisch geführte Reichsarbeitsministerium erkennt in letzter Instanz 31 Prozent der Berufungen von als „jüdisch" Beurteilten als berechtigt an. Von den angefochtenen Einstufungen als „kommunistisch" werden mehr als zwei Drittel aufgehoben.

Die im Umgang mit politischen Gegnern sonst nicht zimperliche NS-Bürokratie stellt rügend eine „nicht zu überbietende Leichtfertigkeit" und eine „Unsumme von Ungerechtigkeiten und materiellen Schädigungen" fest. Wieder einmal hat die gleichgeschaltete Ärzteschaft gezeigt, dass sie den Kampf gegen *Andersrassige* und Andersdenkende fanatischer führt als Partei und Regierung – vor allem dort, wo durch die Ausschaltung von Kollegen wirtschaftliche Vorteile winken.

Dass sich einzelne Ärzte dem nationalsozialistischen Diktat und dem Druck der Kollegenschaft mutig widersetzen, dass es zahlreiche dokumentierte Fälle von heimlicher kollegialer Hilfe bis zum offenen Widerstand gibt, kann am Gesamturteil dieses Kapitels nationalsozialistischer Geschichte nichts ändern: Motor der Vertreibung von Juden und politisch Missliebigen ist die mehrheitlich national eingestellte Ärzteschaft selbst, und zwar weit über den Mitgliederkreis des *Nationalsozialistischen Deutschen Ärztebundes* hinaus.

Aderlass. Die Medizin verliert ihre besten Köpfe

Als der Prozess der Verdrängung und Vernichtung abgeschlossen ist, hat Deutschland seine besten Mediziner ermordet oder an das Ausland verloren. Zu jenen, die sich dem nationalsozialistischen Mörderregime durch Flucht entziehen, zählen unter anderem Nobelpreisträger wie der Biochemiker Otto Meyerhof (Nobelpreis 1922), Ernst Chain (1945), Hans A. Krebs (1953) und der Pharmakologe Otto Loewi (1936).

Der Aufstieg der deutschen und österreichischen Medizin des späten 19. Jahrhunderts ist untrennbar mit Namen von jüdischen Ärzten verbunden. Jeder Medizinstudent kennt die Henle-Schleife, den Auerbachschen Plexus, den Edinger-Kern, die Herxheimer- und die Wassermann-Reaktion, den Romberg- oder den Prausnitz-Küstner-Versuch, aber kaum einer weiß, dass diese Begriffe nach jüdischen Ärzten benannt sind. Über 400 Namen großer Mediziner nennt Siegfried Kaznelson in seinem Sammelwerk *Juden im Deutschen Kulturbereich,* das nach seinen eigenen Worten „nur eine Auswahl der Bedeutendsten erfasst".

Das nationalsozialistische Regime nimmt auf solche Traditionen, auf Namen und wissenschaftliche Reputation keine Rücksicht. Es vertreibt mit Otto Meyerhof und seinem kaum weniger bekannten Kollegen Carl Neuberg die Träger einer ganzen biochemischen Schule. Nicht besser geht es der Wiener Schule der Psychoanalyse mit ihrem Begründer Sigmund Freud an der Spitze.[82]

Allein zwischen 1933 und 1936 werden 30 jüdische Ordinarien und mehr als 600 medizinische Wissenschaftler zwangsentlassen. Die 1936 veröffentlichte Liste der *Notgemeinschaft deutscher Wissenschaftler im Ausland* führt 457 geflohene wissenschaftlich tätige Mediziner an.

Von den rund 10.000 Ärzten, die Deutschland und Österreich verlassen, findet knapp die Hälfte in den USA eine neue Heimat. Dort macht es der kaum verdeckte Antisemitismus innerhalb der *American Medical Association* den Immigranten schwer. Sie müssen, um die staatliche Approbation zu erlangen, noch einmal auf die Schulbank und das *State Board Exam* ablegen. Ähnliche Schwierigkeiten gibt es in Großbritannien, wo die *British Medical Association* die Zahl zugewanderter Allgemeinmediziner klein halten will und den deutschen Abschluss nicht anerkennt.

In Palästina dagegen bedeutet der Zustrom jüdischer Ärzte aus Deutschland einen gewaltigen Modernisierungsschub für die Medizin. Sowohl am Aufbau der Krankenversicherung als auch an der Entwicklung der medizinischen Fakultät der Hebräischen Universität haben sie großen Anteil. Ähnliches gilt für die Türkei, wo Immigranten an der Modernisierung der Universität in Istanbul und am Aufbau der Universität in Ankara entscheidend mitwirken.

Eine endgültige Bilanz dieses wissenschaftlichen Transfers ist bisher nicht gezogen. Ohne künftigen Arbeiten von Medizinhistorikern vorzugreifen kann man sagen, dass dieser Aderlass die Entwicklung der deutschen Medizin um Jahrzehnte zurückwarf, während die vor allem in den operativen Fächern auf der Überholspur befindliche Medizin der USA Impulse erhielt, die bis heute nachwirken.

Nach 1945 kehrten nur etwa fünf Prozent der medizinischen Emigranten zurück. Die alte Heimat hat keine Anstalten gemacht, sie zurückzuholen.

Hinzuzufügen bleibt: Der wissenschaftliche Erfolg Einzelner darf den Blick dafür nicht trüben, dass die Emigration insgesamt eine Leidensgeschichte der Vertreibung, Demütigung und Entwurzelung ist. Es ist die Geschichte von Menschen, die mit ihrer materiellen Existenz, ihrer Heimat, ihrer Sprache und ihren sozialen Bindungen vielfach auch ihre Hoffnungen verloren haben.[83]

5. Ideologie und Medizin.
Die wichtigsten NS-Institutionen

NS-*Ärztebund*. Kampf für den Nationalsozialismus

Der auf dem Parteitag der NSDAP am 3. 8. 1929 nach kurzen Vorarbeiten gegründete *Nationalsozialistische Deutsche Ärztebund*
(NSDÄB) stellt von Anfang an Partei- über Berufs- und Standesin-
teresse.[84] Anfang 1930 – bevor die Eintragung ins Vereinsregister
noch vollzogen ist – heißt es in den *Nationalsozialistischen Monats-
heften,* der NS-*Ärztebund* sei kein ärztlicher Standesverband, sondern eine Organisation, deren Mitglieder durch ihre naturwissen-
schaftliche Ausbildung besonders geeignet seien, „zuerst die Be-
rufskollegen und dann die Allgemeinheit über die Nationalbiologie
und ihre politische Bedeutung aufzuklären", um „zum Sieg des Nationalsozialismus beizutragen".[85] Die wenige Monate später verab-
schiedete erste Satzung verpflichtet die Mitglieder, „nach den
Grundsätzen der NSDAP zu handeln" und „das deutsche Heilwesen
mit nationalsozialistischem Geist zu durchdringen".[86]
Im Ende 1930 verabschiedeten „Politischen Programm" werden die
Aufgabenschwerpunkte definiert. Der *Ärztebund* wolle

- „Fachberater der Partei […] in allen volksgesundheitlichen und
  rassenbiologischen Fragen" sein;
- das Berufsethos der Ärzteschaft „im Sinne der auf dem Rassenge-
  danken beruhenden nationalsozialistischen Weltanschauung er-
  neuern";
- als „Kampfverband" den Grundsätzen der NSDAP „in den Standesorganisationen und in der Öffentlichkeit Geltung verschaffen"
  und
- in einem zukünftigen Dritten Reich „die Führung des Ärztestandes übernehmen".

Der Partei ist das immer noch zu wenig. Ihr fehlt die klare Aussage
zum Antisemitismus. Schon Mitte des Jahres hat sie in den *Ärztlichen Mitteilungen* deponiert, dass sie nur einen Ärztestand dulden
werde, der „frei von jüdischem Einfluss" sei.[87]
Im September 1932 geht der Wunsch nach einer noch radikaleren

Führung der NS-Ärzteschaft in Erfüllung. Auf der 3. Reichstagung des NS-*Ärztebundes* wird Vereinsgründer Ludwig Liebl, der als Chirurg und Frauenarzt eine private Heilanstalt unterhält, durch Gerhard Wagner abgelöst. Dem bei allem Einsatz für *nationale Ideale* mehr seinem Beruf als der Parteipolitik verbundenen Arzt folgt ein militanter Scharfmacher, der viel zu sehr in der Politik aufgeht, als dass er sich mit einer eigenen Praxis belasten könnte.[88] Schon 1930 hat Wagner für die Parteileitung die *Hilfskasse der* NSDAP verwaltet, die Martin Bormann aus der *SA-Versicherung* aufbaute. Schnell steigt der kompromisslose Verfechter nationalsozialistischer Rassenpolitik und fanatische Antisemit zu einem der engsten Berater des Führers auf, der ihm wichtige Aufgaben überträgt. Unter anderem spielt Wagner eine zentrale Rolle bei der Vorbereitung der *Erbgesundheitsgesetze,* der *Euthanasie,* der *Nürnberger Rassengesetze,* der Gleichschaltung der Ärzteschaft und der *Säuberung* von Spitälern und medizinischen Universitäten von *Nichtariern.*[89]

Wie die Partei ist auch der NS-*Ärztebund* in Gaue gegliedert, an deren Spitze jeweils ein Gauobmann steht. Um die Mitgliederzahl zu erhöhen, werden Zahnärzte, Tierärzte und Apotheker aufgenommen. Für angestellte Ärzte, deren Eintritt in die NSDAP ein Entlassungsgrund wäre, gilt der Status des *Anwärters.*[90] Nach 1933 bleibt diese Bezeichnung jenen vorbehalten, die sich im nationalsozialistischen Ärztebund engagieren wollen, ohne der Partei beizutreten.

Gleichschaltung. Die Entmachtung der Verbände

Unmittelbar nach der Machtergreifung beginnt unter Federführung des NS-*Ärztebundes* die Gleichschaltung. Mit der Einsetzung von Ärzten als *Staatskommissare für das Gesundheitswesen* entspricht die nationalsozialistische Regierung dem lang gehegten Wunsch, die Gesundheitsverwaltung Medizinern zu übertragen. Preis dafür ist die bedingungslose Unterwerfung der Ärzteschaft unter die nationalsozialistische Führung.[91]

Bei der Verfolgung dieses Ziels können die Gesundheitskommissare in einer rechtlichen Grauzone arbeiten: Auf der einen Seite setzen sie sich unter Berufung auf die Person des Führers über bestehende Rechtsvorschriften hinweg. Auf der anderen Seite verfügen sie als Vertreter der Regierung über die Machtmittel des Staates.[92] Auf diese Weise gelingt ihnen rasch und reibungslos die Zusammenfassung der für die Gesundheitspflege zuständigen Institutionen von Bund und Ländern, die Gleichschaltung von Krankenkassen und Standesverbänden sowie die *Säuberung* des Gesundheitssystems von *Nichtariern*.

Statt die beiden ärztlichen Spitzenverbände (*Deutscher Ärztevereinsbund* und *Hartmannbund*) zu zerschlagen, übernimmt Wagner deren kommissarische Leitung und degradiert die gewählten Vorstände zu *sachberatenden Organen.*[93] Die Landes- und Provinzverbände stellt er, nach dem gleichen Muster, unter kommissarische Führung von Beauftragten aus den Reihen des NS-*Ärztebundes*. In den *Ärztlichen Mitteilungen* begründet er diesen Schritt mit der notwendigen „autoritären Umgestaltung der ärztlichen Organisationen"[94].

Die Unterwerfung erfolgt meist freiwillig. Der *Allgemeine ärztliche Verein von Thüringen* stellt von sich aus den Antrag, den Gliederungen unter Wagners kommissarischer Führung „als gleichberechtigtes Mitglied" beitreten zu dürfen.[95] In vielen anderen Fällen genügt die Drohung mit dem Einsatz „revolutionärer Möglichkeiten", um die gewählten Funktionäre zum Rückzug zu zwingen. Nur in Einzelfällen gibt es Widerstand. In Berlin etwa muss die SA das Ärztehaus mehrere Stunden besetzt halten, bevor der Vorstand des *Groß-Berliner Ärztebundes* der Gewalt weicht.[96]

Während sich Wagner darum bemüht, die Standesverbände möglichst intakt zu übernehmen, lässt er Ärztekammern willkürlich auflösen oder unter kommissarische Leitung stellen.[97] Die Gauobmänner des NS-*Ärztebundes* übernehmen in Personalunion die Aufgaben der Staatskommissare, der Kommissare für die ärztlichen Spitzenverbände und – bis zu ihrer Auflösung – die kommissarische Geschäftsführung der Ärztekammern.[98] Im November 1933 wird ihnen teilweise auch die Amtsleitung der *Kassenärztlichen Vereinigung Deutschlands* übertragen.[99]

Je stärker der NS-*Ärztebund* wird, desto wichtiger wird die Mitgliedschaft für die Ärzte. Die Zahl der Mitglieder steigt von Jahr zu Jahr: 1933 liegt sie bei 2800, 1935 bei 14.500, 1938 erreicht sie 30.000, 1942 gar 46.000. Zieht man Zahnärzte, Tierärzte und Apotheker ab, dürften 1938 rund 40 Prozent und 1942 fast die Hälfte der Ärzte Mitglieder von NS-*Ärztebund* und NSDAP sein.[100]

Nach Übernahme der Schlüsselpositionen im ärztlichen Standeswesen nimmt Wagner die Umgestaltung der Medizin durch Schaffung neuer Institutionen in Angriff: Im April 1933 wird das *Aufklärungsamt für Bevölkerungspolitik und Rassenpflege* gegründet, das ab Mai 1934 *Rassenpolitisches Amt der NSDAP* heißt. Im August 1933 konstituiert sich der *Sachverständigenbeirat für Volksgesundheit,* aus dem im Mai 1934 das *Amt für Volksgesundheit der NSDAP* hervorgeht. Schließlich wird im Frühjahr 1935 die Reichsärztekammer gegründet.[101]

Die neu geschaffenen Organisationen übernehmen Aufgaben, die bisher im NS-*Ärztebund* vereinigt waren. Dieser wird dadurch politisch geschwächt. Nur der Kriegsausbruch verhindert die geplante Auflösung.[102]

Wagner, der seit Sommer 1933 als Vertrauensmann von Führer-Stellvertreter Rudolf Heß fungiert, nimmt die Aushöhlung des NS-*Ärztebundes* bewusst in Kauf, weil sie seiner persönlichen Stärkung dient. In irgendeiner Form unterstehen ihm alle neu gegründeten Organisationen. Mit der Führerkanzlei im Rücken wacht er als Mann der Partei darüber, dass Staat und Regierung bei der Vereinheitlichung des Gesundheitswesens und der Einrichtung einer zentralen *Gesundheitsführung* auf die Rolle willfähriger Helfer beschränkt bleiben.[103]

Nach Wagners unerwartetem Tod im März 1939 ernennt Hitler Leonardo Conti zum Leiter des *Hauptamtes für Volksgesundheit* und verleiht ihm den Titel *Reichsgesundheitsführer.* Conti kann Wagners Politik nicht fortsetzen. Er ist Mann des Staates, nicht der Partei. Nach seinem Aufstieg zum höchsten Medizinalbeamten des Reiches und zum Staatssekretär trifft er Vorbereitungen, das Gesundheitswesen in einem Reichsgesundheitsministerium zu organisieren. Damit provoziert er rundum Misstrauen und Gegnerschaft: Hitler schenkt sein Vertrauen schließlich Karl Brandt, den er im September 1943 zum *Reichskommissar für das Sanitäts- und Gesundheitswesen* ernennt. In der Partei findet Conti kaum noch Rückhalt.[104] Die Ärzteschaft steht ihm – aus Angst vor Sozialisierung und Verstaatlichung des Berufsstandes – ablehnend gegenüber. Der NS-*Ärztebund* verliert unter seiner Leitung jeden Einfluss. Er wird 1943 „für die Dauer des Krieges" geschlossen.[105]

Führerschule. Ideologische Elite der Ärzteschaft

Der junge Arzt soll „zum Führer erzogen, im nationalsozialistischen Denken befestigt und zu einer Berufsauffassung geschult werden, die von dem Geiste eines starken völkischen, nationalen und sozialen Bewusstseins bestimmt wird", formuliert der Gründer und Leiter der *Führerschule der deutschen Ärzte* in Alt-Rehse, der bayerische Arzt und Funktionär des NS-*Ärztebundes* Hans Deuschl, 1934 im *Deutschen Ärzteblatt*.[106] „Weltanschauliche Schulung ist die Hauptaufgabe der Anstalt", schreibt der Arzt und SS-Obersturmführer Heinrich Grote zum gleichen Thema.[107]

In der Mitte 1935 eröffneten Kaderschmiede für Jungärzte, die nebenbei auch der Weiterbildung von Gesundheitsfunktionären, Hebammen und Apothekern dient, wird der *neuen Medizin* zum Durchbruch verholfen. Nicht die Pflege des einzelnen Kranken, sondern die Gesundheit des „rassisch und völkisch erkrankten deutschen Volkskörpers"[108] und die *Leistungsmedizin* stehen im Mittelpunkt: Die nationalsozialistische Ärzteelite soll das Volk leistungsfähiger machen und diese Leistungsfähigkeit bis ins hohe Alter erhalten.

Aufgenommen werden nur Jungärzte, die „vorher schon ihre weltanschauliche Prägung in der Partei erhalten haben", wie Wagner in einer nationalsozialistischen Publikation zitiert wird.[109]

Der Andrang ist enorm. Für Jungärzte bedeutet die Aufnahme einen entscheidenden Karriereschritt. Durch die Ausschaltung jüdischer und sozialistischer Kassenärzte haben sich die beruflichen Aussichten und die Verdienstmöglichkeiten für überzeugte Nationalsozialisten entscheidend verbessert. Mit den neuen Aufgaben als *Gesundheitsführer des deutschen Volkes* im Sinne von *Leistungsmedizin, Erbgesundheitspflege* und *Rassenhygiene* ist der soziale Status aufgewertet. Die Lehrgänge in Alt-Rehse sind zudem kostenlos und werden auf die Medizinalpraktikantenzeit angerechnet.

Gezielt wird versucht, dem Vertrauensverlust der Patienten gegenüber NS-Medizinern durch „Volksnähe" zu begegnen. Lehrgangsteilnehmer werden in ihrer Freizeit zum Kastaniensammeln für die Wildfütterung, zum Ernteeinsatz oder zum Straßenbau in der Arbeitersiedlung Alt-Rehse abkommandiert.

Das Internatsleben besteht aus einem Gemisch aus Lagerromantik und paramilitärischem Drill. „Wer führen will, muss gelernt haben, sich unterzuordnen", hat Reichsärzteführer Wagner als Parole ausgegeben.

Während des Zweiten Weltkrieges ändert sich die Ausbildung: *Militärmedizin* und die *Aufrechterhaltung der Leistungsbereitschaft bei sinkender Nahrungsaufnahme* sind neue Unterrichtsschwerpunkte. 1941 wird Deuschl nach Estland abberufen, wo er als SS-Obersturmführer organisatorische Aufgaben übernimmt. Wie lange die *Führerschule* weitergeführt wird, ist nicht bekannt. Die Archive werden vor dem Einmarsch der Alliierten vernichtet.

Der Lehrstuhl in Jena. *Biologische Medizin*

Ende 1923 geht ein lang gehegter Wunsch der Naturheilbewegung in Erfüllung: In Jena wird – gegen massive Widerstände von medizinischer Fakultät und Ärztekammer – der zweite Lehrstuhl für Naturheilverfahren geschaffen und mit der Errichtung einer Klinik für Naturheilverfahren begonnen.

Zehn Jahre später verliert der Naturarzt Emil Klein als Jude seine Professur. Seine Wirkungsstätte wird in *Lehrstuhl für biologische Medizin* umbenannt, der fanatische Nationalsozialist Karl Kötschau zum Nachfolger berufen. Der Erfinder der *Neuen Deutschen Heilkunde,* die Krankheit zum „Pflichtversäumnis" macht, gibt *biologische Medizin* und ganzheitliches Denken als „Kinder der nationalsozialistischen Weltanschauung" aus.[110] Wagner macht ihn zum Leiter einer *Reichsarbeitsgemeinschaft für eine neue Deutsche Heilkunde.* Von Jena aus sollen die „Außenseiter-Richtungen" der Medizin koordiniert werden.

Kötschaus Versuche, die Naturheilkunde im Sinne des Nationalsozialismus umzuschreiben, misslingen ebenso wie seine Bemühungen um eine Vereinheitlichung der unterschiedlichen alternativmedizinischen Bereiche, von der Homöopathie bis zur Bäderheilkunde, von der Anthroposophie bis zur Psychotherapie. Zuletzt scheitert der linientreue Nationalsozialist mit seinem Plan, Jena zur *Kampfuniversität für ganzheitliches Denken* zu machen, ausgerechnet am *Beauftragten des Führers für ideologische Überwachung der gesamten geistigen und weltanschaulichen Erziehung der NSDAP,* Alfred Rosenberg. In seinen vertraulichen *Mitteilungen zur weltanschaulichen Lage*[111] befindet Rosenberg, Kötschaus Ganzheitslehre sei „ein gerissener Trick der römisch-katholischen Wissenschaft gegen deutsche Tatsachenforschung". An Stelle der Auslese trete die Symbiose, das Zusammenleben der Individuen. Dies widerspreche der *Rassenlehre* und sei „die beste Rechtfertigung sowohl für das bolschewistische Kollektiv als auch für den ständisch gegliederten Kirchenstaat". Die Ganzheitslehre sei nicht Bestandteil des Nationalsozialismus, sondern „Grundlage für die Mission der Kirche wie für die Milieu-Theorie des Marxismus". Kötschau muss Jena verlassen, sein *Lehrstuhl für biologische Medizin* wird 1938 aufgelöst.

Rudolf-Heß-Krankenhaus: Erziehung zur Natur

Mit der Eröffnung des Dresdner Rudolf-Heß-Krankenhauses im Juni 1934 versuchen die Nationalsozialisten, Naturmedizin und Lebensreformbewegung für ihre Zwecke zu nützen. Die demonstrative Aufwertung der Naturheilbewegung soll vor allem propagandistischen Zwecken dienen und der zunehmenden Entfremdung zwischen Patienten und nationalsozialistischer Ärzteschaft entgegenwirken. „Wenn der Arzt auf dem für den nationalsozialistischen Staat so wichtigen Gebiet der Volksgesundheit, der Erbgesundheitspflege und Rassenhygiene Führer sein soll, so ist das Vertrauen des Volkes [...] unbedingte Voraussetzung dafür", gibt Reichsärzteführer Wagner bei der Eröffnungsrede die Richtung vor.[112]
Gezielt versuchen die Nationalsozialisten, die auf sechs bis zehn Millionen angewachsene Anhängerschaft der Naturheilbewegung zu vereinnahmen, deren Individualismus, Internationalismus und Pazifismus sie bisher bekämpft und verspottet haben. Hinter dieser Wende stehen handfeste politische Ziele. Auf der einen Seite erkennt Wagner den erzieherischen Wert der Naturheilbewegung. Das Prinzip der Gesunderhaltung von Körper und Geist mit Hilfe der Natur kommt dem staatlich verordneten Leistungsprinzip entgegen. Auf der anderen Seite verspricht er sich eine Entlastung der Ärzte von Bagatellfällen und eine Verbilligung der Medizin. Die von ihm postulierte „Erziehung der Ärzte zur Ehrfurcht vor den Heilkräften der Natur"[113] ist nichts anderes als ein ein versteckter Aufruf zur Medikamenteneinsparung. Mit dem auf Naturheilkunde eingeschworenen Rudolf Heß findet sich für das neue Krankenhaus ein prominenter Namensgeber, der die Verknüpfung der medizinischen

Reformbewegung mit den Zielen von Partei und Staat nach außen sichtbar macht.

Um dem gesundheitspolitischen Richtungswechsel Nachdruck und Glaubwürdigkeit zu verleihen, nehmen die Nationalsozialisten so renommierte Vertreter der Naturheilkunde in Dienst wie den Naturarzt Alfred Brauchle vom Prießnitz-Haus in Glasow-Mahlow oder den schwedischen Lebensmittelchemiker und Ernährungsexperten Ragnar Berg, einen Vorkämpfer der Naturheilbewegung. Die vertraglich bereits fixierte Bestellung des berühmten Schweizer Naturarztes und Ernährungsreformers Maximilian-Oskar Bircher-Benner scheitert in letzter Minute: Der 67-Jährige fühlt sich nach einer überstandenen Erkrankung nicht mehr kräftig genug, „diese ehrende, aber schwierige Aufgabe" zu übernehmen.

Erfolgreich bemüht sich das nationalsozialistische Renommierprojekt um einen Brückenschlag zwischen Schulmedizin und Naturheilkunde. Die von Brauchle mit dem Schulmediziner Louis R. Grote gemeinsam betreute *Gemeinschaftsabteilung* hat Modellcharakter. Über die Erfolge der hier praktizierten, weitgehend arzneilosen Therapien werden zahlreiche Arbeiten veröffentlicht.

Für die Partei von noch größerer Bedeutung ist die Ausbildung der niedergelassenen Allgemeinmediziner, denen man neben Kräuterkunde auch *Erbgesundheitslehre* und *Rassenbiologie* näher bringen kann. Die aus handverlesenen Parteimitgliedern bestehende *NS-Schwesternschaft* im angegliederten *Mutterhaus* unterstützt die Arbeit der Ärzte vor allem im Bereich der ideologischen Betreuung.

Zur Errichtung der geplanten Rudolf-Heß-Akademie kommt es nicht mehr. Auf der einen Seite erzwingt der Kriegsbeginn neue Schwerpunktsetzungen in der Gesundheitspolitik. Auf der anderen wird die Integration der Naturheilkunde in die Gesamtmedizin von prominenten Schulmedizinern wie Ferdinand Sauerbruch erfolgreich torpediert. Statt die Naturheilkunde in die Gesamtmedizin zu integrieren, beschränkt man sich künftig auf die Integration einzelner Naturärzte in die Schulmedizin.

Gesundheitshaus. Arbeit statt Behandlung

Der ideologischen Instrumentalisierung der Naturheilbewegung soll auch die geplante Errichtung eines *Gesundheitshauses der deut-*

schen Ärzteschaft dienen. Hinter dem Konzept medizinischer Vorbeugung, Gesunderhaltung und Regeneration steckt in Wahrheit die nationalsozialistische Leistungsutopie, die den Begriff Krankheit abschaffen und durch unterschiedliche Stufen der Leistungsfähigkeit ersetzen will. Dem Patienten soll die Möglichkeit genommen werden, dem Leistungsdruck des Produktionsprozesses durch Krankschreibung seines Arztes zu entkommen.

Unter dem Motto *Gesundheitshäuser statt Krankenhäuser* sollen „minder leistungsfähige Menschen von schwacher Konstitution"[114] nicht nur geheilt, sondern vor allem ausgebeutet werden. Welche Zwecke die „fortschrittliche Einrichtung im Sinne der Naturmedizin" tatsächlich verfolgt, verrät ein sächsischer Medizinalrat in einem Beitrag für *Ziel und Weg,* dem Organ des NS-*Ärztebundes:* „Leistungsschwächlinge, Ausweichnaturen und Wesen mit asozialen Neigungen" sollen durch „energische Erziehung und Arbeitstherapie" zu „Leistungswille und Gesundheitsverpflichtung" erzogen werden.[115]

Das Projekt könne „Kosten für unproduktive Kranke ersparen", wird im *Deutschen Ärzteblatt* mehrfach vorgerechnet. Medikamente würden durch „Übungen in und an der Natur" ersetzt. „Vorsorge kostet weniger als Fürsorge."[116]

Bei der *Reichstagung der deutschen Volksgesundheitsbewegung* Anfang August 1937 in Düsseldorf beendet Wagner das Versteckenspiel: Neben biologischen Heilverfahren werde man „die so genannte Arbeits- und Übungstherapie einführen". Was darunter zu verstehen ist, deutet der Internist und spätere *Ernährungsinspekteur der Waffen-SS,* Ernst Günther Schenck, in einer für den NS-*Ärztebund* verfassten *Denkschrift* an: die „Leistungsüberprüfung und Steigerung der Leistungsfähigkeit des nicht mehr voll Arbeitsfähigen"[117].

Das in Kempfenhausen am Starnberger See modellhaft geplante *Gesundheitshaus* soll nicht nur medizinischen, sondern auch wirtschaftlichen Zielen dienen. Gemeinsam mit Freiwilligen aus den Volksheilverbänden und betrieblichen Gesundheitsgruppen sollen die Insassen das Haus selbst verwalten und entsprechend ihrer Leistungsfähigkeit „berufsentsprechende Arbeiten" verrichten. In hauseigenen Schmieden, Schlossereien, Buchbindereien, Wäschereien, Gärtnereien, Tischler-, Schuster- und Schneiderwerkstätten sowie in der eigenen Landwirtschaft müsse sichergestellt sein, dass die Patienten „nicht unbeschäftigt herumlungern", sondern „ihrer Leistungsfähigkeit entsprechend ständig zu tun haben". Die Bildung von „Leistungsgemeinschaften" solle „den gesunden Wettkampf unter den Kranken" anregen.[118]

Eine Entlohnung der Arbeit ist nicht vorgesehen. Die Patienten sollen sich nicht nur die Kosten ihrer *Behandlung* selbst verdienen, sondern auch Gewinne erwirtschaften und mit ihrer Tätigkeit volkswirtschaftlichen Zielen dienen. So ist unter anderem vorgesehen, in der Landwirtschaft mit angeschlossener Versuchsbackstube – entsprechend dem nationalsozialistischen Vierjahresplan – Ernährungsalternativen für den Ersatz vom Importprodukten zu erproben.[119]

Die geplanten *Gesundheitshäuser* kommen nie zustande. Nach Wagners Tod verläuft das Projekt unter dem aus der Medizinalbürokratie kommenden Nachfolger Leonardo Conti im Sande, bevor die nationalsozialistische *Gesundheitsführung* in den Kriegswirren zusammenbricht.

Lebensborn. Medizin und Rassenpolitik

Der vom Reichsführer SS Heinrich Himmler 1935 ins Leben gerufene Verein *Lebensborn* ist weder *karitative Organisation* noch *menschliche Zuchtanstalt* der Nazis, wie nach Kriegsende fälschlich angenommen wird. Hinter der sagenumwobenen Bezeichnung verbirgt sich in Wirklichkeit nichts anderes als ein Instrument nationalsozialistischer Rassenpolitik. Die Vernichtung *rassisch Minderwertiger* ergänzt *Lebensborn* durch die Förderung des *biologischen Bestandes.*[120]

Die *rassische Elite,* mit deren Hilfe Hitler die Weltherrschaft erringen will, braucht Nachwuchs. Also fördern die Nationalsozialisten zuerst kinderreiche Familien, bemühen sich danach um die rechtliche Gleichstellung lediger Mütter und unehelich geborener Kinder und beginnen am Ende ihrer offensiven Geburtenpolitik eine *neue Moral* zu entwickeln, welche die Zeugung ohne Rücksicht auf eine geschlossene Ehe zur *völkischen Pflicht* machen soll. Ende 1939 rufen Himmler und Heß in Abstimmung mit Hitler zur Zeugung unehelicher Kinder auf. Dabei wirbt der Reichsführer SS mit den organisatorischen Möglichkeiten des *Lebensborn.*

Die Zuführung von Zeugungspartnern, wie sie in Zeitungsartikeln, Büchern und Filmen nach dem Krieg behauptet wird, ist Legende. Entsprechende Wünsche einzelner Frauen werden von den dafür zuständigen SS-Stellen mit kurzen Briefen abschlägig beantwortet.

Der Verein *Lebensborn* ist Teil der *rassenpolitischen Strategie*. Karitativ und gemeinnützig wirkt er nur bei oberflächlicher Betrachtung. In Wirklichkeit nützt er die Notlage unverheirateter schwangerer Frauen aus, um *rassenideologische* Ziele zu verwirklichen. Ledigen Müttern wird die Möglichkeit geboten, fern ihres Wohnorts geheim zu entbinden, um der sozialen Deklassierung zu entgehen. In Entbindungsheimen werden sie betreut und ihrer materiellen Sorgen enthoben. Nach der Geburt übernimmt der Verein die Vormundschaft des Kindes, stellt einen Heimplatz bereit, besorgt der Mutter Arbeitsplatz und Wohnung. Will sie das Kind nicht behalten, vermittelt er Pflegefamilie oder Adoptiveltern. Durch die Öffnung der Einrichtung für verheiratete Mütter sollen Abtreibungen aus sozialen oder familiären Notlagen verhindert werden.

Mit Menschenliebe hat all das nichts zu tun. Aufgenommen wird nur, wer den *Auslesegesetzen* der SS genügt und Gewähr dafür bietet, Kinder mit *nordisch bestimmten Erbanlagen* zur Welt zu bringen. Vor ihrer Aufnahme muss jede Frau eine Ahnentafel, einen *erbgesundheitlichen* und einen *rassischen* Untersuchungsbogen für sich und den Kindesvater vorlegen. Ergänzend dazu wird vom ärztlichen Heimleiter mit Hilfe einer Oberschwester aus der *NS-Frauenschaft* ein geheimer Fragebogen ausgefüllt, der *Körpermerkmale, rassisches Erscheinungsbild* und *Charakterbeobachtungen,* eine *weltanschauliche Beurteilung* sowie eine Einschätzung enthält, ob von der Mutter „im Sinne des Ausleseprinzips der SS noch weitere Kinder erwünscht" seien.

In der Münchener Zentrale wird aufgrund dieser Unterlagen eine *rassische Gesamtnote* vergeben: Note I heißt: vollkommen den Auslesekriterien der SS entsprechend; Note II: guter Durchschnitt, Aufnahme möglich; Note III: der Auslese nicht entsprechend. Von der Endnote hängt es ab, ob und in welchem Ausmaß Mutter und Kind gefördert werden.[121]

Mit der Aufnahme ist das Ausleseverfahren keineswegs abgeschlossen. Die Mütter müssen dreimal wöchentlich an weltanschaulichen Schulungen teilnehmen. Charakterliche Eignung und politische Einstellung stehen weiter unter Beobachtung des medizinischen Leiters, der die neue Rolle des nationalsozialistischen Arztes verkörpert: nicht weiß gekleideter Mediziner, sondern persönlicher Beichtvater und politischer Aufseher, Lehrer und Prüfer, Verkünder und Exekutor der Rassenpolitik in einer Person.

Unter Umgehung gesetzlicher Vorschriften hat ihn die Führung der SS mit ungewohnten Aufgaben betraut, die unter anderem der Geheimhaltung dienen: Er stellt Meldezettel für Deckadressen aus, um zu verhindern, dass in den Heimatgemeinden der Mütter die Unterbringung in einem *Lebensborn*-Heim bekannt wird. Er stellt Geburtsurkunden aus, um die zuständigen Standesämter zu umgehen. Sogar die an Stelle der Taufe tretende Namensgebung nimmt er vor, die in Anlehnung an den kirchlichen Ritus durchgeführt wird. Durch Berührung mit einem SS-Dolch in Anwesenheit des SS-Paten wird das Neugeborene feierlich in die *SS-Sippengemeinschaft* aufgenommen.[122]

Mütter, die solche Kulthandlungen verweigern, verlieren die Unterstützung. Frauen, bei denen gesundheitliche Komplikationen oder Probleme bei der Schwangerschaft zu erwarten sind, werden gar nicht erst aufgenommen. Kinder, die nach der Geburt als *rassisch minderwertig* oder behindert eingestuft werden, verlieren Vormundschaft und Unterstützung. Bei schweren Behinderungen werden sie als *unwertes Leben* in *Euthanasie*-Anstalten verschickt, während die Eltern versprechen müssen, bis zu einer endgültigen *erbgesundheitlichen* Untersuchung auf weitere Kinder zu verzichten.[123]

Der Verein *Lebensborn* unterhält im Reichsgebiet acht Entbindungsheime und vier Kinderstationen, in denen an die 8000 Kinder geboren werden – weit mehr als die Hälfte davon unehelich. Die Verwaltungszentrale in München, der 700 Mitarbeiter unterstehen, wird unter Himmlers Oberaufsicht von SS-Obersturmbannführer Pflaum geleitet. Die medizinische und ideelle Führung liegt beim SS-Arzt und Himmler-Freund Gregor Ebner, der dem Verein die rassenideologische Aufrüstung gibt.

Den von ihm zu Heimleitern berufenen SS-Ärzten fehlen fachliche Qualifikationen für Geburtshilfe, Frauen- oder Kinderheilkunde. Dafür sind sie versierte Parteiideologen und fanatische Rassentheoretiker, durchdrungen von der Notwendigkeit, das deutsche Volk biologisch aufzurüsten. Die fachärztliche Betreuung der Heiminsassen wird anfangs von Frauenärzten und Kinderärzten aus der Umgebung ausgeübt. Zur Kontrolle gibt es monatliche Berichte an Günter Schultze, Direktor der Universitäts-Frauenklinik Greifswald. Später werden drei „beratende Fachärzte" berufen: Josef Becker, Direktor der Universitäts-Kinderklinik Marburg, Wilhelm Pfannenstiel, Direktor des Hygieneinstituts der Universitätsklinik Marburg, und der Gynäkologe Mackenrodt, Leiter einer Berliner Privatklinik.

Die Besetzung Nord- und Westeuropas bringt die nationalsozialistische Führung nicht nur dem Ziel eines *Germanischen Reiches* näher, sie erlaubt auch die Förderung *germanischen Blutes* über Landesgrenzen hinaus. Im Juli 1942 entspricht Hitler einem lang gehegten Wunsch Himmlers, indem er eine *Verordnung über die Betreuung von Kindern deutscher Wehrmachtsangehöriger in den besetzten Gebieten* erlässt, die „zur Erhaltung und Förderung rassisch wertvollen germanischen Erbguts" beitragen soll.[124] So wird zum Beispiel in Norwegen die Notlage der Mütter ausgenützt, um Kinder – unter Umgehung nationalen Rechts – nach Deutschland zu bringen, sie deutsch zu erziehen, sie mit deutscher Staatsbürgerschaft zu versehen und ihrer Nationalität zu entfremden.

Nächster Schritt der *biologischen Aufrüstung* ist die Eröffnung von *Lebensborn*-Einrichtungen im Ausland. 1944 besitzt die SS-Organisation neun Entbindungs- und Kinderheime im „germanischen Bruderland" Norwegen, je eines in Frankreich, Belgien und Luxemburg sowie drei in Polen, in denen insgesamt an die 6000 Kinder zur Welt kommen.

Während die nationalsozialistische Führung bei der Verfolgung ihrer Rassenpolitik im besetzten Westeuropa aus politischer Rücksichtnahme wenigstens den rechtlichen Schein wahrt, setzt sie in Osteuropa beliebige Willkürakte. Als Vorstufe zur Ausdehnung des *Germanischen Reiches* ist geplant, Teile der slawischen Bevölkerung abzusiedeln. *Fremdvölkische* Kinder mit *germanischem* Erscheinungsbild werden *eingedeutscht,* ihren Eltern oft gewaltsam entrissen und von *Lebensborn* zur *Umerziehung* ins Reichsgebiet geschickt.[125]

Die Bedeutung von *Lebensborn* liegt nicht in der Zahl von annähernd 15.000 *betreuten* Kindern, sondern in seinem Modellcharakter: Unter Umgehung von innerstaatlichen und ausländischen Gesetzen kann die SS unter dem Deckmantel ärztlicher Fürsorge ihre eigene *Rassenpolitik* betreiben. Das SS-Massaker im tschechischen Dorf Lidice ist Beispiel dafür, wie eng die Vernichtung *Minderwertiger* und die Förderung *rassisch Hochwertiger* verknüpft sind: Zehn *eindeutschungsfähige* Kinder in einem *Lebensborn*-Heim zählen zu den wenigen Überlebenden.[126]

Um dem Anspruch der *genetischen Eliteorganisation* zu genügen, überprüft Ebner persönlich die Ergebnisse der *gesundheitlichen, erbbiologischen* und *rassischen* Musterung der *eingedeutschten* Kinder. Für die „Tauglichen" übernimmt *Lebensborn* die Vormundschaft und vermittelt, nach vorübergehendem Heimaufenthalt, deutsche Pflegefamilien mit dem Ziel späterer Adoption. Nur das Kriegsende verhindert, dass mehr als 350 bis 400 Kinder aus den annektierten Teilen Polens, Jugoslawiens, Rumäniens und der Tschechoslowakei verschleppt werden.

Das Kriegsende verhindert auch, dass die von *Lebensborn* Betreuten zu *Versuchskaninchen* aller möglicher Forschungsprojekte werden. Der aus der Vereinsführung kommende Vorschlag, die Heiminsassen durch eigene *Berater für Rassenfragen und Erbbiologie* wissenschaftlich beobachten zu lassen, wird von Himmler ebenso auf die Zeit nach dem *Endsieg* verschoben wie die Fortsetzung bereits begonnener Forschungsvorhaben. So werden ab Mai 1942 Mütter mit *griechischen Nasen* gesondert erfasst. 1944 wird die Suchaktion nach griechischen Nasen auf alle Frauen und Bräute von SS-Angehörigen ausgedehnt.[127]

Aufgrund eines negativen Gutachtens des Gynäkologen Günter Schultze wird Himmlers Auftrag, die Zusammenhänge zwischen dem Lebensalter bei Eintritt der ersten Mensis und der Gebärfreudigkeit zu erforschen, vorerst auf Eis gelegt. Nicht mehr zur Durchführung gelangt schließlich auch Himmlers Lieblingsprojekt, an Heiminsassen zu erforschen, ob die gezielte Zeugung von Knaben und Mädchen möglich ist.

6. *Euthanasie. Vom* minderwertigen *zum* unwerten *Leben*

Recht auf Tötung. Wissenschaft als Wegbereiter

Der *Gnadentod* der *Euthanasie* ist keine Erfindung der Nationalsozialisten. Ende des 19. Jahrhunderts wird er von Vertretern des *wissenschaftlichen Rassismus* diskutiert. Auch die Bewertung des Menschen nach seinem „industriellen Nutzwert" und die Einstufung Behinderter als „minderwertig" geht auf diese Zeit zurück.

Vom *minderwertigen* zum *lebensunwerten* Leben ist es nur ein kleiner Schritt. Es sind medizinische Wissenschaftler, die ihn gehen. Adolf Jost veröffentlicht bereits 1895 einen Aufruf zum medizinischen Töten. Während in den USA über das individuelle „Recht zum Sterben" diskutiert wird, fordert er das Recht des Staates zur Tötung, um „den sozialen Organismus lebendig zu halten"[128].

„Was kosten die minderwertigen Elemente den Staat und die Gesellschaft?", fragt 1911 die Zeitschrift *Umschau* im Rahmen eines Preisausschreibens ihre Leser. Eine im Rahmen dieses Wettbewerbs vorgelegte Studie soll „wissenschaftlich fundiert" untersuchen, „welche Unsummen der Staat, die Gemeinden und der Privatmann für die Aufzucht, Erhaltung und Pflege der Kranken und Minderwertigen" aufbringen müssen. In der Diskussion über Studie und Wettbewerb unterscheidet der Münchener Arzt und Hygiene-Professor J. Kaupp zwischen „berechtigten" und „unberechtigten" Aufwendungen. Als „unberechtigt" empfindet er nicht nur die Aufzucht von chronisch Kranken und unheilbar Behinderten, sondern auch Aufwendungen für „Hilfsschüler" und „Fürsorgezöglinge", da 60 Prozent von ihnen als „geistig minderwertig" eingestuft werden müssten.[129]

Alfred Hoche, Professor für Psychiatrie an der Universität Freiburg, geht 1920 einen entscheidenden Schritt weiter. Gemeinsam mit dem Juristen Karl Binding – einem der bedeutendsten Strafrechtler Deutschlands – legt er ein medizinisches und juristisches Konzept zur Umsetzung dessen vor, was in der Diskussion *Euthanasie* genannt wird: die Vernichtung von „leeren Menschenhülsen" und „Ballastexistenzen". „Geistig Tote" zu „erlösen" sei eine „reine

Heilbehandlung", ein gleichermaßen barmherziger wie nützlicher Akt, der mit der ärztlichen Ethik nicht in Widerspruch stehe. Schließlich müsse auch in anderen Fällen aus medizinischen Gründen menschliches Leben vernichtet werden – etwa bei der Unterbrechung der Schwangerschaft, um die Mutter zu retten. Hoche argumentiert mit den hohen Kosten der Pflege von „Defektmenschen" und kommt zu dem Schluss, der Staat sei „vom Standpunkt einer höheren Sittlichkeit aus" verpflichtet, „wertlos gewordene oder schädliche Teile" abzustoßen.[130]

Hoches und Bindings Schrift *Die Freigabe der Vernichtung lebensunwerten Lebens* entfacht eine heftige *Euthanasie*-Diskussion, an der sich Juristen, Mediziner, Theologen und Publizisten beteiligen. War es in den auf intellektuell-theoretischer Ebene geführten Auseinandersetzungen vor dem Ersten Weltkrieg nur um die Tötung auf Verlangen gegangen, so geht es nun auch um das Recht oder die Verpflichtung des Staates, „im Sinne des Volksganzen einzugreifen".

Eine philosophische, drei medizinische und sieben juristische Dissertationen werden zu dem Thema geschrieben. Unter den Politikern finden sich radikale Befürworter der Tötung Geisteskranker. Sie stellen entsprechende Gesetzesentwürfe zur Diskussion. Die evangelische Kirche spricht sich 1931 auf einer Fachkonferenz *Eugenik und Wohlfahrtspflege* in Treysa entschieden gegen die Vernichtung von *lebensunwertem* Leben aus, stimmt jedoch der *eugenetisch* begründeten Sterilisierung zu.[131] Für die katholische Kirche ist beides mit christlichen Grundsätzen unvereinbar.[132]

Während nationale Schriftsteller wie Gerhard Hoffmann, der unter dem Pseudonym Ernst Mann publiziert, die nationalsozialistische Vernichtungspraxis vorwegnehmen und an die Stelle der Behandlung Kranker deren Vernichtung setzen[133], vertraut Adolf Hitler in Landsberg noch der natürlichen Auslese. In *Mein Kampf,* das er 1924 während seiner Haft schreibt, ist *Euthanasie* kein Thema. Seine *rassenhygienische* Argumentation beschränkt sich vorerst noch auf das Nachbeten sozialdarwinistischer Thesen: „Der Kampf um das tägliche Brot lässt alles Schwache, Kränkliche und weniger Entschlossene unterliegen."

Illegale *Euthanasie*. Das Morden beginnt

Nach der Machtergreifung der Nationalsozialisten verstärkt sich die *Euthanasie*-Diskussion. In medizinischen Zeitschriften werden Beiträge zum Thema „Gesunderhaltung des Volksorganismus" veröffentlicht, die den Schritt von der Sterilisierung zur „Ausmerze" immer deutlicher nahe legen.

Klammheimlich scheint das stille Morden in den Anstalten schon begonnen zu haben. Für die Aussage des 1948 in Sachsen hingerichteten Psychiaters Paul Nitsche, dass „gleich nach der Machtübernahme" viele NSDAP-Gauleiter heimlich *Euthanasie*-Maßnahmen veranlasst hätten, fehlen zwar dokumentarische Belege. Illegale Vorgriffe auf Maßnahmen, die (noch) nicht beschlossen sind, aufgrund eindeutiger Propaganda jedoch bereits absehbar scheinen, stellen zu Beginn des Dritten Reiches keine Seltenheit dar. Nitsches Aussage wird von Experten daher als glaubwürdig eingestuft.[134]

In einer Rede, die der vom einfachen SA-Arzt zum Professor und bayerischen *Staatskommissar für das Gesundheitswesen* aufgestiegene Walter Schultze im August 1933 hält, findet sich ein deutlicher Hinweis dafür. Der Mann der ersten Stunde, der im November 1923 Hitlers ausgerenkte Schulter beim Marsch auf die Münchener Feldherrenhalle ärztlich versorgt hat, erklärt offen, Sterilisation alleine reiche nicht aus. Dann setzt er hinzu, es sei „radikale Ausmerze" notwendig, wie sie „ihren Anfang teilweise in unseren heutigen Konzentrationslagern gefunden" habe.[135]

Fest steht jedenfalls, dass psychiatrische Einrichtungen schon vor Beginn der *Euthanasie* für Kinder und Jugendliche zur tödlichen Falle werden können. Die Leiter von Heilanstalten fühlen sich ab 1934 dazu ermuntert, ihre Patienten zu vernachlässigen. Nach und nach wird der Druck zum Zwang: Die Mittel werden so lange reduziert, bis eine reguläre Versorgung nicht mehr möglich ist. Gesundheitsinspektionen finden nur noch pro forma statt oder unterbleiben ganz. In der Anstalt Schussenried erkundigt sich ein Vertreter des Reichsgesundheitsamtes, wie es neben der Sterilisierung mit der Vernichtung *lebensunwerten* Lebens stehe. In der Kinderpsychiatrie Görden-Brandenburg, wo sich Professor Hans Heinze zum Vorreiter der *Euthanasie* macht, nimmt die Zahl „plötzlicher Todesfälle" von *bildungsunfähigen Schwachsinnigen* bereits ab April 1937 signifikant zu.[136] Schon vor Kriegsausbruch werden in psychiatrischen Anstalten Sachsens Patienten durch *Dämmerschlafkuren* getötet.[137]

Propagandaflut. Einstimmung auf die Verbrechen

Offiziell darf all das noch nicht sein, obwohl die Art der Vorbereitung keinen Zweifel an der Entschlossenheit der braunen Machthaber lässt. In ausgesuchten Heilanstalten finden groteske Kurse statt, in denen das aggressive und abstoßende Verhalten jener demonstriert wird, die der Gesellschaft als *Ballastexistenzen* und *unwertes Leben* zur Last fallen.[138] Teilnehmer sind Mitglieder der SS, politisches Führungspersonal, Polizei, Gefängniswärter und ausgesuchte Journalisten.

Systematisch wird die Öffentlichkeit auf den Schritt der *Ausmerze* vorbereitet. Das Propagandaministerium, das die Gleichschaltung der Massenmedien und des kulturellen Lebens betreibt, ermuntert linientreue Schriftsteller, das Thema aufzugreifen. Joseph Goebbels selbst sorgt dafür, dass Filme wie *Das Erbe* (1935), *Opfer der Vergangenheit* (1937) oder *Ich klage an* (1941) gedreht werden. Die Initiative dazu geht von ranghohen NS-Medizinern wie Hitlers Leibarzt Karl Brandt aus, die auch für die *fachliche Überwachung* sorgen. Die mit wissenschaftlichem und künstlerischem Anspruch gedrehten Propagandawerke machen nicht nur auf die Öffentlichkeit, sondern auch auf die Ärzteschaft Eindruck, wie eine Untersuchung des Sicherheitsdienstes der SS feststellt.[139]

Nie tauchen in der geballten Propagandaflut Hinweise auf die Tötung von *lebensunwertem* Leben auf. Konsequent steuert der NS-Staat auf ein Ziel zu, das nicht genannt wird. Der Presse ist es durch Ministerialerlass verboten, das Thema *Euthanasie* zur Sprache zu bringen. In Pressekonferenzen des Propagandaministeriums wird darauf mehrfach ausdrücklich hingewiesen. Gleichzeitig werden Journalisten systematisch über besonders schwere Fälle von Geisteskrankheiten informiert und mit den Kosten vertraut gemacht, die „Ballastexistenzen" der Gemeinschaft aufbürden.

Nicht einmal die Schule bleibt von der Propaganda verschont. Rechenaufgaben, die von Reichsärzteführer Wagner öffentlich gestellt werden, finden in den Unterricht Eingang. Wie systematisch die Nationalsozialisten den geplanten Massenmord an Behinderten vorbereiten, verdeutlichen Beispiele aus dem 1935 herausgegebenen *Lehrbuch für Mathematik für höhere Schulen*:

„Die Baukosten einer Kleinwohnung betragen 5000 bis 7000 Reichsmark. Der Bau einer Irrenanstalt kostet etwa 6 Millionen Reichsmark. Wie viele Familien könnten dafür eine Wohnung erhalten?"
„Der jährliche Aufwand des Staates für einen Geisteskranken beträgt 766 Reichsmark, ein Tauber oder Blinder kostet 615, ein Krüppel 600 Reichsmark. In geschlossenen Anstalten werden auf Staatskosten versorgt: 167.000 Geisteskranke, 8300 Taube und Blinde, 20.600 Krüppel. Wie viele Millionen kosten diese Gebrechen jährlich? Wie viele erbgesunde Familien könnten bei 60 Reichsmark Monatsmiete für diese Summe untergebracht werden?"[140]

Erfolgreicher Test. Der erste *Gnadentod*

Obwohl das *Euthanasie*-Programm längst geplant ist, zögert Hitler lange mit der offiziellen Umsetzung, weil er Widerstände in Öffentlichkeit und Kirche fürchtet. Beim Nürnberger Parteitag von 1935 verspricht er Reichsärzteführer Wagner, die *Euthanasie* im kommenden Krieg „aufgreifen und durchführen" zu wollen. Die Erschütterungen eines Krieges würden die kirchliche Opposition zum Schweigen bringen. Auf der einen Seite lenke dieser die Aufmerksamkeit auf die Notwendigkeit eines gesunden und starken Volkes. Auf der anderen Seite relativiere der Tod von Soldaten den Wert des menschlichen Lebens.[141]
Danach wird das Thema immer offener diskutiert, zuerst in kleinen Führungszirkeln, danach in größerem Kreis. Bei einer Konferenz im Herbst 1938 formuliert ein SS-Offizier vor führenden Psychiatern und Verwaltungsbeamten ohne Scheu, die „Lösung der Irrenpflege" wäre einfacher, wenn man „die Leute beseitigt".[142]
Trotz des Vorsatzes, den Krieg als Deckmantel zu benützen, beginnt das *Euthanasie*-Programm schon Anfang 1939. Aus mehreren Anfragen von Angehörigen schwer missgebildeter Neugeborener, ob diesen der „Gnadentod" gewährt werden dürfe, wählt Hitler das Gesuch einer Großmutter aus. Mit allen Vollmachten ausgestattet reist sein Leibarzt und Vertrauter Karl Brandt nach Leipzig, um den *Fall Knauer* in der dortigen Universitätsklinik mit den Ärzten zu besprechen.

Brandt selbst schildert seine Mission so: „Hitler gab mir den Auftrag, mich der Sache anzunehmen und sofort nach Leipzig zu fahren
[…] Es handelte sich um ein Kind, das blind geboren war, idiotisch
schien und dem außerdem ein Bein und der Teil eines Armes fehlte
[…] Er hat mir den Auftrag gegeben, mit Ärzten […] zu sprechen,
um festzustellen, ob die Angaben des Vaters richtig sind. Für den
Fall, dass sie richtig sind, sollte ich in seinem Namen den Ärzten
mitteilen, dass sie eine *Euthanasie* durchführen können.“[143]

Als die Ärzte „keine Rechtfertigung“ dafür sehen, das behinderte
Kind am Leben zu erhalten, gibt Brandt ihnen im Namen des Führers
freie Hand und verspricht, dass etwaige Strafverfahren gegen sie
niedergeschlagen würden. Gleichzeitig einigt man sich auf eine
Sprachregelung, die für den reibungslosen Ablauf künftiger Tötungen sorgen soll. Es sei „durchaus natürlich“, dass in Entbindungsanstalten der Entschluss zur *Euthanasie* gefasst werden könne, „ohne
dass man weiter darüber spricht“.

Werner Catel, Direktor der Leipziger Kinderklinik, mit dem Brandt
die Vereinbarung trifft, wird in die damit angelaufene Tötungsaktion
an führender Stelle eingebunden. Er zählt zu jenen drei Gutachtern,
die mit einem einfachen Plus oder Minus auf den Fragebögen über
Tod oder Leben der behinderten Kinder entscheiden.

Hitler zeigt sich zufrieden mit dem Ausgang der Mission. Um nicht
selbst mit dem Projekt in Verbindung gebracht zu werden, gibt er
Brandt alle Vollmachten, bei weiteren Fällen in gleicher Weise vor-
zugehen. Dieser beginnt daraufhin gemeinsam mit Philip Bouhler,
dem Chef der Reichskanzlei, Pläne für ein *Euthanasie*-Konzept aus-
zuarbeiten.[144]

Führerbefehl. Ein Schreiben auf Privatpapier

Die Arbeiten sind in vollem Gang, als Hitler im Oktober 1939 den
Euthanasie-Befehl erteilt – in einem formlosen Schreiben auf privatem Briefpapier, rückdatiert auf den 1. September: „Reichsleiter
Bouhler und Dr. med. Brandt sind unter Verantwortung beauftragt,
die Befugnisse namentlich zu bestimmender Ärzte so zu erweitern,
dass nach menschlichem Ermessen unheilbar Kranken bei kritischs-
ter Beurteilung ihres Krankheitszustandes der Gnadentod gewährt
werden kann.“

Die deutsche Nachkriegs-Rechtssprechung wertet diese Ermächtigung als *geheimen Auftrag* ohne rechtliche Bindewirkung. Der Führer habe zu Kriegsbeginn noch nicht die grenzenlose Vollmacht als *Oberster Gerichtsherr* aller Deutschen gehabt, die erst der Reichstagsbeschluss vom 26. 4. 1942 ihm zugestand. Bis zu diesem Zeitpunkt hätte ein *Führererlass* formale Voraussetzungen erfüllen und der gerichtlichen Nachprüfung unterliegen müssen.

Nach Wesen und Selbstauffassung des Führerstaates aber ist der *Euthanasie*-Befehl geltendes Recht. So schreibt etwa der prominente Jurist Carl Schmitt schon 1934 in der *Deutschen Juristenzeitung,* dass „der Führer […] im Augenblick der Gefahr […] unmittelbar Recht schafft". Kein Wunder also, dass Juristen im Februar 1940 einer kleinen Gruppe von Ärzten versichern, die Massen-*Euthanasie* sei „legal" und beruhe auf einem „rechtskräftigen Erlass".[145]

Hitlers *Euthanasie*-Beauftragte entwickeln zwei Programme: eines für Kinder und eines für Erwachsene. Zuerst werden in kleinstem Kreis die Grundregeln für das Projekt festgelegt. Dann beginnt man immer mehr „medizinische Berater" zuzuziehen – Ärzte, von denen man weiß, dass sie dem Grundsatz, *lebensunwertes Leben* zu vernichten, positiv gegenüberstehen.

Die administrative Arbeit läuft anfangs über die Führerkanzlei. Danach werden Tarnorganisationen mit harmlos klingenden Namen ins Leben gerufen: Der *Reichsausschuss zur wissenschaftlichen Erfassung von erb- und anlagebedingten schweren Leiden,* der das Projekt leitet, die *Reichsarbeitsgemeinschaft Heil- und Pflegeanstalten* (RAG), die die Speicherung der Daten übernimmt, die *Gemeinnützige Stiftung für Anstaltspflege* als Abrechnungsstelle, die *Gemeinnützige Kranken-Transport GesmbH* (Gekrat) für den Transport der Opfer und später die *Zentralverrechnungsstelle Heil- und Pflegeanstalten,* die Pflegegelder für längst Getötete kassiert und damit Millionengewinne scheffelt.

Die mit der *Euthanasie* befassten Mitarbeiter der Führerkanzlei übersiedeln zuerst in das Berliner Columbus-Haus, danach in eine Villa in der Tiergartenstraße 4. Diese Adresse gibt der *Euthanasie*-Zentrale den Namen, unter dem sie zum Synonym für das Massenmord-Programm wird: „T4".

Der im Mai 1939 gegründete *Reichsausschuss zur wissenschaftlichen Erfassung von erb- und anlagebedingten schweren Leiden* fungiert von Anfang an nur als „Briefadresse" für die Führerkanzlei. Hans Hefelmann, eigentlich Agrarexperte, den Hitler zum administrativen Leiter des *Reichsausschusses* macht, sagt dazu 1960 vor Gericht aus: „Da Hitler angeordnet hatte, dass zwar die Kanzlei des Führers zuständig für diese Dinge sei, aber keinesfalls nach außen in Erscheinung treten sollte, war von vornherein klar, dass […] ein anderer Name geprägt werden musste. […] Es ging insbesondere darum, der Aktion durch die Namensgebung einen möglichst wissenschaftlichen Anstrich zu geben."

Auch die *Gemeinnützige Stiftung für Anstaltspflege* im Columbus-Haus ist nicht mehr als ein „Briefkopf". Im rechtlichen Sinn hat es eine solche „Stiftung" nie gegeben.[146]

7. *Kinder*-Euthanasie.
Das medizinische Töten beginnt

Geheimerlass. Die Meldung behinderter Kinder

Die Vernichtung *lebensunwerten Lebens* beginnt am 18. August 1939 mit einem streng geheimen Erlass des Reichsinnenministeriums: Alle Hebammen und leitenden Ärzte von Entbindungsanstalten werden dazu verpflichtet, schwer behinderte und missgestaltete Kinder dem *Reichsausschuss zur wissenschaftlichen Erfassung von erb- und anlagebedingten schweren Leiden* zu melden. Anfangs ist die Altersgrenze mit drei Jahren festgesetzt. Dann wird sie mehrfach angehoben, bis sie zuletzt bei 16 oder 17 Jahren liegt. Um die möglichst lückenlose Erfassung zu sichern, erhalten Hebammen für jede Meldung eine Aufwandsentschädigung von zwei Reichsmark.

Die vom Innenministerium einheitlich gestalteten Meldebögen, die in den Gesundheitsämtern aufliegen, werden vom *Reichsausschuss* an ein dreiköpfiges Ärzteteam weitergegeben, das die Entscheidung über Leben oder Tod fällt:

- Werner Catel, Professor für Kinderheilkunde an der Universitätskinderklinik in Leipzig, der mit Brandt den ersten *Euthanasiefall* vereinbart hat;
- Hans Heinze, Professor für Neurologie und Psychiatrie an der Universität Berlin, 1938 Leiter der Heil- und Pflegeanstalt in Görden-Brandenburg, die als erste medizinische Tötungsstation traurige Berühmtheit erlangt;
- Ernst Wentzler, Kinderpsychiater und Leiter der Kinderklinik Berlin-Frohnau.

Im Planergremium des *Reichsausschusses* sitzen neben den drei Gutachtern die *Euthanasie*-Beauftragten Karl Brandt und Philipp Bouhler, der Arzt Viktor Brack als stellvertretender Leiter der Führerkanzlei, Hellmuth Unger, ein Augenarzt und Schriftsteller, dessen Roman *Sendung und Gewissen* Vorlage für den Film *Ich klage an* ist, und die beiden für die Administration zuständigen Beamten Hans Hefelmann und Herbert Linden, der im Oktober 1941 zum *Reichsbeauftragten für die Heil- und Pflegeanstalten* ernannt wird.

Schreibtischtäter. Gutachten nach Meldebögen

Das dreiköpfige Expertengremium fällt seine Entscheidung aufgrund der schriftlichen Unterlagen, ohne die Kinder zu Gesicht zu bekommen. Jeder Gutachter wertet mit Plus oder Minus. Ein Plus in der linken Spalte bedeutete *Behandlung,* was so viel wie Tötung heißt. Ein Minus in der mittleren Spalte heißt überleben. Die rechte Spalte gibt den Gutachtern die Möglichkeit, eine „weitere Beobachtung" zu veranlassen. Die Einstufung wird nach wirtschaftlichen Motiven gefällt. Wer trotz Behinderung als arbeitsfähig gilt, darf überleben. „Ballastexistenzen" werden eliminiert.

Der Entschluss zur Tötung muss einstimmig fallen. Da die Formulare im Umlaufverfahren von einem Experten nach dem anderen ausgefüllt werden, liegt die Entscheidung in Wirklichkeit beim ersten: Die beiden anderen beschränken sich in der Regel darauf, ihren Kollegen zu bestätigen. Wenn Einstimmigkeit nicht zu erzielen ist – was nur in der ersten Zeit vereinzelt vorkommt – müssen die Gesundheitsämter zusätzliche Erhebungen durchführen.

In der Zentrale des *Reichsausschusses* wird der Massenmord mit Hilfe von drei Schreibkräften administriert. Die etwa 50 pro Tag eingehenden Meldebögen werden geprüft, nummeriert, in eine Registratur eingetragen und danach an die Gutachter weitergegeben. Als „heilbar" aussortierte Meldungen werden „einfach abgelegt, ohne etwas Weiteres zu veranlassen", wie eine Mitarbeiterin den Vorgang später beschreibt. Meldung hätten die Anstalten auch über Neuaufnahmen, Bestand der Abteilung und Todesfälle machen müssen: „Wenn ein Sterbefall gemeldet wurde, nahm ich die gelbe Karte aus der Ablage, vernichtete diese und stellte dafür eine graue Karte aus, in der der Todestag des Kindes vermerkt wurde."[147]

Kinderfachabteilungen. Tarnung für Tötungsanstalten

Die Tötung der Kinder erfolgt in eigens dafür konzipierten *Kinderfachabteilungen* – eine Tarnbezeichnung, die „Eltern von der Notwendigkeit der Einweisung überzeugen" soll.[148] Konzipiert sind die neuen Einrichtungen als „Erweiterung des ärztlichen Behandlungskatalogs" und „Endstation zur Ausmerze" nach ergebnislos gebliebener Behandlung in jugendpsychiatrischen Kliniken.

Die erste *Kinderfachabteilung* wird in Görden bei Brandenburg als *Jugendpsychiatrische Fachabteilung* eingerichtet, von der es in einem Erlass des Reichsinnenministers heißt, es stünden „sämtliche therapeutischen Möglichkeiten" aufgrund „letzter wissenschaftlicher Erkenntnisse" zur Verfügung. Unter Leitung von Professor Hans Heinze, der als Kapazität für Kinderpsychiatrie gilt und zu den *Euthanasie*-Pionieren zählt, wird Görden zum Prototyp mit Vorbildcharakter für andere Tötungszentren des Reiches. Die Anstalt fungiert darüber hinaus auch als *Reichsschulstation*. Hier erhalten *Euthanasie*-Ärzte für den besonderen Einsatz in anderen *Kinderfachabteilungen* ihre einschlägige *Zusatzausbildung*.[149]

In psychiatrischen Anstalten und Kinderkrankenhäusern, deren Leiter und Chefärzte als politisch zuverlässige Befürworter der *Euthanasie* gelten, werden weitere *Kinderfachabteilungen* eingerichtet. Nach und nach entsteht ein ganzes Netz von Tötungszentren in Deutschland, Österreich und Polen, das eine zügige Umsetzung des *Euthanasie*-Programmes garantiert.[150]

Auslese-Psychiatrie. Gegen *Asoziale* und *Unangepasste*

Zu Beginn des *Euthanasie*-Programmes enthalten die Meldungen an den *Reichsausschuss* einheitlich ausführliche Diagnosen. Später gilt das nur noch für jene *Kinderfachabteilungen,* in denen die Tötungen mit wissenschaftlichen Forschungsprojekten verbunden sind. Gegen Kriegsende reicht in der Spalte „Diagnose" oft die Angabe „Jude" oder „Zigeuner". Nach Aussage einer Oberschwester der Anstalt Hadamar ist etwa im Mai 1943 eine Gruppe von normalen und gesunden *Mischlingskindern (Halbjuden)* durch Injektionen getötet worden.[151]

In zunehmendem Ausmaß richtet sich die *Auslese-Psychiatrie* gegen *Asoziale* und *Unangepasste*. Bei der Gründungstagung der *Deutschen Gesellschaft für Kinderpsychiatrie und Heilpädagogik* im September 1940 stellt der prominente Heilpädagoge und Gerichtspsychiater Werner Villinger in seinem Referat zynisch fest, dass „die widerspenstigen Lümmel, die in den zwanziger Jahren die öffentlichen und privaten Fürsorgeanstalten bevölkerten" nun „ausgestorben" seien. Sein Kollege Hans Heinze legt, nachdem er in Görden-Brandenburg reichlich *Euthanasie*-Erfahrung gesammelt hat, 1942 Vorschläge für eine zukünftige Neugestaltung *jugend-psychiatrischer Anstalten* vor. Darin heißt es, die psychiatrische Mitarbeit im Fürsorgeerziehungswesen werde dazu beitragen, „die Anstaltserziehungsbedürftigen auszusondern und Unerziehbare […] rechtzeitig auszumerzen".[152] Durch die Früherfassung *anlagebedingter Asozialität* und *charakterlicher Abartigkeit* ließen sich Kosten sparen und „unnütze erzieherische Versuche am untauglichen Objekt vermeiden."[153]

Dokumentiert ist ein Fall aus der *Kinderfachabteilung* Ueckermünde. In der Krankengeschichte eines Sechsjährigen findet sich folgende Eintragung:

„Dummdreist. Sagt gleich zu den anderen Kindern: ‚Was guckt ihr mich so dumm an?' ‚Haltet die Schnauze, das geht euch gar nichts an.' Sagt auch zu den Pflegerinnen: ‚Halt dein Maul.' […] Muss zur Sauberkeit und zum Waschen angehalten werden."

Danach folgt eine „Einschätzung", die zu den notierten Aussprüchen des Kindes in krassem Widerspruch steht: „Sprachentwicklung eines Dreijährigen, macht ausgesprochen blödsinnigen Eindruck." Das Todesurteil ist gesprochen. Wenige Wochen später ist das Ableben des *Patienten* vermerkt: „Pneumonie" (Lungenentzündung).[154]

Langsamer Tod. Luminal und Lungenentzündung

Viele der vom *Reichsausschuss* zur *Behandlung* freigegebenen Kinder sterben, ohne dass Medikamente eingesetzt werden müssen. Durch systematischen Nahrungsentzug sind sie so geschwächt, dass harmlose körperliche Erkrankungen – die nicht behandelt werden – zum Tode führen. Ein Großteil der Todesfälle aber ist Ergebnis jener *Behandlungen,* deren detaillierte Schilderungen sich in den Prozessakten der Nachkriegs-Strafverfahren finden. Ein Arzt der *Kinderfachabteilung* Eglfing-Haar gibt nach Kriegsende vor Gericht zu Protokoll:

„Die Kinder, die getötet werden sollten, erhielten morgens und abends je 0,5 Gramm Luminal und, falls sie älter als zehn Jahre waren, eine dritte Dosis zu Mittag. Die tödliche Menge des Schlafmittels betrug für Erwachsene 0,4 Gramm täglich, für Schulkinder 0,1 Gramm und für Kleinkinder 0,05 Gramm. Das Mittel wurde in das Essen gemengt, damit sein bitterer Geschmack überdeckt wurde.

[...] Wenn ein Kind wegen seiner Schläfrigkeit nicht mehr schlucken konnte, wurde ihm das Mittel mit einem Klistier eingeführt. Infolge der andauernden Bewusstlosigkeit und der oberflächlichen Atmung trat nach etwa zwei bis fünf Tagen eine Lungenentzündung ein, deren Verlauf und deren Symptome – wie starke Bronchitis, Sekretion von Eiter aus der Nase, Geräusche der Lunge oder erhöhte Temperatur – in der Krankengeschichte aufgezeichnet wurden. [...] Nach ihrem Tod wurden die Kinder [...] obduziert. Die Leichenschau ergab, dass bei über 90 Prozent von ihnen eine Lobärpneumonie und Tracheobronchitis zum Tode geführt hatte."[155]

Der Arzt einer anderen *Kinderfachabteilung* räumt bei seiner Aussage ein, dass bei dieser Art der Tötung die Kinder „nicht ständig tief bewusstlos" waren. „Wenn ihnen eine neue Luminalgabe verabfolgt wurde, mussten sie mindestens so weit geweckt werden, dass sie in der Lage waren, das Medikament zu schlucken. Es kann durchaus sein, dass die Kinder bei dieser Art der Tötung, die letztlich durch künstliche Herbeiführung einer Lungenentzündung bewirkt wurde, Beschwerden und Schmerzen gehabt haben."[156]

Die Pathologen wissen anschließend, was von ihnen erwartet wird. Ihre Befunde sind klinisch korrekt, aber keiner wirft je die Frage auf, was die immer gleichen Krankheitsverläufe verursacht.

An die 5000 Kinder und Jugendliche kommen in den *Kinderfachabteilungen* unter Leitung von Ärzten zu Tode. Noch mehr dürften es im Rahmen der *Aktion T4* sein. Gemeinsam mit den erwachsenen Insassen werden Kinder und Jugendliche in den dafür vorgesehenen Tötungsanstalten ermordet.

Geheimhaltung. Wenn *Behandlung* Töten heißt

Vom ersten Tag an sind Geheimhaltung und Vertuschung oberstes Gebot. Die Meldepflicht behinderter Kinder wird damit begründet, ihre „frühzeitige Erfassung" sei „zur Klärung wissenschaftlicher Fragen auf dem Gebiet der angeborenen Missbildungen und der geistigen Unterentwicklung" notwendig. Wortlaut und Inhalt lassen Ärzte und Gesundheitsbeamte in dem Glauben, hier handle es sich nur um Erhebungen für wissenschaftliche und statistische Zwecke. Um keine Widerstände entstehen zu lassen, ist den Anstaltsleitern aufgetragen, den Eltern „Hoffnung auf Heilerfolge" zu machen. Die

Ärzte halten sich an diese Vorgabe. In Schreiben heißt es immer wieder, dass „das Kind die beste und modernste Heilbehandlung erhalten" werde.[157]

Sämtliche Leiter von *Kinderfachabteilungen* sind von Berlin aus streng dazu angehalten, nicht den geringsten Verdacht aufkommen zu lassen. Alle Bediensteten seien zu absoluter Verschwiegenheit zu verpflichten. In den Krankenberichten dürfe sich nichts finden, was auf *Euthanasie* hinweisen könnte. Auch die Aufträge erfolgen verschlüsselt. Nie wird die Tötung, immer nur die *Behandlung* angeordnet.

Alles muss ablaufen wie in normalen Kliniken. Eine Medizin „als ob"[158] entsteht: Den Patienten und ihren Angehörigen gegenüber wird so getan, als ob es Hoffnung auf Besserung gäbe. Untersuchungen werden durchgeführt und Krankengeschichten dokumentiert, als ob es um Heilung ginge. Die Tötung erfolgt nicht rasch, sondern durch systematische Gaben von Medikamenten, langsam wirkenden Nahrungsmittelentzug und künstlich herbeigeführte Lungenentzündung. Anstaltsleiter und behandelnde Ärzte handeln so, als ob die Todesfälle natürliche Ursachen hätten. Pathologen stellen nach der Obduktion medizinisch korrekte Diagnosen, als ob sie über die Entstehung der Krankheiten nicht Bescheid wüssten.

Sogar sich selbst gegenüber sind die Exekutoren nationalsozialistischer Vernichtungspolitik unehrlich: Die Mörder tun so, als ob es um achtbare Motive, um Wissenschaft, Forschung oder die „Heilung des Volkskörpers" ginge. Dabei machen sich Ärzteschaft und öffentliche Gesundheitsverwaltung zu Komplizen an einem Mordkomplott, das den niedrigsten Instinkten entspringt. Es geht darum, die Gesellschaft von „unnützen Essern" und als „Ballastexistenzen" empfundenen Pflegefällen zu befreien, *Unangepasste* und *Asoziale* zu eliminieren, der Allgemeinheit Kosten zu sparen, die eigene Karriere zu sichern oder einen pervertierten Forscherdrang durch die Verwendung „menschlicher Meerschweinchen" ausleben zu können.

Selbst jenen, die das System bejahen, wird Sand in die Augen gestreut. Eltern, die von sich aus um die „Erlösung" ihrer geistig behindert und missgestaltet zur Welt gekommenen Kinder bitten, erhalten eine Abfuhr. Die Anstaltsleiter sind angewiesen, solche „Zumutungen" unter Hinweis auf „fehlende gesetzliche Möglichkeiten" brüsk zurückzuweisen – um danach die Tötung nach bewährtem Muster als „normalen Todesfall" erscheinen zu lassen.

Nicht alle halten sich an die Spielregeln. Ein Besucher der *Kinderfachabteilung* in Eglfing-Haar hat beschrieben, mit welcher Selbstverständlichkeit dort Kinder schon vor 1939 zu Tode gebracht wurden. Anstaltsleiter Hermann Pfannmüller, der als überzeugter Nationalsozialist nur die „Belastung des Volkskörpers" und nicht das Unrecht der Tötung erkennen wollte, habe sich gerühmt, die behinderten Kinder durch allmählichen Nahrungsentzug ums Leben zu bringen. „Wir töten nicht durch Gift oder Injektionen. Da würden Auslandspresse und gewisse Herren in der Schweiz nur neues Hetzmaterial haben."[159]

Je länger das *Euthanasie*-Programm läuft, desto weniger streng wird die Geheimhaltung genommen. So verzichtet die *Kinderfachabteilung* Schleswig darauf, Einlieferungsvermerke mit „geheim" oder „vertraulich" zu kennzeichnen – ein sicheres Zeichen dafür, dass innerhalb der Behörden alle Bescheid wissen. In einem Brief an den Reichsminister des Inneren führt der Regierungspräsident von Schleswig im Mai 1943 aus, dass „die Kinder zunächst in die Landes-Heilanstalt aufgenommen werden müssten, zwecks Durchführung der *Euthanasie*".

Nur in Einzelfällen schreitet der *Reichsausschuss* ein. Als an der Universitätskinderklinik in Jena Krankenblätter mit Vermerken wie „Euthanasie beantragt" oder „Euthanasie noch nicht bewilligt" auftauchen, wird deren Rektor, Professor Karl Astel, mit offiziellem Schreiben an die Geheimhaltung erinnert und gebeten, den Leiter der Kinderklinik zu ersuchen, „von derartigen Eintragungen […] Abstand zu nehmen".[160]

8. Der alltägliche Mord.
Am Beispiel „Spiegelgrund"

Kinderfachabteilungen. Kliniken als Tötungszentren

Die Wiener *Kinderfachabteilung Am Spiegelgrund* als Teil der *Heil- und Pflegeanstalt Am Steinhof* (die heute *Psychiatrisches Kranken- haus der Stadt Wien Baumgartner Höhe* heißt) nimmt unter den 37 in der wissenschaftlichen Literatur dokumentierten Tötungszentren der Kinder-*Euthanasie* einen führenden Platz ein.[161] Nur in der Lan- desanstalt Görden bei Brandenburg, in der die systematische Tötung der *Reichsausschusskinder* ihren Anfang nimmt, könnte die Zahl der Vernichteten noch höher liegen. Gesichert ist das nicht. Bei den für Görden-Brandenburg angegebenen 1264 Opfern dürften die Toten der Hauptanstalt mitgezählt sein.[162]

Wien gilt zudem als Anstalt, die den Vorgaben des *Reichsausschus- ses* in besonders mustergültiger Form entsprochen hat. Nicht zufäl- lig findet die Gründung der *Deutschen Gesellschaft für Kinder- psychiatrie und Heilpädagogik,* bei der führende *Euthanasie*-Ärzte wie Hans Heinze, Werner Villinger oder Hermann Stutte referieren, im September 1940 in Wien statt – wenige Wochen nach Eröffnung der *Kinderfachabteilung Am Spiegelgrund.*[163]

Wie in ehemaligen deutschen *Euthanasie*-Zentren wird nach dem Krieg auch in Wien die nationalsozialistische Geschichte jahrzehnte- lang verdrängt. Obwohl die Einrichtung zur Zeit ihrer Eröffnung eine der größten und modernsten Europas war, liegt keine Anstaltsge- schichte vor.[164] In einer von renommierten Psychiatern 1983 heraus- gegebenen *Geschichte der Psychiatrie in Wien* bleibt die NS-Zeit einfach ausgeklammert.[165] Während eines *Steinhof-Symposiums* an- lässlich des 75-Jahre-Jubiläums wird der systematische Massenmord in der Anstalt mit dem Satz abgetan: „Im Jahre 1940 wurden 3200 Kranke aus dem Psychiatrischen Krankenhaus evakuiert."[166]

Dabei ist die Geschichte des Spiegelgrundes durch die nach 1945 durchgeführten Gerichtsverfahren gegen den medizinischen Leiter Ernst Illing, die Oberärzte Marianne Türk und Heinrich Gross sowie die Krankenschwester Anna Katschenka frühzeitig dokumentiert.

81

Anfang der Achtziger wird in einem Ehrenbeleidigungsverfahren, das Gross gegen den Arzt Werner Vogt von der *Arbeitsgemeinschaft Kritische Medizin* angestrengt hat, die Beweislage aktualisiert. Aber erst Ende der neunziger Jahre rückt der Spiegelgrund plötzlich in den Mittelpunkt öffentlichen Interesses, als das Landesgericht für Strafsachen in Wien 55 Jahre nach Kriegsende ein neues Verfahren gegen Gross einleitet, der nach dem Krieg als Gerichtspsychiater Karriere gemacht hat. Eine medizinhistorische Dissertation von Matthias Dahl an der Universität Göttingen zählt zu den Grundlagen der Wiederaufnahme. Für das absehbar letzte Ermittlungsverfahren gegen einen NS-Täter hat der Wiener Universitätsdozent Peter Malina 1999 im Auftrag des Gerichts ein Gutachten über die Arbeitsweise von *Reichsausschuss* und *Kinderfachabteilungen* erstellt, das die Geschehnisse Am Spiegelgrund und die Tätigkeit von Gross ausführlich beleuchtet. Das Wiener Tötungszentrum zählt damit auch zu jenen *Kinderfachabteilungen,* deren Arbeitsweise am ausführlichsten und gewissenhaftesten dokumentiert ist.

Neuorganisation. Psychiatrie im Dienst der *Ausmerze*

Im Juli und August 1940 werden aus der Wiener Heil- und Pflegeanstalt Am Steinhof im Zuge der *Euthanasie*-Maßnahmen an Erwachsenen mehr als zwei Drittel der Heiminsassen in die Tötungsanstalt Hartheim abtransportiert. Durch die berüchtigte Krankenmord-*Aktion T4* wird Platz frei für die Einrichtung der Wiener städtischen Jugendfürsorgeanstalt Am Spiegelgrund. Offiziell dient die von einem ärztlichen Leiter selbstständig geführte Einrichtung der „Beobachtung und Behandlung psychopathischer oder erbkranker Kinder sowie von debilen, bildungsunfähigen Minderjährigen"[167].
1941 wird Alfred Mauczka als Anstaltsleiter am Steinhof abgelöst. Er hat sich für die Rückführung von nach Hartheim abtransportierten Kranken eingesetzt und das Ausfüllen der Meldebögen verweigert. Beamte der Berliner *T4*-Zentrale müssen eigens nach Wien kommen, um diese Aufgabe zu übernehmen. Unter Mauczkas Nachfolger Hans Bertha wird die in *Wagner v. Jauregg Heil- und Pflegeanstalt der Stadt Wien* umbenannte Einrichtung zu einem Zentrum der „wilden *Euthanasie*", wie die dezentral durchgeführten Tötungsaktionen erwachsener Kranker genannt werden.

Die selbstständig geführte Kinderabteilung wird geteilt: Das *Wiener städtische Erziehungsheim Am Spiegelgrund* nimmt schwer erziehbare und straffällig gewordene Jugendliche auf. Die *Heilpädagogische Klinik Am Spiegelgrund* fungiert als *Kinderfachabteilung* für das *Euthanasie*-Programm des *Reichsausschusses zur wissenschaftlichen Erfassung von erb- und anlagebedingten schweren Leiden.* Nach der Landesanstalt Görden bei Brandenburg ist sie die zweite ihrer Art.

Erziehungsheim und Nervenklinik werden in Wien getrennt geführt, jedoch von denselben Ärzten betreut. Administrativ unterstehen die beiden Einrichtungen dem *Hauptgesundheitsamt der Gemeindeverwaltung des Reichsgaues Wien,* dessen Abteilung *Erb- und Rassenpflege* ein eigenes Referat *Ausmerzende Maßnahmen* unterhält. Verantwortlich für diese Einrichtungen sind ausschließlich Ärzte, die sich als langjährige NSDAP-Mitglieder bewährt haben: der aus Berlin gekommene Max Gundel als zuständiger Stadtrat, Hans Vellguth als Medizinaldirektor und der Ostfriese Arend Lang als Leiter der Abteilung *Erb- und Rassenpflege,* der im Frühjahr 1941 von dem Sachsen Richard Günther abgelöst wird.[168]

Am 1. Juli 1942 wird der Nationalsozialist Ernst Illing mit dem ausdrücklichen Auftrag nach Wien entsandt, „die Durchführung der dem *Reichsausschuss* gestellten Aufgaben zu übernehmen". Der Facharzt für Nerven- und Gemütskrankheiten tritt die Nachfolge von Erwin Jekelius und der interimistisch eingesetzten Margarethe Hübsch an. Jekelius kam aus der *Vaterländischen Front* und hat im Oktober 1940 als einer von 30 Experten an den Beratungen des *Reichsausschusses* über das *Euthanasie*-Gesetz und danach an den Sitzungen des *Reichsausschusses* und der *Reichsarbeitsgemeinschaft* teilgenommen. Im Streit mit dem neuen Steinhof-Chef Bertha und der Gemeindeverwaltung zieht er jedoch den Kürzeren. Bei der Suche nach einem Nachfolger fällt die Wahl auf Illing, weil man „in der damaligen Ostmark keinen geeigneten Mann gefunden hat", wie dieser 1945 vor Gericht aussagt.[169] Der überzeugte Verfechter der *Euthanasie* ist für die Leitung des Spiegelgrundes tatsächlich hochqualifiziert. Er kommt direkt aus Görden-Brandenburg, wo er in der *Kinderfachabteilung* bei Professor Heinze als Oberarzt tätig war.

Bei seiner Vernehmung im Ärzteprozess 1945 beschreibt Illing nüchtern die ihm übertragene Aufgabe: „Es gab mehrere Runderlässe des Innenministeriums, [...] die bei bestimmten Erkrankungen oder Missbildungen die *Todesbeschleunigung* zur Pflicht machten. Die Erlässe bezogen sich nur auf Kinder. Es wurde zwar von einer *Behandlung* gesprochen, dass diese *Behandlung* eigentlich *Todesbeschleunigung* bedeutete, darüber war ich noch von Professor Heinze in Brandenburg belehrt worden."[170]

Unter Illings Leitung arbeiten die Kinderärztin Marianne Türk und der junge Allgemeinmediziner Heinrich Gross, der bereits unter Jekelius die *Reichsausschussabteilung* (Krankenhaus-Jargon) geleitet hat.[171] Der überzeugte Nationalsozialist, der sich schon 1932 der Hitlerjugend anschloss, nimmt 1941 und 1942 an Fortbildungskursen in Görden-Brandenburg teil, über deren Art und Inhalt keine schriftlichen Aufzeichnungen existieren.

Krankenakten. Wie in einem normalen Spital

Nach den Vorgaben des *Reichsausschusses* funktioniert die in Wien entstandene *Kinderfachabteilung* als diskret und reibungslos arbeitende Todesmaschine. Eingeliefert werden Kinder mit unterschiedlichen körperlichen und geistigen Behinderungen. Meist handelt es sich dabei um hirnorganische Leiden mit neurologischen Begleitsymptomen wie Lähmungen oder Krampfanfällen. Die Ursachen sind unterschiedlich. Ein Teil der Schädigungen ist während der Schwangerschaft, bei der Geburt oder in früher Kindheit entstanden, andere sind angeboren und beruhen auf erblichen Grundlagen.

Die Ergebnisse der Eingangsuntersuchungen werden gewissenhaft dokumentiert. Der formale Aufbau der zum Großteil erhalten gebliebenen Krankenakten ist einheitlich. Das *Personalblatt* enthält die wichtigsten Angaben zur Person des Patienten und dessen Eltern, die Diagnose bei der Einlieferung und die Dokumentation der klinischen Untersuchungen. Bei Kindern, die aus dem Raum Wien eingewiesen werden, folgt *ein Fragebogen an das Gesundheitsamt,* bei Patienten aus den übrigen Gebieten der *Ostmark* ein *Ärztlicher Fragebogen.* In diesen Dokumenten sind die Umstände der Einlieferung und Angaben der begleitenden Angehörigen festgehalten.

Die beigefügten *Sippentafeln* enthalten Informationen über die nähere und weitere Verwandtschaft, häufig über mehrere Generationen hinweg. Zur „Prüfung und Ergänzung" werden die *Sippentafeln*

mit beigelegten Fragebögen an die Gesundheitsämter der Wohnge-
meinden verschickt.

Den Gutachten, die anlässlich der Aufnahme erstellt werden, liegen
Briefwechsel zwischen Ärzten der *Kinderfachabteilung* und einwei-
senden Institutionen sowie Durchschläge der Meldebögen und Be-
fundberichte an den *Reichsausschuss* bei. Ein mit Schreibmaschine
geschriebener *Status präsens* ergänzt die Familien-Anamnese durch
eine „vorläufige Diagnose".

Die Dokumentation der *Behandlung* besteht aus handschriftlichen
Eintragungen über Körpergewicht, Temperatur, Nahrungsaufnahme, Krankheitszustand, Infektionen und deren medikamentöse Behandlungen, ergänzt durch diagnostische Einzelbefunde und Ganz-
körperfotos. Sie schließt mit der Eintragung der Todesursache, die
durch das Obduktionsprotokoll belegt ist. Das Verhalten des Kindes
und pflegerische Maßnahmen sind in einem eigenen *Schwesternbe-
richt* dokumentiert.

Den von unterschiedlichen Gutachtern übereinstimmend als „aussa-
gekräftig" gewerteten Krankenberichten fehlt jedoch der entscheidende Teil. Sie enthalten keine Hinweise auf die vorgenommenen
Todesbeschleunigungen. Die Kinderärztin Marianne Türk bestätigt
bei ihrer Vernehmung 1946, die Krankengeschichten seien in diesem Punkt „verfälscht". Hinweise auf *Euthanasie* seien „aus be-
greiflichen Gründen" verboten gewesen.

Danach gibt ihre Aussage Einblick in die tödliche Arbeitsweise der
Anstalt: „In sehr vielen Fällen war die Todesursache Lungenentzündung, die im Zuge der Schlafmittelvergiftung aufgetreten ist. In den
Krankengeschichten scheint natürlich nur die Lungenentzündung
auf." Die Korrespondenz mit dem *Reichsausschuss* habe „in jedem
einzelnen Fall" die *Euthanasie* belegt, doch sei der Schriftwechsel
beim Einmarsch der Russen „über Auftrag von Berlin" vernichtet
worden. Sie selbst habe Teile der Korrespondenz verbrannt, „und
zwar die Bescheide von Berlin und Durchschläge von Meldungen,
die Bezug hatten auf die Berliner Anordnung." Unverdächtige
Schriftstücke seien in den Akten verblieben.

Auslese. **Entscheidung nach wirtschaftlichen Kriterien**

Bei der Untersuchung der eingelieferten Kinder werden anhand des Meldeformulars zwei Fragenkomplexe erhoben. Erstens: Handelt es sich um eine erbliche Krankheit? Zweitens: Ist das behinderte Kind von Nutzen für die Volksgemeinschaft?

Zur Klärung der ersten Frage wird die Familie durchleuchtet: Sind bei Familienmitgliedern Erberkrankungen aufgetreten? Sind Alkoholiker, Kriminelle, Prostituierte oder *sozial Auffällige* darunter? In den Meldebögen wird vermerkt: „Erbbiologisch ist die Sippe sehr minderwertig." Oder: „Er stammt aus einer mit Epilepsie, Bettnässern und Schwachsinn belasteten Familie." Bei negativem Ausgang der Nachforschungen heißt es: „Nichts Nachteiliges bekannt", oder „Sippe unauffällig".

Die Feststellung einer *Erbkrankheit* ist kein Grund zur Tötung. Auch Behinderte können durch die Verrichtung einfacher Arbeiten zum Wohl der Volksgemeinschaft beitragen. „Sexuell interessierten Jugendlichen" droht allenfalls die Sterilisation, eine Konsequenz, mit der auch die als *erbminderwertig* erfassten Angehörigen nach dem *Gesetz zur Verhütung erbkranken Nachwuchses* rechnen müssen.

In Wien ist die Erstellung der *Sippenregistratur* in vollem Gang. Die *Kinderübernahmestelle (KÜST)* hat 40.000 schwer erziehbare Kinder erfasst, das polizeiliche *Sanitätsdepartement* 60.000 Geisteskranke, der *Prostituiertenkataster* enthält 60.000 Namen.

Ende 1939 sind 320.000 Angehörige *negativer Sippen* registriert. Siebzig Mitarbeiter beschäftigen sich mit der Erfassung *rassisch Minderwertiger* – eine tödliche Gefahr für Juden, körperlich Behinderte und Geisteskranke, auch wenn noch niemand die nationalsozialistischen Ausrottungspläne vorausahnen kann.

Für die Behinderten Am Spiegelgrund lebensgefährlich ist die Frage nach ihrer wirtschaftlichen Nützlichkeit. Die Feststellung erfolgt nach drei Kriterien: Arbeitsverwendungsfähigkeit, Bildungsfähigkeit und Pflegebedürftigkeit.

In den Meldebögen, die vom Spiegelgrund an den *Reichsausschuss* gehen, finden sich Beurteilungen wie die folgenden: „Eine Besserung des körperlichen oder geistigen Zustandes ist mit an Sicherheit grenzender Wahrscheinlichkeit auszuschließen." Oder: „Nach ärztlicher Voraussicht wird das Kind dauernd […] arbeitsunfähig bleiben."

Sätze wie diese kommen einem Todesurteil gleich: *Ballastexistenzen* zu vernichten ist Aufgabe der *Kinderfachabteilungen*. Beurteilungen wie die folgende lassen Hoffnung: „Eine gewisse Nachreife ist zu erwarten, sodass eine später beschränkte Arbeitsfähigkeit nicht sicher auszuschließen ist."

Im Fall eines Neunjährigen formuliert Illing: „Die Lebenserwartung ist infolge der tuberkulösen Erkrankung gering. […] Nach ärztlicher Erfahrung wird er eine Arbeitsfähigkeit […] nicht mehr erleben." Das bedeutet *Todesbeschleunigung*. Zwei Wochen später ist das Kind tot. Als Todesursache wird „Hüftgelenkstuberkulose" angegeben.[172]

Nach vier- bis sechswöchiger Beobachtung ergeht die Meldung an den *Reichsausschuss*. 1945 behauptet Illing vor Gericht, man habe sich die Entscheidung nicht leicht gemacht und auf eine Meldung verzichtet, „wenn die geringste Aussicht auf Besserung bestand"[173].

Die Krankenpflegerin Anna Katschenka kann sich in einem Verfahren gegen Gross erinnern, dass vor der Meldung „über jedes Kind eine Beratung abgehalten" wurde, an der „der Leiter der Anstalt, sämtliche Ärzte, die Psychologin und die betreuenden Schwestern teilgenommen haben"[174].

Die todbringenden Meldungen an den *Reichsausschuss zur wissenschaftlichen Erfassung von erb- und anlagebedingten schweren Leiden* werden von den behandelnden Ärzten mit den Kürzeln „Dr. G." (Gross) oder „Dr. T." (Türk) und danach von Anstaltsleiter Illing unterschrieben. Dann gehen sie an die Todesadresse ab: Berlin W 9, Postfach 101. Von dort bringt ein Kurier die Post direkt in die Abteilung II b der Kanzlei des Führers, die sie nach einer Vorauswahl durch zwei Nichtmediziner an das dreiköpfige Gutachtergremium weiterreicht.

Bei „positiver" Entscheidung unterschreibt Philipp Bouhler, Chef der Reichskanzlei, die *Tötungsermächtigung*. Danach versendet der *Reichsausschuss* zwei Schreiben: Einen rot umrandeten Schnellbrief an den zuständigen Amtsarzt, der das Datum der Meldung, den Namen und die Adresse des Kindes enthält, und eine Benachrichtigung an die Tötungsanstalt mit der Anweisung, das Kind zu *behandeln*. Gezeichnet sind die Schreiben von Brack oder Hefelmann.

Wie in den anderen *Kinderfachabteilungen* besteht die *Behandlung* auch in Wien aus Nahrungsentzug in Kombination mit der Verabreichung von Schlafmitteln. „Die Todesbeschleunigung erfolgte zunächst durch Luminal", schildert Illing den Vorgang 1945 bei seiner gerichtlichen Vernehmung ähnlich wie andere angeklagte Ärzte. Wenn das Kind nicht mehr schlucken konnte, sei Skopolamin injiziert worden. Zur Tarnung sollte „ein allmählich schlechter werdender Krankheitsverlauf zum Tode führen"[175]. Die Kinderärztin Marianne Türk bestätigt diese Darstellung. Sie gibt zu, einige der tödlichen Injektionen verabreicht zu haben.[176]

Normalerweise wird die Anordnung zur *Behandlung* von Illing oder einem seiner Ärzte einfach an das Pflegepersonal weitergegeben, das zum Medikamentenschrank Zutritt hat. Die Krankenpflegerin Anna Katschenka gibt 1945 zu Protokoll, sie habe die Tötungsaufträge von Illing oder Gross erhalten.[177] Von Tötung sei nicht ausdrücklich gesprochen worden. „Er hat nur gesagt, dass dieses oder jenes Kind Luminal bekommen soll."[178]

Illing motiviert die Notwendigkeit der *Todesbeschleunigung* auch mit der Überfüllung seiner Klinik. Andere Anstalten hätten ihre hoffnungslosen Fälle überwiesen, „offenbar in der Meinung, dass auf meiner Klinik die *Euthanasie* möglich war, während sie selbst eine solche nicht vornehmen durften"[179].

Routinemäßig werden die Eltern über die Verschlechterung des Gesundheitszustandes ihres Kindes informiert. In den Benachrichtigungen heißt es, der Zustand wäre „Besorgnis erregend", es sei eine „bedenkliche Verschlimmerung" eingetreten.

Illing lässt die *Schlechtmeldungen* meist erst in letzter Minute verschicken, wenn die verabreichten Babiturate das Ende unmittelbar vorhersehen lassen. Nach dem Tod erhalten die Eltern die Verständigung, ihr Kind sei durch einen „sanften Tod erlöst" worden.

Die klinisch diagnostizierte Todesursache wird bei der Leichenbeschau meist bestätigt. Wie in anderen Anstalten lautet sie auch Am Spiegelgrund meist „Lungenentzündung". Da sich die Obduktionsberichte darauf beschränken, die Ausdehnung entzündeten Gewebes zu beschreiben, und die Frage nach der Ursache der Krankheit ausklammern, besteht an der wahrheitsgemäßen Dokumentation kaum ein Zweifel.[180]

Vertuschung. Schweigepflicht für das Personal

Beim Abtransport erwachsener Patienten aus der Nervenklinik Am Steinhof ist es zu Protestaktionen gekommen, die allen Beteiligten als Warnung dienen. Danach trifft der *Reichsausschuss* Vorkehrungen, die Gefahr solch unliebsamer Zwischenfälle so gering wie möglich zu halten.[181]

Als Illing beauftragt wird, „die Durchführung der dem Reichsausschuss gestellten Aufgaben zu übernehmen", wird er schriftlich verpflichtet, „keine Schwierigkeiten und kein Aufsehen" entstehen zu lassen. Unmittelbar nach dem Amtsantritt ruft er sämtliche Ärzte und Pflegerinnen zu sich, um sie mit dem *Geheimen Führererlass zur Todesbeschleunigung* vertraut zu machen. Allen wird strengste Schweigepflicht auferlegt. Bis zur späteren Veröffentlichung des *Euthanasie*-Gesetzes (zu der es letztlich nicht kommt) sei die Anordnung *Geheime Reichssache*.[182]

Pflegerinnen und Hilfskräfte werden in die Handhabung der *Todesbeschleunigung* nicht ausdrücklich eingeweiht. Das Schweigegebot aber besteht auch für sie. Ihre Aussagen bei den Verfahren nach Kriegsende stimmen in den entscheidenden Punkten überein. Die vielen Krankheiten der Kinder, die „plötzlich zu schlafen anfingen und nicht mehr zu erwecken waren", die „hohe Sterblichkeit" und die „immer gleiche Todesursache" waren dem Pflegepersonal aufgefallen. Es sei „viel getuschelt" worden, „aber es war strenger Auftrag, dass nicht darüber gesprochen werden darf".[183]

Wie vom *Reichsausschuss* angeordnet lehnt Illing Ersuchen von Eltern um die „Erlösung" schwerst behinderter Kinder kategorisch ab. Die dringende Bitte eines Vaters beantwortet er mit einem Brief, der Hoffnung auf Heilung lässt. Vor einer endgültigen Diagnose wolle er das Kind zwei bis drei Monate beobachten. In seiner Meldung an den *Reichsausschuss* aber schildert Illing den Fall als aussichtslos. Einen Monat später erhält der Vater die Todesmeldung.

Ärzte als Pädagogen. *Schwefelkur* und *Speibinjektionen*

Die Ärzte der *Kinderfachabteilung* sind auch für die medizinische Betreuung der Insassen des Erziehungsheimes Am Spiegelgrund zuständig. „Schlimme Kinder" sollen dort zu „strammen deutschen

Jungs" erzogen werden. Alois ist eines von ihnen. Weil er ein Glas dünnes Himbeerwasser umwirft, wird sein Kopf in die Klomuschel gehalten und die Wasserspülung betätigt, bis er nur noch röcheln kann. „Danke dafür, dass ich gestraft werde, denn ein deutscher Junge macht so etwas nicht", muss er dabei immer wieder sagen.[184]

Der elfjährige Johann unternimmt immer wieder Fluchtversuche. Sobald er aufgegriffen und wieder eingeliefert ist, übernehmen Ärzte der *Kinderfachabteilung* seine *Behandlung*. Bei seiner Aussage im Mai 1998, als Zeuge im Verfahren gegen Heinrich Gross, erinnert er sich an den Namen des Arztes. Alle Heimzöglinge hätten ihn gekannt. Auch das Personal habe Gross mit Namen angesprochen.

Die Prozedur nach Fluchtversuchen ist immer die gleiche. Pfleger halten ihn fest, während Gross ihm in beide Oberschenkel *Schwefelinjektionen* verabreicht. Ob tatsächlich Schwefel gespritzt wird, weiß der ehemalige Heimzögling nicht. Unter seinen Leidensgenossen sei die Behandlung jedoch „als Schwefelkur gelaufen".

Folge der *Kur,* die er achtmal zu ertragen hat, sind starke, lähmende Schmerzen in Beinen und Gesäß, die erst nach zwei Wochen abklingen. „Ich konnte nur unter größten Qualen aufrecht stehen. […] Ein Davonlaufen unter diesen Voraussetzungen war völlig unmöglich." Andere Disziplinlosigkeiten werden von den Ärzten mit „Speibspritzen" beantwortet. Eine Injektion in den Arm führt dazu, „dass ich in Zehn-Minuten-Intervallen erbrechen musste". Den ganzen Tag habe er sich von der Toilette kaum wegbewegen dürfen, weil ein Beschmutzen des Ganges zu neuen drakonischen Strafen geführt hätte. Bei seiner Vernehmung Ende 1998 im Landesgericht für Strafsachen will Gross sich von diesen Disziplinierungsmaßnahmen nicht distanzieren: „Na, so schlimm war das nicht."

Mehrmals erlebt der Zögling, wie Hausarbeiter Handwagen mit Leichen von Kindern über den Hof ziehen. „Die Gliedmaßen sind kreuz und quer herausgehangen", erinnert er sich vor Gericht an den Schrecken zurück. „Die Kinderleichen waren alle nackt und teilweise blau." Die begleitenden Erzieherinnen hätten gedroht, „dass wir auch in solchen Wagen landen werden, wenn wir nicht brav sind. Wir Kinder hatten eine panische Angst, dass es uns auch so ergehen könnte."[185]

Netzwerk. Gleiches Ziel, unterschiedliche Durchführung

Was in Wien Am Spiegelgrund passiert, geschieht in ähnlicher Form in 36 weiteren *Kinderfachabteilungen*. Das *Euthanasie*-Netzwerk ist nach einem einheitlichen Schema organisiert. Nur in der Ausführung gibt es Unterschiede, die durch regionale Gegebenheiten und das spezifische wissenschaftliche Interesse der Ärzte bedingt sind. Das Ziel – die Ausrottung von *Ballastexistenzen* – ist vorgegeben. Die Durchführung erfolgt in unterschiedlicher Form und unter unterschiedlicher wissenschaftlicher Nutzung jener Patienten, die Ärzte verächtlich ihre „menschlichen Meerschweinchen" nennen. Die Geschichte einiger *Kinderfachabteilungen* ist unerforscht. Einzelne kommen in der wissenschaftlichen Literatur so gut wie nicht vor. Wo nach dem Krieg keine Prozesse stattfinden, Akten vernichtet werden und das Interesse an der *Aufarbeitung* der Geschichte fehlt, bleiben weiße Flecken.

Generell werden *Euthanasie*-Abteilungen in bereits bestehenden psychiatrischen Anstalten eingerichtet. Im Gegensatz zu Waldniel, Wien und Berlin Wiesengrund, die eigenständig geleitet und verwaltet werden, bleiben sie meist den Anstaltsleitern unterstellt, unter deren Verantwortung die Tötung der Kinder stattfindet.[186]

Die auffälligsten Parallelen zeigen sich zwischen Wien und Berlin. Als *Städtische Nervenklinik für Kinder und Jugendliche* wird die Berliner *Euthanasie*-Zentrale aus dem Verbund der Wittenauer Heilstätten herausgelöst. Auch sie umfasst Erziehungsheim und Klinik, nur dass in Berlin Ernst Hefter beide Einrichtungen leitet.

Die medizinische *Betreuung* ist unterschiedlich. Wo ehrgeizige Ärzte wissenschaftliche Ziele verfolgen – etwa in Görden-Brandenburg, Kaufbeuren oder Wiesengrund – werden gewissenhafte Untersuchungen durchgeführt und Krankengeschichten genau dokumentiert. In Ueckermünde oder Eglfing-Haar dagegen beschränkt man sich weitgehend darauf, die eingewiesenen Kinder mit geringstem Aufwand so schnell wie möglich sterben zu lassen.

In den meisten Anstalten ist die Tötungsermächtigung des *Reichsausschusses* Voraussetzung für die *Behandlung*. Nur Ueckermünde führt die *Euthanasie* ohne Rücksprache durch. Görden-Brandenburg ist die einzige Anstalt, in der es zu *Vergasungen* von Kindern kommt.

9. Pervertierte Wissenschaft.
Experimente an Kindern

NS-Medizin. Forschen, töten, weiterforschen

In den meisten *Kinderfachabteilungen* werden Kinder als lebende Versuchsobjekte zur Forschungszwecken missbraucht. Die Wissenschaft wird für Ärzte und Helfer zum Alibi. Der eigentliche Zweck ihrer Arbeit – die Tötung wehrloser Opfer – wird vom Mittelpunkt an den Rand des Geschehens gedrängt. Sie untersuchen, stellen Diagnosen, dokumentieren Krankheitsverläufe, werten die Ergebnisse von Obduktionen aus, verfassen Gutachten, sammeln Material für wissenschaftliche Arbeiten. Im Bewusstsein, *produktiv* zu arbeiten, dem *medizinischen Fortschritt* zu dienen, an der *Heilung des Volksorganismus* beteiligt zu sein, lassen sich Schuldgefühle verdrängen. Der Tod bekommt einen *Sinn*.

Die Ausnahmebedingungen des Nationalsozialismus schaffen der Medizin Möglichkeiten, die bisher nie und nirgends denkbar waren. Ehrgeizige Wissenschaftler erkennen das auf Anhieb. Als im April 1940 die Reichskanzlei eine Gruppe ausgesuchter Psychiater über die *Euthanasie*-Aktion unterrichtet, sind die beteiligten Universitätsprofessoren vor allem an der Erhaltung der Gehirne interessiert. Alle weisen „auf den unersetzlichen Verlust" hin, der „durch die sofortige Verbrennung der Leichen" entstehen würde. Die Möglichkeit „Forschen, töten, weiterforschen" eröffnet ungeahnte Perspektiven. Die Zuordnung der anatomischen Bilder zu den klinischen Zuständen war bisher nicht möglich, weil „die Idioten nicht gleich starben", wie Professor Carl Schneider zynisch formuliert. Der Obergutachter der *Aktion T4* hat für ein von ihm entwickeltes Forschungsprogramm am Psychiatrischen Landeskrankenhaus in Wiesloch *Euthanasie*-Morde in Auftrag gegeben. In einem Brief an seinen *T4*-Kollegen Paul Nitsche, der dem Planungsgremium der Erwachsenen-*Euthanasie* angehört, kündigt er die ersten Anträge an den *Reichsausschuss* an und meint, die Verlegung solle am besten in die *Kinderfachabteilung* Eichberg erfolgen, „mit der ausführlichen Anweisung, die Gehirne an uns zu geben"[187]. Schneiders Forschungsinteresse kostet 20 von 52 Kindern und Jugendlichen, die ihm zwischen 1943 und 1945 als Forschungsobjekte zur Verfügung gestellt werden, das Leben.

Enzephalographie. Untersuchung mit tödlichem Ausgang

Die Gelegenheit, Wehrlose für Forschungszwecke auszubeuten, war in *Kinderfachabteilungen* besonders günstig. So werden in der Wiener Anstalt Am Spiegelgrund Enzephalographien (extrem schmerzhafte und mitunter tödliche diagnostische Methode, bei der in das Hohlraumsystem des Gehirns Luft gepresst wird, um es im Röntgenbild darstellen zu können) auch bei Kindern durchgeführt, deren Allgemeinzustand diesen Eingriff verbieten müsste. In zahlreichen Fällen ist der direkte Zusammenhang zwischen dem Übelkeit und Fieber auslösenden Eingriff und dem Ableben belegbar. Der tödliche Ausgang wird zu Forschungszwecken in Kauf genommen.

1943 veröffentlicht Illing einen wissenschaftlichen Beitrag, der sich mit der Bedeutung der Enzephalographie für die Diagnostik der tuberösen Sklerose beschäftigt.[188] Er führt dabei Fälle an, bei denen es sich um Patienten der *Kinderfachabteilung* handeln dürfte. Der Grund für Illings Interesse liegt auf der Hand. Tuberöse Sklerose zählt zu jenen Krankheiten, für die nach dem *Gesetz zur Verhütung erbkranken Nachwuchses* die Sterilisierung vorgeschrieben ist. In einer von ihm bereits 1939 veröffentlichten Arbeit heißt es: „Die Unfruchtbarmachung eines Elternteils […] wird dann gefordert, wenn bei einem oder mehreren Kindern das Krankheitsbild der tuberösen Sklerose voll entwickelt ist."[189]

Tuberkulose-Forschung. Mörderische Spritzen

Die behinderten Kinder des Spiegelgrundes stehen auch den Ärzten der Wiener Universitätsklinik als *Versuchskaninchen* zur Verfügung. So wird an ihnen die Zuverlässigkeit von Tuberkulose-Schutzimpfungen getestet. Oft ist die Tötung Bestandteil des Experiments.

In mehreren Versuchsreihen erprobt Universitätsdozent Elmar Türk (nicht zu verwechseln mit der Am Spiegelgrund arbeitenden Kinderärztin Marianne Türk) die Wirkung des BCG-Impfstoffes, den der französische Tuberkuloseforscher Albert Calmette entwickelt hat. Auf der einen Seite infiziert Türk dabei impfgeschützte Kinder neuerlich mit Tuberkelbazillen, um die Wirksamkeit des Impfstoffes zu erproben. Auf der anderen Seite infiziert er zur Kontrolle ungeimpfte Kinder, um festzustellen, ob die verwendete Bakterienkultur tatsächlich krankheitsauslösend wirkt.

Nach einiger Zeit der Beobachtung werden die *Versuchsobjekte* in die *Kinderfachabteilung* überwiesen. „Das lebensunfähige, tuberkulinnegative Kind wurde als Kontrolle für einen Versuch über den Schutzwert der BCG-Impfung am 10. 7. 1942 […] mit virulenten Tb. Baz. cutan infiziert", heißt es im Begleitschreiben an Illing. Türk bittet um „laufende klinische und röntg. Kontrolle der Impfstelle", sowie um die Verständigung vom Ableben, „damit ich bei der Leichenöffnung anwesend sein kann". In einer 1942 erscheinenden Publikation beschreibt Elmar Türk sein Experiment mit den Worten, die BCG-Schutzwirkung sei „an Meerschweinchen schon lange bekannt, für den Menschen erst jetzt bewiesen".[190]

In einem Protokollbrief vom Oktober 1942 an die *Reichsausschuss-Zentrale,* in dem die Ergebnisse einer Gutachterbesprechung zusammengefasst sind, wird die „außerordentlich wichtige Frage der tuberkulösen Immunisierung" erwähnt[191], an der in mehreren *Kinderfachabteilungen* geforscht wird. Professor Georg Bessau, Leiter der Kinderklinik in der Berliner Charité, und Ernst Hefter, Leiter der *Kinderfachabteilung* Wiesengrund in Berlin, führen an behinderten Kindern Versuche mit Tuberkulose-Impfstoff durch.[192] Ähnlich wie in Wien funktioniert die Zusammenarbeit über Anstaltsgrenzen hinweg: Die *Kinderfachabteilung* liefert das *Material,* die Universitätsklinik trägt die Verantwortung für die Durchführung der Experimente.

In der von Valentin Falthauser geleiteten *Kinderfachabteilung* Kaufbeuren werden ähnliche Experimente von Georg Hensel ausgeführt. Der Schüler Bessaus, Oberarzt der Kinderheilstätte im Allgäu, der 1944 die Ergebnisse seiner Versuche publiziert, infiziert geimpfte und nicht geimpfte behinderte Kinder mit virulenten Tuberkel-Bazillen.[193] Auf den Erfahrungen, die dabei gemacht werden, können jene Wissenschaftler aufbauen, die ähnlich tödliche Versuchsreihen wenig später in den Konzentrationslagern durchführen.[194]

Heinrich Gross. Präparate vom Spiegelgrund

Heinrich Gross veröffentlicht nach dem Krieg zahlreiche For-schungsarbeiten, für die er die Gehirnsammlung der *Kinderfachab-teilung* Am Spiegelgrund verwendet. Er wertet dabei die präparier-ten Gehirne von Kindern aus, an deren *Behandlung* er zumindest indirekten Anteil hatte (siehe Seite 103 ff). In seiner medizinhistori-schen Dissertation an der Universität Göttingen hat Matthias Dahl zwölf wissenschaftliche Veröffentlichungen von Heinrich Gross ausgewertet und dafür klare Belege gefunden. Bei einigen Opfern ist es ihm gelungen, die beschriebenen Fälle durch Namen, Daten, Fotos und vorhandene Präparate eindeutig dem *Spiegelgrund* zuzu-ordnen. Bei anderen gibt es schlüssige Indizien wie Todeszeitpunkt und Aufnahmezahl, die kaum Zweifel am identischen Ursprung des Materials lassen.

- Unter den beschriebenen Fällen befindet sich der der neunjähri-gen Heide. Das geistig zurückgebliebene Mädchen, das in einfa-chen Sätzen sprechen, selbstständig essen und seine Wünsche ar-tikulieren kann, stirbt nach der *Behandlung* an Lungenentzün-dung. Zwölf Jahre später taucht das Schicksal des Kindes als Fallbeispiel in einer Arbeit über neuropathologische Raritäten auf, die Heinrich Gross gemeinsam mit der Pathologin Barbara Uiberrak veröffentlicht, die während der NS-Zeit Am Steinhof beschäftigt war.[195]

- Als der vierjährige Hannes Am Spiegelgrund eingeliefert wird, hat Gross Dienst, obwohl er sich offiziell „an der Front" befindet. Der ehemalige Assistenzarzt nützt seinen Heimaturlaub, um den Kollegen seiner früheren Dienststelle auszuhelfen. Bei der Ein-gangsuntersuchung des Kindes am 24. 7. 1944 stellt er Hypertelo-rismus (erweiterten Augenabstand) und schwere Missbildungen des Gesichts fest. Als der Bub keine Fortschritte macht, geben ihn die Gutachter des *Reichsausschusses* zur *Behandlung* frei. Am 26. 8. wird sein Tod eingetragen. In einem wissenschaftlichen Beitrag von Gross taucht Hannes' Krankengeschichte 1956 wie-der auf. Penibel schildert der Verfasser alle Einzelheiten. Nur ein Detail verschweigt er: Dass der kleine Patient zu den *Euthanasie-* Opfern des *Spiegelgrundes* zählt, an deren *Behandlung* er selbst beteiligt war.[196]

- Ähnlich liegt der Fall der hochgradig behinderten Lucie. Auch sie wird Am Spiegelgrund zu Tode *behandelt*. Lungenentzündung lautet die Diagnose. 1957 taucht ihre Krankengeschichte in einer Arbeit auf, die Gross gemeinsam mit dem ehemaligen SS-Angehörigen Franz Seitelberger veröffentlicht.[197]

- 1958 wertet Gross gemeinsam mit Elfriede Kaltenbäck eine Sammlung von 546 Gehirnen aus. Die beiden Verfasser rühmen sich, das „größte und zugleich ziemlich auslesefreieste" Material dieser Art verwendet zu haben. Die genaue Herkunft der „von der Prosektur der Heil- und Pflegeanstalt Am Steinhof zur Verfügung gestellten" Präparate wird verschwiegen. Mit gutem Grund. Matthias Dahl kann zumindest einen Teil der angeführten Patientenbeispiele als Kinder der Anstalt Am Spiegelgrund identifizieren.

- In einer 1966 gemeinsam mit Seitelberger publizierten Arbeit stellen die Verfasser fest, das Material der 631 untersuchten Gehirne sei „für das gegenständliche Thema [...] an sich nicht auslesefrei", weil es „in erster Linie aus Anstalten stammt, in denen in der Regel nur höhergradig psychisch Retardierte (Zurückgebliebene) zur Aufnahme gelangten".[198.]

Gross scheint der Einzige zu sein, der daran nichts Anstößiges finden kann. „Ist das die ethische Medizin, die mit Leichenteilen ermordeter Kinder arbeitet?", wird er im Mai 1997 von einem Journalisten gefragt. „Man arbeitet auch mit Gehirnen von Leuten, die hingerichtet wurden", gibt er zur Antwort.[199]

Die Gemeinde Wien, die Gross' Forschungsarbeiten großzügig finanziert hat, sieht das mittlerweile anders. Anfang 1997 lässt der zuständige Stadtrat mittels Zeitungsanzeigen nach Angehörigen von Opfern suchen, um ihnen mitzuteilen, dass die noch vorhandenen Gehirnpräparate in Ehrengräbern der Stadt Wien bestattet werden.

Gehirnforschung. Während und nach dem Krieg

Während die pathologisch-anatomische Gehirnforschung mit *Euthanasie*-Präparaten in Wien erst in den fünfziger Jahren beginnt, wird sie in deutschen Forschungsanstalten und Universitätskliniken schon während des Krieges betrieben. So gibt Professor Julius Hallervorden, der als Histologe im Kaiser-Wilhelm-Institut für Hirnforschung arbeitet, bei Professor Heinze in Görden-Brandenburg regelrechte Bestelllisten ab, nach denen Gehirne geliefert werden.

Der renommierte Wissenschaftler benötigt für seine Arbeit über angeborenen Schwachsinn und die Unterscheidung zwischen erworbener und erblicher Epilepsie Gehirne von Kindern mit ganz bestimmten Krankheitsbildern. Um den genau beschriebenen Wünschen entsprechen zu können, werden am 28. Oktober 1940 in Görden-Brandenburg 58 Kinder und Jugendliche vergast. Die Gehirne von 37 der damals getöteten Kinder lassen sich später in Hallervordens Sammlung nachweisen.

Zwischen 1940 und 1944 erhält der Forscher insgesamt 697 Gehirne *Euthanasierter* angeliefert.[200] 1944 wird Hallervordens Sammlung wegen ihrer „überragenden wissenschaftlichen Bedeutung" auf Befehl des Führers ins hessische Dillenburg verlegt. Nach Kriegsende kommt sie zur weiteren wissenschaftlichen Auswertung ins Max-Planck-Institut für Hirnforschung nach Frankfurt.[201] Hallervorden selbst publiziert über mindestens einen Fall, der nachweisbar aus dieser Sammlung stammt.[202]

Bestelllisten. Lieferanten und Abnehmer

Zwischen *Kinderfachabteilungen* und Forschungseinrichtungen entwickelt sich eine intensive Zusammenarbeit. Die Wissenschaftler geben Versuche in Auftrag und lassen sich mit Organen beliefern.

- Gehirne von in Berlin-Wittenau zu Tode *behandelten* Kinder landen in der Pathologischen Abteilung des Rudolf-Virchow-Krankenhauses und der Universitätsklinik Charité.

- Die *Kinderfachabteilung* Kaufbeuren führt Bestellungen der Universitäten in München und Heidelberg sowie der Münchener Forschungsgesellschaft für Psychiatrie unter Leitung von Professor Ernst Rüdin aus.

- Der renommierte Pionier der *Rassenhygiene* wird gleichzeitig aus Ansbach und Eglfing-Haar mit *Material* versorgt.[203]

- Eglfing-Haar beliefert die Universitätskinderklinik München mit Gerhirnen von *Euthanasie*-Opfern.

- Die Forschungsabteilung der Universität Heidelberg unter Leitung von Professor Carl Schneider, der sich mit pathologisch-anatomischen Studien befasst, arbeitet außer mit Kaufbeuren auch mit den *Euthanasie*-Anstalten Eichberg, Kalmenhof und Wiesloch zusammen.

- Eichberg ist Lieferant der pharmazeutischen Forschungsabteilung der I.G. Farben in Höchst mit Organen.

- An der Universitätsklinik Leipzig bezieht Professor Werner Catel, Gutachter des *Reichsausschusses,* Organe aus Leipzig-Dösen für seine Forschungsarbeit an der Erkrankung der Stammganglien, der Spaltbildung von Kopf und Wirbelsäule sowie an der Übertragbarkeit von Kinderlähmung.

- Die *Kinderfachabteilung* Leipzig-Dösen fungiert gleichzeitig als Organ-Lieferant für das Kaiser-Wilhelm-Institut für Hirnforschung in Berlin-Buch.

- Loben in Oberschlesien beliefert das Neurologische Forschungszentrum in Breslau.[204]

- Professor Hans Heinze, der die *Kinderfachabteilung* in Brandenburg-Görden leitet, forscht dort an „abnormen Charakteren" und der „Dressurfähigkeit tiefstehender Schwachsinniger". Ähnlich wie Hallervorden versucht er, morphologisch sichtbare Veränderungen an den Gehirnen geisteskranker Kinder nachzuweisen. Weitere Schwerpunkte seiner Arbeit sind der „Mongolismus" und „Formen der Idiotie", bei denen entsprechende organische Befunde fehlen. Darüber hinaus nützt er seine *menschlichen Versuchskaninchen* zur Erprobung eines Impfstoffes gegen Scharlach.[205]

10. Der Fall Gross. Das letzte NS-Verfahren

Stasi-Akten. Ein perfektes Alibi ist geplatzt

Mitte 1997, fast 30 Jahre nach dem letzten NS-Prozess, geschieht in
Wien etwas Ungewöhnliches: Unter dem Eindruck weltweiten Me-
dieninteresses und gestärkt durch engagierte Wortmeldungen in der
Nationalratsdebatte vom 5. Juni lehnt das Justizministerium die Einstellung des Verfahrens gegen einen ehemaligen *Euthanasie*-Arzt
ab, der bisher stets durch die Maschen des Gesetzes geschlüpft ist.
Aktenfunde in einem ehemaligen Stasi-Archiv in Berlin und die Ergebnisse der medizinhistorischen Dissertation von Matthias Dahl an
der Universität Göttingen belegen, dass sich Heinrich Gross, dem
man die direkte Beteiligung an Mordaktionen bisher nicht nachweisen konnte, 1944 freiwillig an *Euthanasie*-Maßnahmen beteiligt hat.
Sein unerschütterlich scheinendes Alibi ist geplatzt. Gross war zwar
tatsächlich an der Front, half jedoch während eines Heimaturlaubs
freiwillig an seiner alten Arbeitsstätte, der Wiener *Kinderfachabteilung* Am Spiegelgrund, aus. Zumindest vierzehn Meldungen an den
Reichsausschuss tragen seine Unterschrift.
Am 24. Juli 1944 diagnostiziert er bei einem Säugling eine Lippen-
spalte als „schwere Missbildung". Das Kind wird an den *Reichsausschuss* gemeldet. Vier Wochen später ist es tot. Auch für andere von
ihm an den *Reichsausschuss* gemeldete Fälle wird die Erlaubnis zur
Behandlung erteilt, die in Wirklichkeit Auftrag zur Tötung ist.

Voruntersuchung. Weisung durch den Minister

Zweimal hat das *Dokumentationsarchiv des österreichischen Widerstandes* (DÖW), eine von der Gemeinde Wien und dem Wissen-
schaftsministerium finanzierte Forschungseinrichtung, Anzeige wegen Mordes bei der Staatsanwaltschaft Wien erstattet. Professor
Wolfgang Neugebauer, wissenschaftlicher Leiter des DÖW, das
Österreichs größtes NS- und Neonazi-Archiv betreibt, macht sich
kaum ernsthafte Hoffnung auf eine Untersuchung: Die österreichische Justiz, in der nach dem Zweiten Weltkrieg die meisten Richter

und Beamten des Dritten Reiches in ihren Positionen verblieben sind, ist bekannt dafür, Nazi-Verbrechern gegenüber auf eineinhalb Augen blind zu sein.

Auch diesmal tun die Staatsanwälte, was sie in solchen Fällen beinahe gewohnheitsmäßig tun: Sie beantragen die Einstellung des Verfahrens. Für sie ist der „Totschlag" verjährt. Entgegen der sonst geübten Praxis aber stoßen sie diesmal auf Widerspruch. Das Justizministerium erteilt Weisung, die Voruntersuchung wegen Mordes aufzunehmen.[206] Mord verjährt nicht.

Bei einer Besprechung, zu der Generalanwalt Christoph Mayerhofer die ermittelnden Staatsanwälte ins Ministerium bittet, wird die neue Rechtsansicht ausdiskutiert. Die Ärzte Am Spiegelgrund hätten eigenverantwortlich gehandelt und gewusst, dass eine negative Bewertung für die Kinder den Tod bedeute. Die Tötung durch Schlafmittel, Morphiuminjektionen und Nahrungsentzug könne nicht als Totschlag betrachtet, sondern müsse als Mord untersucht werden.[207]

Die Ermittlungen enden – eine weitere Überraschung – mit der Anklageerhebung. Ein vergessen geglaubtes Thema – die Beteiligung der Wiener *Kinderfachabteilung* Am Spiegelgrund an den Massentötungen geistig und körperlich behinderter Kinder im Dritten Reich – ist plötzlich in aller Munde.

Freispruch. Ein *Euthanasie*-Arzt macht Karriere

Heinrich Gross, Jahrgang 1915, ist nicht irgendein Mediziner. Der Arzt, der ab 1940 in der berüchtigten Tötungszentrale Am Spiegelgrund beschäftigt war, an der 772 behinderte Kinder ums Leben kamen, hat nach dem Krieg Karriere gemacht. Seit Jahrzehnten zählt er zu den prominentesten Gerichtspsychiatern des Landes.

Der überzeugte Nationalsozialist tritt schon 1932, als Siebzehnjähriger, der Hitlerjugend und 1933 der SA bei, bevor er 1938 – zum frühestmöglichen Zeitpunkt – Mitglied der NSDAP wird. 1940 erhält er das goldene HJ-Ehrenzeichen.

Nach seiner Promotion nimmt er Anfang 1940 den Dienst in der Heil- und Pflegeanstalt Ybbs/Donau auf. Dort wird er mit dem *Euthanasie*-Programm konfrontiert, als eine ärztliche Kommission die Anstalt auf der Suche nach *unwertem Leben* durchkämmt. Gross erlebt, wie nach oberflächlichem Studium der Krankengeschichten Meldebögen ausgefüllt werden, die zum Abtransport und zur Tötung der Patienten führen. Die Angehörigen der Ermordeten erhalten nur noch die Urnen mit der Asche zugestellt. Danach wird Gross auf eigenen Wunsch an die Städtische Jugendfürsorgeanstalt Am Spiegelgrund versetzt, in deren *Kinderfachabteilung* die tödlichen *Sonderbehandlungen* Routine sind. Im Ehrenbeleidigungsprozess, den Gross 1981 gegen Werner Vogt von der *Arbeitsgemeinschaft Kritische Medizin* anstrengt, urteilt das Oberlandesgericht, dem Arzt sei „der Zusammenhang zwischen diesen einzelnen Vorgängen völlig klar" gewesen.

Als nach 1945 den Beteiligten an der Kinder-*Euthanasie* der Prozess gemacht wird, hat Gross Glück. Während sein ehemaliger Vorgesetzter Ernst Illing wegen des Verbrechens des *vollbrachten Meuchelmordes* zum Tod, seine Kollegin Marianne Türk wegen des gleichen Delikts zu zehn Jahren und die Krankenschwester Anna Katschenka zu acht Jahren schweren Kerkers verurteilt werden, ist Gross für das Gericht nicht greifbar. Die Russen halten ihn bis Ende 1947 in Kriegsgefangenschaft. Danach taucht er, wie viele andere, die wegen NS-Verbrechen gesucht werden, mit Hilfe von Freunden und Verwandten unter.

Nach seiner Verhaftung 1948 ist die antifaschistische Phase der Nachkriegsjustiz, in der strengste Urteile gefällt werden, zu Ende. Der Kalte Krieg beschleunigt die Reintegration ehemaliger Nationalsozialisten. Zunehmend wird die öffentliche Meinung von der *Kriegsgeneration* dominiert, deren Exponenten sich der Aufarbeitung der Geschichte in den Weg stellen und „Schluss der Debatte" fordern, bevor diese richtig begonnen hat.

Als Gross der Prozess gemacht wird, weist er erstaunliche Erinnerungslücken auf. Er will weder die Funktion des *Reichsausschusses* gekannt noch von der tödlichen Konsequenz der von ihm abgefassten *Meldungen* gewusst haben: „Das Formular war so abgefasst, dass man keinen solchen Schluss ziehen konnte."

Die durch Zeugen belegte Leitung der *Euthanasie*-Abteilung relativiert er. Er habe zwar als Vorstand Dienst gemacht, sei jedoch einem Primarius unterstellt gewesen und habe „alle Anordnungen von oben" erhalten. Seine Aufgabe habe sich darauf beschränkt, „die Kinder zu untersuchen und die Krankengeschichten zu führen".[208]

Eine Teilnahme am *Euthanasie*-Kurs in Görden-Brandenburg stellt er als harmlose Fortbildungsveranstaltung dar. Dass die *Kinderfachabteilung* von Professor Heinze Modelleinrichtung des nationalsozialistischen Mordprogrammes war, an der *Reichsausschusskurse* für *Euthanasie*-Ärzte stattfanden, will er nicht gewusst haben. Bei den Veranstaltungen sei über die Möglichkeit, Kinder umzubringen, „nicht gesprochen" worden.

Auch von den wahren Aufgaben des *Reichsausschusses* habe er erst im Laufe der Voruntersuchung erfahren, widerspricht Gross seiner ehemaligen Kollegin Marianne Türk, die als Zeugin eine Besprechung schildert, bei der Anstaltsleiter Illing alle Beteiligten mit dem Führererlass vertraut machte.[209] Als Gross seine Version nicht aufrechterhalten kann, räumt er ein, von Hitlers Geheimbefehl bereits unter Anstaltsleiter Jekelius informiert worden zu sein. Auf den Vorhalt des Richters, bei der Untersuchung eine andere Darstellung gegeben zu haben, gesteht er den „Fehler" ein. Er habe sich jedoch an das Jekelius gegebene Wort des Stillschweigens gebunden gefühlt. Erst sein Anwalt habe ihm erklärt, dass das „heute nicht mehr notwendig" sei.[210]

Groß widerspricht auch der Zeugin Anna Katschenka, die aussagt, von ihm Aufträge zur *Behandlung* mit Luminal erhalten zu haben. Obwohl die ehemalige Krankenschwester betont, der Arzt habe gesprächsweise von der vorliegenden „Bewilligung aus Berlin" gesprochen, wenn Luminal verabreicht werden sollte[211], will dieser nicht einmal gewusst haben, wie die *Euthanasie*-Morde angeordnet und durchgeführt wurden. Standhaft bleibt er bei der Darstellung, Luminal nur aus medizinischen Gründen verordnet zu haben, um bei sterbenden Kinder „die Leiden zu mildern".[212]

Während seiner Tätigkeit Am Spiegelgrund entspricht Gross genau dem Typ, der für die Arbeit des *Reichsausschusses* gebraucht wird: jung, politisch zuverlässig, fachlich unerfahren, bildungswillig, wissenschaftlich interessiert, finanziellen Anreizen – die es für die Beteiligten am *Euthanasie*-Programm gibt – aufgeschlossen. In seiner Verantwortung vor Gericht beruft er sich auf die *Wissenschaftlichkeit* seiner Arbeit, offenbar ohne zu realisieren, dass Heilen und Töten in der NS-Medizin kein Widerspruch sind.

So deutlich seine Aussagen von allem abweichen, was schon damals über die *Kinderfachabteilungen* und den *Spiegelgrund* bekannt ist, folgt das Gericht doch seiner Argumentation. Gross habe den *Reichsausschuss* „lediglich als eine Stelle der rein wissenschaftli-

chen Erfassung geisteskranker Kinder gekannt" und „nicht gewusst", dass dieser „Aufträge [...] für die Todesbeschleunigung erteilt hat", heißt es in der Begründung für das milde Urteil: Nach dem
deutschen Reichsstrafgesetz wird der Arzt wegen „Mittäterschaft
am Totschlag" zu nur zwei Jahren schweren Kerkers verurteilt.
Gross profitiert von der verqueren Rechtsansicht seiner Richter: Es
könne kein heimtückischer Mord sein, weil Geisteskranken und
Geistesschwachen die „Einsicht" fehle.
Vom Vorwurf der Tätigkeit für die illegale NSDAP wird Gross freigesprochen, weil das Gericht – wen wundert es? – entlastenden Aussagen von NS-Funktionären größere Beweiskraft zubilligt als belas-
tenden Dokumenten aus der NS-Zeit. Als das schlampig begründete
Urteil vom Obersten Gerichtshof aufgehoben wird, zieht die Staatsanwaltschaft Wien 1951 den Strafantrag aus prozessökonomischen
Gründen zurück. Gross hat die gegen ihn verhängte Strafe ohnedies
verbüßt. Er stellt einen Antrag auf Haftentschädigung. Dieser wird
jedoch abgewiesen, weil ein „die Verfolgung und die Haft genügend
begründender Verdacht" vorgelegen habe, der in der Folge „nicht
entkräftet" worden sei."[213]
Trotz dieses vernichtenden Richterspruchs bleibt der *Euthanasie*-
Arzt Heinrich Gross damit formal unbescholten und macht Karriere.
Wie viele andere ehemalige Nationalsozialisten, die in den beiden
Großparteien Unterschlupf suchen, tritt er 1953 der SPÖ bei. Im
Bund sozialistischer Akademiker darf er auf den Rückhalt vieler ehemaliger Gesinnungsfreunde hoffen. 1965 gehört er dem Personen-
komitee für die Wiederwahl von Bundespräsident Franz Jonas an.

„Einmaliges Material". Forschung mit *Euthanasie*-Präparaten

Auch beruflich geht es steil nach oben. 1957 wird Gross an der Stätte
seiner *Euthanasie*-Tätigkeit, der Heil- und Pflegeanstalt der Stadt
Wien Am Steinhof, Primarius und Leiter des *Neurohistologischen
Laboratoriums*. 1968 wird für den „erfolgreichen Wissenschaftler"
ein eigenes *Ludwig-Boltzmann-Institut zur Erforschung der Miss-
bildungen des Nervensystems* errichtet. Boltzmann-Gesellschaft und
Gemeinde Wien fördern seine wissenschaftlichen Publikationen.
Keinen scheint zu stören, dass Gross für seine Arbeiten die aus dem
NS-Nachlass stammenden Gehirnpräparate jener Kinder verwendet,

an deren Tötung er beteiligt war. Ohne dass sich Protest regt, rühmt Gross sich mehrfach des „weltweit einmaligen Materials", das seinen Arbeiten zugrunde liegt. In Publikationen lässt er die Herkunft der Präparate unerwähnt – wahrscheinlich mit Rücksicht auf Reaktionen im Ausland, wo man auf solche Geschmacklosigkeiten erfahrungsgemäß sensibler reagiert.

Erst als der renommierte Psychiater 1962 versucht, mit einer Arbeit über *Sehnervenatrophie infolge Turmschädelbildung* zu habilitieren, wird die Herkunft der verwendeten Gehirnschnitte thematisiert. Die Habilitierung scheitert daraufhin ebenso wie sein Versuch, Direktor des Psychiatrischen Krankenhauses zu werden.

Weitere Konsequenzen bleiben aus. Obwohl die ethische Fragwürdigkeit seiner wissenschaftlichen Arbeit ebenso bekannt ist wie seine Involvierung in die Kinder-*Euthanasie* des Dritten Reiches, zeichnet ihn die Republik Österreich 1975 mit dem Ehrenkreuz für Wissenschaft und Kunst 1. Klasse aus.

Der Fall Zawrel. Peiniger als Gutachter

An die 30.000 Gutachten hat Gross im Laufe seiner Karriere erstellt. Einer der Begutachteten ist Friedrich Zawrel. Mit 13 Vorstrafen gilt der 1929 geborene Hilfsarbeiter als Gewohnheitskrimineller, obwohl er in Wirklichkeit nur ein kleiner Gauner ist. Er wird immer wieder rückfällig – und immer wieder erwischt. „Schwerer Einbruch" urteilt das Gericht diesmal. Sechseinhalb Jahre Haft für 20.000 Schilling Beute, die er mit zwei Komplizen geteilt hat. Nach Verbüßung der Strafe droht ihm Sicherheitsverwahrung in einer Sonderanstalt.

Ob die sechs Jahre zu *lebenslänglich* werden, hat Heinrich Gross als Gutachter zu entscheiden, der Zawrel als einen „Mann von minderer Intelligenz" einstuft. Der Rückfalltäter aber hat zumindest ein gutes Gedächtnis. Er erkennt Gross sofort. Als Dreizehnjähriger war Zawrel Am Spiegelgrund in die *Abteilung für Schwererziehbare* eingewiesen worden: „Aktiv antisozialer, kriminell veranlagter Jugendlicher" hatte das Urteil von Anstaltsleiter Illing damals gelautet.[214]

Seit damals ist Zawrel nie mehr auf die Beine gekommen. Aber er ist nicht nur Täter. Er ist auch Opfer: Opfer eines alkoholkranken Vaters, der sich nicht um seinen Sohn gekümmert hat. Opfer einer lebensuntüchtigen Mutter, die aus ihrer Wohnung delogiert wurde, weil sie die geringe Miete nicht zahlen konnte. Opfer nationalsozialistischer Fürsorgeeinrichtungen, die der Mutter das Kind wegnahmen, um es zu linientreuen Pflegeeltern zu stecken. Opfer eines Erziehers, der den Heimzögling nachts zu sich ins Bett nahm und die sexuelle Orientierung des Jungen aus dem Lot brachte. Nicht zuletzt Opfer einer verbrecherischen nationalsozialistischen Psychiatrie, wie sie Am Spiegelgrund praktiziert wurde. Und damit auch Opfer von Heinrich Gross.

Sein ganzes Leben ist Zawrel davongelaufen: vor den Pflegeeltern, vor dem Waisenhaus, der Nervenklinik, vor seinen Erziehern, vor der Polizei. Am Spiegelgrund hat ihm eine wohlmeinende Schwester zur Flucht verholfen: „Die hat mir beim Baden mein Gewand hingelegt und die Tür offen gelassen", erinnert sich Zawrel an die einzige Person, die je Mitleid mit ihm hatte. Als er in die Anstalt zurückgebracht wird, erhält er eine Speibinjektion mit Apomorphin, die tagelanges Erbrechen verursacht – von Heinrich Gross, der als Anstaltsarzt gerade Dienst tut.

Der kleine Friedrich erfährt von anderen Insassen gerüchteweise, dass Am Spiegelgrund „die Depperten hamdraht" (die Behinderten umgebracht) werden. Er wird Zeuge, wie Bettnässer zur Strafe nackt bei offenem Fenster stehen müssen, mit dem schmutzigen Leintuch um den Körper gewickelt. Er erlebt, dass Zöglinge wegen geringfügiger Vergehen halb tot geprügelt werden. Er beobachtet durch das Loch einer Milchglasscheibe, wie ein Leiterwagen mit nur mangelhaft abgedeckten Kinderleichen durch den Hof gezogen wird. Als er den Schwestern davon erzählt, drohen die ihm: „Da landest du auch, wenn du was anstellst!"

Friedrich ist kein Einzelfall. In Heimen wie dem Spiegelgrund haben alle Schwererziehbaren, Kriminellen und Kranken den gleichen Terror zu erleiden. Aber Friedrich begehrt auf. Einmal bricht aus ihm heraus, was er bei seinem Ausreißversuch irgendwo aufgeschnappt hat: „Wenn die Russen kommen, wird man euch alle aufhängen!" Die Strafe folgt auf dem Fuß: Wieder eine Speibinjektion, wieder verabreicht von Heinrich Gross.

Nach Ende des Krieges gerät Zawrel – beinahe möchte man sagen programmgemäß – auf die schiefe Bahn. Der Terror, dem er Jahre hindurch ausgesetzt war, hat psychische Wunden hinterlassen. Menschen wie Heinrich Gross haben ihm so übel mitgespielt, dass er keine Skrupel hat, anderen übel mitzuspielen.

Trotz dieser Vorgeschichte tut Gross, als wäre nichts gewesen. Er erstellt das Gutachten über einen Mann, zu dessen psychischer Verformung er seinen ganz persönlichen Beitrag geleistet hat. „Der Beschuldigte besitzt kaum Bindung an Personen und Sachen, er ist im Grunde wurzellos geworden", schreibt er, als ob er nicht wüsste, dass die soziale und moralische Entwurzelung auch auf Erfahrungen wie die Am Spiegelgrund zurückgehen.[215]

Ungerührt zitiert der Arzt aus dem Gutachten seines wegen vielfachen Meuchelmordes zum Tode verurteilten ehemaligen Vorgesetzten Ernst Illing, der dem Heimzögling Zawrel 1944 „Gemütsarmut" attestiert hatte: „Nach dem damaligen Gutachten handelt es sich bei dem Beschuldigten um einen erblich schwer belasteten, verstandesmäßig altersentsprechend befähigten, charakterlich nach mehreren Richtungen grobartigen Jugendlichen, wobei im Vordergrund eine monströse Gemütsarmut zu beobachten war."

Zuletzt stellt Gross fest, der „aktiv soziopathische" Zawrel sei „als Hangtäter zu qualifizieren" und prognostiziert, er werde „im Fall der Entlassung aus dem Strafvollzug weitere Straftaten mit ähnlichen Folgen begehen". Für einen Rückfalltäter wie den ehemaligen Spiegelgrund-Insassen bedeutet so ein Urteil: Sicherheitsverwahrung in einer Sonderanstalt. Lebenslänglich also.

Zawrel hat nie zu den Siegern gezählt, dafür aber zu jenen, die keinem Streit aus dem Weg gehen. Dass ihn der Peiniger von einst begutachten und für immer ins Gefängnis schicken darf, will er nicht hinnehmen. Also beginnt er, gegen das Gutachten anzukämpfen. Wahrscheinlich wäre er chancenlos geblieben, hätte sich nicht die *Arbeitsgemeinschaft Kritische Medizin* seines Falles angenommen. Anlässlich des Salzburger Psychiatrie-Kongresses zum Thema *Tötungsdelikte von Geisteskranken* im Januar 1979 verteilt sie Flugblätter, auf denen Gross der Beteiligung „an der Tötung hunderter angeblich geisteskranker Kinder" beschuldigt wird. Werner Vogt, Vorsitzender der *Kritischen Mediziner,* will das öffentliche Interesse auf den skandalösen Fall lenken.

Den ersten Sieg erringt er für Zawrel. Das Gericht beauftragt einen Gegengutachter. Die Wahl fällt auf den gerichtlich beeideten Sachverständigen Otto Schiller, Facharzt für Neurologie und Psychiatrie.

Inhaltlich bringt sein Gutachten nichts Neues: Schiller bestätigt im Wesentlichen, was Gross diagnostiziert hat. Aufschlussreich aber ist der Teil von Schillers Ausführungen, der sich nicht mit medizinischen Fragen und nicht mit Zawrel, sondern mit der Reinwaschung seines prominenten Kollegen befasst.

In einer beispiellosen Fleißaufgabe versucht sich der Psychiater in der Rolle des Juristen und Strafverteidigers. Er habe über Gross erfahren, dass es „in der Wiederaufnahme nach Aufhebung des ersten Urteils zu einem Freispruch kam, oder dass dann gar nicht mehr die Anklage erhebbar war", heißt es in seinem Gutachten. „Und daher musste der Untersuchte aufhören, mit diesem Wissen versehen, da von Verurteilung zu sprechen."

Seinem – juristisch unsinnigen – Freispruch für Gross folgt die medizinische und juristische Verurteilung Zawrels. Dass dessen Anwalt sich unter anderem auf die Schädigung seines Klienten in der Kindheit durch die Erlebnisse Am Spiegelgrund, auf gewalttätige und homosexuelle Erzieher beruft, weist der Gutachter empört – wenn auch in etwas holprigem Deutsch – zurück: „Dazu ist hinzuweisen, dass es zunehmend sozusagen Mode wird, bei Fragen der diversen Maßnahmen vorzubringen, dass die Probanden nicht aus eigenem Verschulden in einen Zustand gekommen sind, der Grund zum Erkennen auf eine Maßnahme ist. Da hört man etwa von der Verführung durch üble Freunde, da hört man von der vernachlässigten Erziehung. […] Diese so oft zu hörende Vorbringung, die auch dem Tenor nach vom Untersuchten hier gebracht wird, geht an der Realität vorbei. Es wäre strafrechtlicher Unsinn, wollte man nicht nach der auf welchem Wege auch immer hervorgekommenen z. B. Gefährlichkeit entscheiden. Ist Grund für eine Maßnahme da, muss sie angewendet werden, aus welcher Ursache auch immer dieser Grund eingetreten ist."

Dass der Kriminelle, der seinen verehrten Kollegen so „ungerecht angeschwärzt" hat, in Sicherheitsverwahrung gehört, steht für Schiller außer Zweifel. „Es gilt da die Volksweisheit auch aus fachlich-wissenschaftlicher Sicht, wonach Hans nimmer lernt, was Hänschen nicht gelernt hat."

Das durch Medienberichte zum Fall Gross aufgerüttelte Gericht teilt weder Schillers „fachlich-wissenschaftliche" noch dessen juristische Sicht. Es verzichtet auf Sicherheitsverwahrung. Zawrel bekommt nach Abbüßung seiner Strafe noch eine Chance.[216]

Vernichtendes Urteil. Der Fall Vogt und die Folgen

Nach diesem Erfolg für Zawrel feiert der Vorsitzende der *Arbeitsgemeinschaft Kritischer Mediziner* auch einen Sieg vor Gericht. Gross klagt den Arzt wegen der auf dem Flugblatt enthaltenen Behauptung, er sei „an der Tötung hunderter angeblich geisteskranker Kinder mit beteiligt" gewesen. Der Prozess endet für Österreichs prominentesten Gerichtspsychiater mit einem juristischen und moralischen Debakel. Und mit einem Karrierebruch. Werner Vogt wird freigesprochen. Das Oberlandesgericht Wien stellt rechtskräftig fest, dass Gross „an der Tötung einer unbestimmten Zahl [...] von Kindern beteiligt war".

Die Urteilsbegründung lässt keinerlei Zweifel offen. Das Gericht sieht es nach Wiederholung der Beweisaufnahme als erwiesen an, dass Gross von Anfang an Mitwisser des *Euthanasie*-Programmes war, dass er an einem *Euthanasie*-Schulungsprogramm des *Reichsausschusses* teilgenommen hat, sich aus freien Stücken in die *Euthanasie*-Anstalt der Wiener *Fachabteilung* Am Spiegelgrund versetzen ließ, dort jene *Reichsausschussabteilung* leitete, in der behinderte Kinder systematisch getötet wurden, Untersuchungen der eingewiesenen Patienten vornahm, an der Entscheidung darüber teilnahm, welche Kinder gemeldet werden, die todbringenden Formulare *B 141* ausfüllte, nach der von Berlin erteilten Genehmigung zur *Behandlung* das Personal mit der Verabreichung der tödlichen Spritzen beauftragte und anschließend wahrheitswidrige Todesursachen bescheinigte. Gemeinsam mit Illing sei Gross der Führerkanzlei „uk (unabkömmlich) gestellt" worden, „damit die Genannten an den Euthanisierungen mitwirken konnten".

Ausdrücklich stellt das Gericht das Mitspracherecht der Ärzte und die Tatsache fest, dass die Genehmigung zur *Behandlung* lediglich eine „Ermächtigung zum Töten", aber „kein absolut durchzuführender Befehl" gewesen sei.[217]

Zumindest in einem Fall ist Gross überführt, die Einweisung eines schwachsinnigen Kindes selbst veranlasst zu haben. Im März 1942 besucht er das Kinderheim Frischau bei Znaim. Dort ist die kleine Elisabeth Schreiber untergebracht, der er „Schwachsinn höheren bis höchsten Grades" attestiert. Aufgrund seines Gutachtens wird die Fünfjährige in die Anstalt Am Spiegelgrund verlegt.

Am 8. Mai meldet Gross das Mädchen dem *Reichsauschuss*. Am 25. September ist es – laut Eintragung im Krankenblatt – fieberfrei. Doch schon am 28. September verständigt Gross die Eltern vom „besorgniserregenden Zustand". Am 30. September ist Elisabeth tot. Sie stirbt nach Eintritt von hohem Fieber und schwerem Durchfall an „Darmentzündung". „Dieses Erscheinungsbild ist typisch für die vorher erfolgte Verabreichung von Luminal oder Veronal", heißt es in der Urteilsbegründung. Auch die handschriftlichen Eintragungen am Ende ihrer Krankengeschichte und die Eintragung ihres Todes stammen von Gross. „Bei diesem Kind handelt es sich um einen Fall von Euthanasie", urteilt das Gericht.[218]

Der prominente Psychiater ist damit der Beteiligung an Tötungshandlungen gerichtlich überführt. Strafrechtliche Folgen bleiben vorerst aus, weil die Staatsanwälte nur Totschlag für beweisbar halten, der 1981 bereits verjährt ist.

Achtzehn Jahre später hat sich die Rechtsmeinung geändert. Die Anklage ist erhoben. Dass der Prozess korrekt zu Ende geführt werden kann, ist unwahrscheinlich. Anwalt Nikolaus Lehner, ein erfahrener Strafverteidiger, der von Kollegen „eher dem linksliberalen Spektrum" zugeordnet wird, verweist auf das Gutachten des Gerichtssachverständigen, das seinen über 85-jährigen Mandanten als nur „bedingt verhandlungsfähig" beschreibt.

Das Verfahren schleppt sich dahin. Auf eine neuerliche Einvernahme des Beschuldigten wird ebenso verzichtet wie auf eine Hausdurchsuchung. Dabei hat Matthias Dahl in seiner wissenschaftlichen Arbeit über den Spiegelgrund ausdrücklich festgehalten, dass „Aktenbestände fehlen", und die Frage gestellt, ob diese „möglicherweise gezielt vernichtet wurden". Der Fall Gross scheint an die unwürdige Tradition österreichischer NS-Verfahren nahtlos anzuknüpfen. Nach dem Urteil, das ihn der Beteiligung an der *Euthanasie* überführt, schließt die SPÖ Gross aus der Partei aus. Österreichs unabhängige Richter aber scheint die NS-Vergangenheit des meistbeschäftigten Gerichtspsychiaters, der an die 30.000 Gutachten erstellt hat, nicht zu stören. Sie beschäftigen ihn selbst dann noch, als 1999 das Verfahren gegen ihn eingeleitet ist. Ein geschmackloses Kuriosum österreichischer Justizgeschichte: Dasselbe Gericht, das gegen den ehemaligen *Euthanasie*-Arzt vom Spiegelgrund Ermittlungen wegen Mordes führt, lässt ihn als Gerichtsgutachter weiter arbeiten.

Dass sich das Wiener Oberlandesgericht zu dem ungewöhnlichen Schritt entschließt, die Richter „auf die Problematik der Bestellung von Dr. Gross als Gerichtssachverständiger hinzuweisen"[219], nützt wenig. Richter sind unabhängig. Wenn sie einen, gegen den Ermittlungen wegen NS-Verbrechen laufen, als Sachverständigen für geeignet halten, gibt es keine Instanz, die sie abhalten könnte.

Uneinsichtig. Vertuschen, verleugnen, verdrängen

Heinrich Gross ist kein Einzelfall. Vielleicht ist er sogar der Paradefall schlechthin. Nach 1945 leisten Ärzte wie er wesentliche Beiträge zur Verleugnung und Verdrängung. In keinem anderen Berufsstand wird die von Alexander und Margarete Mitscherlich festgestellte „Unfähigkeit zu trauern" so deutlich sichtbar wie bei ihnen. Die vor Gericht gestellten medizinischen Massenmörder zeigen sich uneinsichtig. Wer sich der Verfolgung entziehen kann, oder wie Heinrich Gross durch die *Gnade der späten Strafverfolgung* verschont bleibt, macht ungehindert Karriere. Manche dieser Ärzte versuchen mit Erkenntnissen, die ohne *medizinische Massentötungen* nie hätten gewonnen werden können, zu wissenschaftlichem Ansehen zu gelangen.

In den psychiatrischen Anstalten geht die Arbeit weiter, als hätte es die *Euthanasie* nie gegeben. Ahnungslose Patienten werden von Schwestern und Pflegern betreut, die gestern noch Handlanger des systematischen Massenmordes waren.

Friedhofsstille lähmt die Aufarbeitung der Vergangenheit. Die Opfer sind ermordet, geflohen, gesundheitlich und wirtschaftlich ruiniert. Die Täter sind Akademiker, Wissenschaftler, nach kurzer Übergangszeit wieder *Götter in Weiß,* unbestrittene Autoritäten in Fragen von Volksgesundheit, medizinischer Ethik und Sozialpolitik. Als fünfzig Jahre danach mit der Diskussion um die Gentechnik die Frage auflebt, wo der Medizin Grenzen gesetzt sind, stehen viele von ihnen wieder in der ersten Reihe.

Tötungsmedizin. Aufbruch in die Zukunft

Dabei war die Kinder-*Euthanasie,* an der sie mitgewirkt haben, nicht irgendeine Nazi-Mordaktion unter vielen. Sie sollte das Modell der Zukunft sein, Durchbruch zu einer neuen Medizin, Übergang zu einer neuen Gesellschaft, Aufbruch zu einer ökonomischen und sozialen Neuordnung, in eine weltanschaulich geschlossene, rassisch homogene, sozial angepasste, leistungsorientierte und hierarchisch gegliederte Gesellschaft. Ein politisches System hat sich herausgenommen, unumschränkter Herr über Leben und Tod zu sein: Überleben darf nur, wer dazugehört, wer nützlich ist. Alles andere wird vernichtet: *Andersrassige* und *Gemeinschaftsfremde, Hilfsbedürftige* und *Ballastexistenzen, Asoziale* und *Unangepasste.*

- Es sind Ärzte, die dem Terror den Weg bereiten, dem System der *Auslese* und *Ausmerze* die wissenschaftliche Legitimation geben, die theoretische Grundlagen erarbeiten, Kriterien für die *Selektion* der Opfer festlegen, die gewalttätigen Strukturen der nationalsozialistischen Sozialpolitik prägen und damit den Weg Richtung *Endlösung* ebnen.

- Es sind medizinische Wissenschaftler, die menschenverachtende Begriffe wie *Defektmenschen, Ballastexistenzen* oder *leere Menschenhülsen* prägen, mit denen Behinderte diskriminiert und kriminalisiert werden.

- Es sind Genetiker und Psychiater, die ihre Verachtung für *lebensunwertes Leben* akademisch salonfähig machen, Leben zur Disposition stellen, unter Mitwissern das Klima der Legalität schaffen und die medizinische Tötung zum Normalfall werden lassen. In geschlossenen *Kinderfachabteilungen,* in denen sie totalitäre Macht ausüben, exekutierten sie den von ihnen vorbereiteten Übergang von der Asylierung zum Massenmord. Kinder und Jugendliche sind ihnen schutzlos ausgeliefert, werden nach Lebenstauglichkeit, Leistungsfähigkeit, Anpassungsbereitschaft und Wohlverhalten klassifiziert, zum Gegenstand wirtschaftlicher Rentabilitätsrechnungen erniedrigt.

- Es sind Ärzte, die Widerstand und Verweigerung mit dem Tod bestrafen. Es sind Ärzte, die jene sterilisieren, die nicht in die Gemeinschaft passen, die an *Gemeinschaftsfremden,* die trotzdem schwanger werden, zwangsweise Abtreibungen vornehmen.

Mit dem Verfahren gegen Heinrich Gross ist das Kapitel juristischer Aufarbeitung beendet. Jetzt sind die Zeitgeschichtler am Wort. Manches spricht dafür, dass ihre Bestandsaufnahme der Zeit zwischen 1945 und Jahrtausendwende weniger den Bruch als die Kontinuität gesellschaftlicher Entwicklungen belegen wird.

11. *Erwachsenen*-Euthanasie.
Schritt zur industriellen Vernichtung

Psychiatrie. Fortschritt mit fatalen Folgen

Die entscheidenden Impulse für Zwangssterilisierung und *Euthanasie* gehen ausgerechnet von der *Reformpsychiatrie* aus.[220] Bis Mitte der zwanziger Jahre wird die These von der *Erblichkeit* psychischer Krankheiten mit Asylierung beantwortet. Dann beginnt die von Hermann Simon, dem Leiter der Heil- und Pflegeanstalt Gütersloh, entwickelte *Aktivere Krankenbehandlung* die Psychiatrie in eine neue Richtung zu lenken. Das an sich fortschrittliche Konzept setzt auf Arbeitstherapie, bricht mit der Praxis bloßer Verwahrung, öffnet die Anstalten und macht die offene Fürsorge zur kostensparenden Alternative zu stationärer Behandlung.

Damit erhält die Sterilisierungsdebatte neue Nahrung. Bisher hat die dauernde Verwahrung in geschlossenen Einrichtungen psychisch Kranke von der Fortpflanzung ausgeschlossen. Nun fordern Wissenschaftler wie Professor Hans Luxenburger von der *Deutschen Forschungsgesellschaft für Psychiatrie,* die Entlassung aus der Anstaltsbehandlung von einer Sterilisierung der Patienten abhängig zu machen, um die therapeutischen Erfolge der Reformpsychiatrie künftigen Generationen nicht als „Danaergeschenk" in den Schoß zu legen.[221]

Viele Ärzte wollen auf gesetzliche Bestimmungen nicht erst warten. Sie beginnen damit, Anstaltspatienten ohne ihre Einwilligung zu sterilisieren, obwohl das strafrechtlich (noch) als Körperverletzung gilt. Das von den Nationalsozialisten im Juli 1933 beschlossene *Gesetz zur Verhütung erbkranken Nachwuchses* bedeutet daher keine wirkliche Zäsur in der Psychiatrie.[222]

Grenzziehung. Aus Kranken wird *Ballast*

Die Grenzen zwischen den einzelnen Patientengruppen sind von Ärzten gezogen, lange bevor Hitler an die Macht kommt. Die Psychiatrie unterscheidet auf der einen Seite zwischen erblich bedingten und durch äußere Einflüsse verursachten Leiden. Auf der anderen Seite zieht sie Trennungslinien zwischen therapiefähigen und therapieresistenten Anstaltsinsassen.

Die Frage nach der Vorbeugung gegen erbliche Folgeschäden ist mit der Zwangssterilisierung beantwortet. Die Frage, was mit den Therapieresistenten geschehen soll, wird in der Ärzteschaft emotional diskutiert. Die Erfolge der *Aktiveren Krankenbehandlung* haben das öffentliche Urteil über jene, die nicht auf Behandlungen ansprechen, spürbar verändert. Galten sie bisher (auch) als Opfer mangelnder therapeutischer Möglichkeiten, so haftet ihnen nun das Stigma der *Minderwertigkeit* an.[223]

Als Mitte der dreißiger Jahre die Einführung innovativer Therapieformen wie Hormonbehandlung, Fieberkuren, Insulin-, Cardiazol- und Elektroschockbehandlung der Psychiatrie neue Wege zu öffnen scheint, spitzt sich die Situation zu. Die Nichttherapierbaren in den überfüllten Anstalten werden zunehmend als *Ballast* empfunden, der dem wissenschaftlichen Fortschritt im Weg steht, die Behandlung der Therapiefähigen behindert und den Ablauf des Pflegealltags stört. Die *offene Fürsorge* ist während der Wirtschaftskrise aus Kostengründen zusammengebrochen.

Der Nationalsozialismus verschärft den Ausgrenzungsdruck und erschwert die Wiedereingliederung. Während der ersten sechs Jahre des Dritten Reiches steigt die Zahl der Anstaltspatienten um mehr als 80.000 auf 340.000. Zum ersten Mal in der deutschen Psychiatriegeschichte sind so viele Kranke in stationärer Behandlung. Gleichzeitig werden die Mittel für die Anstaltsbetreuung gekürzt.

Die Ärzteschaft sucht nach Auswegen. Öffentlich denkt sie über eine eingeschränkte Versorgung von Unheilbaren, über eine Trennung von Heil- und Pflegeanstalten – und über die Vernichtung *lebensunwerten Lebens* – nach. Die Anfang der zwanziger Jahre von dem Neuropathologen Professor Alfred Hoche und dem Strafrechtler Karl Binding begonnene Diskussion (siehe Seite 66 f.) wird Anfang der Dreißiger von Wissenschaftlern wie Professor Berthold Kihn, Ordinarius für Psychiatrie an der Universität Jena, weitergeführt.

Angesichts jährlicher Kosten von 150 Millionen Reichsmark für die „Unterbringung von Idioten" würde er der Vernichtung *lebensunwerten Lebens* „grundsätzlich getrost zustimmen", auch wenn „die

Schwierigkeiten der praktischen Durchführung außerordentlich groß" seien. Die Einführung der *Euthanasie* will Kihn von drei Bedingungen abhängig machen: der Unheilbarkeit des Patienten, seiner „völligen Hilflosigkeit" und der Einwilligung der Angehörigen.[224]

Vordenker. Die tödlichen Konzepte der *Reformärzte*

Als die *Euthanasie*-Diskussion konkrete Formen anzunehmen beginnt, schwankt die Psychiatrie zwischen Reformeuphorie und Existenzangst: Auf der einen Seite fürchtet die betroffene Ärzteschaft, die planmäßige Beseitigung der *Ballastexistenzen* könne die Anstaltspsychiatrie in ihrem Bestand bedrohen. Auf der anderen hofft sie, frei werdende Kapazitäten für den medizinischen Fortschritt und den Ausbau therapeutischer Maßnahmen nützen zu können. In dieser Situation ergreifen namhafte Vertreter des Reformflügels die Initiative. Von ihnen kommen die ersten konkreten Vorschläge, die *Euthanasie* zum Ausgangspunkt von Reform und Reorganisation zu machen.

Manche Überlegungen scheinen von verblendetem Idealismus geleitet. Ein „Wendepunkt der Psychiatrie" sei erreicht, der wissenschaftlich und therapeutisch neue Möglichkeiten eröffne und das Erscheinungsbild der Anstaltspsychiatrie grundlegend wandeln werde. Daneben führen die *Euthanasie*-Befürworter auch wirtschaftliche Argumente ins Treffen: Durch moderne Therapieformen könne die Arbeitskraft der Anstaltsinsassen nutzbar gemacht werden.

Im Kern aber laufen all die von Ärzten entwickelten Konzepte, die zwischen Führerkanzlei, der zuständigen Abteilung des Reichsinnenministeriums, der NS-Gesundheitsführung und Hitlers Beratern kursieren, auf das gleiche mörderische Ziel hinaus: Die Heilbaren (besser) therapieren, die Unheilbaren *ausmerzen*.

Komplott. Ein Massenmord wird geplant

Hitlers Vorstellungen kommen diese Überlegungen entgegen. Er denkt schon lange in dieselbe Richtung, wenn auch aus anderen Gründen. Mit den konkreter werdenden Kriegsvorbereitungen gewinnt die Beschaffung von Lazarettraum und die Freistellung von Ärzten und Pflegepersonal für die Versorgung von Soldaten an Bedeutung.

Während die *Euthanasie*-Ärzte in fortschrittsgläubiger Verblendung auf eine Verbesserung der Therapeutik und die unbegrenzten Möglichkeiten der Grundlagenforschung hoffen, die mit der Tötung von *Ballastexistenzen* und ihrer Degradierung zu *Versuchskaninchen* verbunden sind, sieht Hitler das Problem von der politischen und wirtschaftlichen Seite. Krieg kostet Geld. Warum nicht bei denen einsparen, die ohnedies nur *Ballast* sind?

Im Gegensatz zu den Wissenschaftlern, die immer offener über die Vernichtung *lebensunwerten Lebens* diskutieren, ist der Führer vorsichtig. Er schätzt den öffentlichen Widerstand realistisch ein, der sofort aufzubrechen droht, sollte sich die Diskussion aus universitären Zirkeln in die Öffentlichkeit verlagern.

Mehrfach erörtert er die brisante Frage mit seinen engsten Beratern. Dann entscheidet er sich für eine schnelle und „völlig unbürokratische Lösung" unter strengster Geheimhaltung. Staatliche Dienststellen sollen – so lange keine Rechtsgrundlage geschaffen ist – nicht eingeschaltet bzw. umgangen werden.

Als Hitler am 1. Oktober 1939 den auf 1. September rückdatierten *Euthanasie*-Befehl unterschreibt, weiß nur ein kleiner Kreis Bescheid. Unter Hinzuziehung bekannter *Euthanasie*-Befürworter und zuverlässiger Parteigenossen hat ein handverlesenes Gremium bereits im Sommer mit den Vorbereitungen für die Umsetzung des Massenmordes begonnen. Diesem gehören neben Martin Bormann, damals noch Stabsleiter in der Parteizentrale bei Hitlers Stellvertreter Rudolf Heß, dem Chef der Reichskanzlei Hans Heinrich Lammers und Reichsgesundheitsführer Leonardo Conti eine Reihe prominenter Ärzte an.

Die beiden *Euthanasie*-Beauftragten Karl Brandt und Philipp Bouhler treffen gemeinsam mit Herbert Linden vom Reichsgesundheitsministerium und Ernst Robert von Grawitz, dem Reichsarzt SS, dafür eine erste Auswahl. Kriterien sind – wahrscheinlich in dieser Reihenfolge – die politische Linientreue, das Ansehen in der Ärzteschaft, eine positive Haltung zur *Euthanasie* und eine radikale Einstellung in Fragen von *Eugenetik* und *Rassenhygiene*.

Tatsächlich ist es ein hochkarätig besetzter Kreis, der die Arbeit aufnimmt. Zu ihm zählen Professoren wie Max de Crinis aus Berlin, Werner Heyde aus Würzburg, Berthold Kihn aus Jena, Paul Nitsche von der staatlichen Anstalt Sonnenstein, Carl Schneider aus Heidelberg sowie die in der Kinder-*Euthanasie* engagierten Professoren Werner Catel aus Leipzig, Hans Heinze, Leiter der ersten *Kinderfachabteilung* in Görden-Brandenburg oder Hermann Pfannmüller, Leiter der *Kinderfachabteilung* Eglfing-Haar. Ergänzt wird die Runde durch stramme Nationalsozialisten wie Friedrich Mennecke oder publizistische Vorkämpfer der *Euthanasie* wie den Augenarzt und Schriftsteller Hellmuth Unger.

Bei den Zusammentreffen macht Brandt als ärztlicher Leiter des Programmes die Mitwirkenden mit dem *Euthanasie*-Befehl des Führers vertraut und schwört sie auf Geheimhaltung ein. Um der feindlichen Propaganda keine Angriffsflächen zu bieten, müsse mit der Verabschiedung eines Gesetzes noch zugewartet werden. Bis dahin habe Hitlers Erlass Gesetzeskraft.

Die Reaktion der Ärzte reduziert sich mit Ausnahme taktisch-hinhaltender Widerstände auf die Forderung nach einem „ausgefeilten medizinischen Bewertungsverfahren" für jene, die getötet werden sollen. Sonst werden „keine Einwendungen erhoben".[225]

Euthanasie-Gesetz. Realisierung nach dem *Endsieg*

In diesem auf 30 Personen erweiterten Kreis wird im Sommer 1940 auch der Gesetzesentwurf samt Durchführungsverordnungen für das *Euthanasie*-Programm diskutiert. Der erste Abschnitt befasst sich mit der *Tötung auf Verlangen,* der zweite mit der *Vernichtung lebensunwerten Lebens*. Kriterium für den *Lebenswert* ist – ähnlich wie bei der Kinder-*Euthanasie* – die „Fähigkeit zu produktiver Arbeit".

Reinhard Heydrich, Leiter des Sicherheitsdienstes der SS, versucht das Gesetz auf *Asoziale* auszudehnen. Das in seinem Auftrag ausgearbeitete *Gemeinschaftsfremdengesetz* sieht Zwangssterilisierung und Schutzhaft für alle von den Nazis zu Asozialen Erklärten vor. Entsprechend heißt der Entwurf zur Legalisierung des Massenmordes zeitweise *Gesetz über die Sterbehilfe für Lebensunfähige und Gemeinschaftsfremde.*

Als *gemeinschaftsfremd* gelten *Arbeitsscheue, gewohnheitsmäßige Schmarotzer, Alkoholiker, Drogenabhängige, sexuell Hemmungslose, Prostituierte, Abtreiberinnen* und *Straffällige* – zwei Prozent der Bevölkerung, somit rund 1,6 Millionen Menschen. Einige Historiker gehen davon aus, dass die *Endlösung der sozialen Frage* – die Ausrottung der gesamten *minderwertigen Unterschicht* – nur durch den Zusammenbruch des Dritten Reiches verhindert wird.[226]

Die Auswahl der zu Tötenden soll ein dreiköpfiges Gutachtergremium treffen, das von einem Reichsbeauftragten eingesetzt und kontrolliert wird. Als Berufungsinstanz sind Obergutachter vorgesehen.

Als der Entwurf im Herbst 1940 Hitler vorgelegt wird, schiebt dieser das Projekt auf die lange Bank. Er scheint die Widerstände vorauszuahnen und will die endgültige Entscheidung erst nach dem *Endsieg* treffen.

Das *Euthanasie*-Gesetz wird nie verabschiedet. Nicht einmal die zuständigen Ministerien sollen einen offiziellen Entwurf erhalten haben. Das Original des Gesetzentwurfs wird nach Kriegsende nicht gefunden. Wie er aussieht, lässt sich anhand von Stellungnahmen jedoch ziemlich genau rekonstruieren.[227]

Aussortierung. Vier Kategorien von *Ballastexistenzen*

Für die Durchführung des Tötungsprogrammes ist das Fehlen gesetzlicher Grundlagen kein Hindernis. Wie bei der Kinder-*Euthanasie* beginnt die Erfassung der Patienten mit Meldebögen, die am 9. Oktober 1939 – wenige Tage nach Unterzeichnung des *Euthanasie*-Befehls – an alle psychiatrischen Anstalten, Krankenhäuser und Pflegeheime für chronisch kranke Patienten verschickt werden. Die von Beamten und Ärzten der *Reichsarbeitsgemeinschaft Heil- und Pflegeanstalten* ausgearbeiteten Formulare und die beiliegenden Begleitschreiben sind so abgefasst, dass die Adressaten wissenschaftliches oder statistisches Interesse hinter der Aktion vermuten können. Misstrauisch müsste allenfalls machen, dass die Art der Arbeitsfähigkeit so genau erhoben wird. „Keine unbestimmten Angaben, wie Hausarbeit", steht auf den Meldebögen, „sondern eindeutige: Zimmerreinigung usw." Auf den Zweck der Aktion weisen auch vier Kategorien von Patienten hin, die gemeldet werden müssen:

- Nicht Arbeitsfähige, die an einer der folgenden Krankheiten leiden: Schizophrenie, Epilepsie, senile Erkrankungen, nicht therapierbare Paralyse und Lues-Erkrankungen, Schwachsinn jeder Ursache, Enzephalitis, Morbus Huntington und andere neurologische Endzustände;

- Patienten, die seit mindestens fünf Jahren ununterbrochen in klinischer Behandlung sind;
- Personen, die als geisteskranke Strafgefangene verwahrt werden;
- Patienten, die nicht „deutschen oder artverwandten" Blutes sind.

Ab Sommer 1940 müssen nicht nur jene gemeldet werden, die unter eine dieser Kategorie fallen, sondern alle Patienten von Kliniken, Heil- und Pflegeanstalten.

Die Rücksendung der Meldebögen verläuft von Anfang an schleppend. Viele Anstaltsleiter halten den *statistischen Papierkram* für nicht so wichtig. Oft sind die Angaben falsch, unvollständig oder irreführend. Manche Ärzte glauben, bei der Schwere der Krankheiten im Sinne ihrer Patienten übertreiben zu müssen, um sie so vor einer Entlassung zum Arbeitseinsatz zu bewahren.

Gutachter. Todesurteile im Minutentakt

Wie bei der Kinder-*Euthanasie* befindet ein Dreiergremium über Tod oder Leben, ohne die Patienten zu Gesicht zu bekommen und ohne Einsicht in die Krankengeschichten zu nehmen. Zwei Zeilen auf dem Meldebogen für die „Diagnose", zwei weitere für „Hauptsymptome" und einige anzukreuzende Zusatzangaben wie „bettlägrig", „sehr unruhig", „durchschnittliche Häufigkeit der Anfälle" oder „unsauber" müssen für die Beurteilung reichen.

Zum Unterschied von der Kinder-*Euthanasie* entscheiden die Gutachter unabhängig voneinander auf eigenen Bögen. Am linken unteren Ende malen sie in ein schwarz umrandetes Feld ein rotes Plus für *Tod* oder ein blaues Minus für *Leben*. Fragezeichen werden meist mit einem Kurzkommentar wie „Arbeiter?" versehen.

Angesichts der riesigen Stöße eingehender Meldungen, die in Hunderterblöcken zugeteilt werden, urteilen die Gutachter unter großem Zeitdruck. Hermann Pfannmüller nimmt einmal 2109 Beurteilungen innerhalb von 17 Tagen vor.

Auch sind die Gutachter in ihrer Entscheidung nicht ganz so frei, wie das Verfahren glauben macht. „Es wurde darauf hingewiesen, man solle bei der Begutachtung nicht kleinlich sein, sondern großzügig im Sinne der positiven Beurteilung", erinnert sich Friedrich Mennecke 1946 vor Gericht.[228] „Positive Bewertung" bedeutet Plus – und damit das Todesurteil.

118

Die Einzelentscheidungen der Gutachter werden anschließend einem Obergutachter vorgelegt, der sich der Mehrheitsbewertung so gut wie immer anschließt, obwohl er an die Vorgutachten nicht gebunden ist. Mit Heyde und Nitsche fungieren höchste Autoritäten der akademischen Psychiatrie als Obergutachter.

Bei der Suche nach Gutachtern müssen sich die Initiatoren anfangs auf den harten Kern der *Euthanasie*-Befürworter stützen. Versuche, Ordinarien der Psychiatrie für diese Aufgabe zu gewinnen, sind nur in Ausnahmefällen erfolgreich. An den Universitätskliniken gibt es keine Patienten mit einer Verweildauer von mehr als fünf Jahren. Den hier tätigen Professoren fällt es damit verhältnismäßig leicht, sich als „unzuständig" herauszuhalten.

Namensliste. Die Gutachter des Reichsausschusses

Die Anstaltspsychiater zeigen sich im Durchschnitt weniger ablehnend. Eine mit Schreibmaschine geschriebene Liste von Gutachtern enthält mehr als sechzig Namen:

Arnold *Assmussen,* (Forschung Görden), Ernst *Baumhardt,* Herbert *Becker* (Zentrale), August *Bender, Begusch,* Friedrich *Berner,* Hans *Bertha,* Kurt *Borm,* Heinrich *Bunke,* Max *de Crinis,* Irmfried *Eberl,* Klaus *Endruweit,* Valentin *Falthauser, Fehringer,* Hans Bodo *Gorgass,* Otto *Hebold* (Zentrale), Hanns Heinrich *Heene,* Ernst *Hefter,* Günther *Hennecke,* Werner *Heyde,* Erwin *Jekelius,* Walter *Kaldewey,* Berthold *Kihn,* Rudolf *Lonauer,* Friedrich *Mauz,* Friedrich *Mennecke, Müller,* Robert *Müller* (Zentrale), Günther *Munkwitz,* Paul *Nitsche,* Friedrich *Panse,* Hermann *Pfannmüller,* Kurt *Pohlisch,* Viktor *Ratka* (Zentrale), Hans-Joachim *Rauch* (Forschung Heidelberg), *Reisch,* Georg *Renno,* Rodenberg, Curd *Runckel* (Zentrale), Curt *Schmalenbach* (Zentrale), Walter *Schmidt,* Friedrich *Schmieder* (Forschung Heidelberg), Heinrich *Schmitz,* Ernst *Schmorl* (Forschung Heidelberg), Carl *Schneider,* Gustav *Schneider* (Zentrale), Arthur *Schreck,* Alfred *Schulz,* Wilhelm *Schumacher* (Forschung Görden), *Schumann, Sorger,* Theodor *Steinmeyer,* Erich *Straub* (Zentrale), Johannes *Suckow* (Forschung Heidelberg), Aquillin *Ullrich,* Werner *Villinger, Wagenknecht,* Carl Friedrich *Wendt* (Forschung Heidelberg), Gerhard *Wischer* (Zentrale), Hermann *Worthmann,* Theodor *Zucker.*

Ärztekommissionen. Lückenlose Überwachung

Aus dem Kreis dieser Gutachter werden jene Ärztekommissionen gebildet, die von Anstalt zu Anstalt reisen. Angeblich dienen die Besuche der medizinischen Kontrolle. In Wirklichkeit sind sie dazu da, Widerstände im Keim zu ersticken, das Verfahren zu beschleunigen und die lückenlose Durchführung der *Aktion T4* zu überwachen, wie das Unternehmen unter Anspielung auf die Adresse der Berliner Mordzentrale in der Tiergartenstraße 4 genannt wird.

Wenn Anstalten in Verzug geraten, nehmen die aus Berlin entsandten Kommissionen die Abfassung der Meldungen selbst in die Hand. Oft ist es ein einziger Arzt, von Medizinstudenten und Sekretärinnen begleitet, der nach kurzen Blicken in die Krankengeschichten die Meldebögen ausfüllt. Die Studenten wissen, was von ihnen erwartet wird. Dem Druck, möglichst viele Patienten durch *positive Bewertung* in den Tod zu schicken, geben sie noch schneller nach als die Ärzte.

Massentötung. Ein Apparat entsteht

Schon bei der Planung im Sommer 1939 geht man von 70.000 arbeitsunfähigen Dauerpatienten in den psychiatrischen Abteilungen aus, die Ziel der Vernichtungsaktion sein sollen. Dementsprechend muss der organisatorische Apparat wesentlich größer sein als bei der Kinder-*Euthanasie*. Das erschwert die Geheimhaltung. Also wird der eigens für diesen Zweck gegründeten *Arbeitsgemeinschaft Heil- und Pflegeanstalten* eine *Gemeinnützige Stiftung für Anstaltspflege* angegliedert, die als unverdächtiger Arbeitgeber auftritt.

Die kriegsbedingten Einschränkungen und Überwachungen des Kfz-Verkehrs erfordern eine weitere Tarnorganisation für die notwendige Verlegung der Opfer aus den psychiatrischen Anstalten in die Vernichtungszentren. Diese Aufgabe übernimmt die *Gemeinnützige Kranken-Transport-GmbH (Gekrat)*. Das Transportunternehmen der Berliner *Euthanasie*-Zentrale verfrachtet anhand von Namenslisten die Opfer in Busse, deren Fenster mit schwarzer Farbe übermalt sind. Krankengeschichten und persönliche Habseligkeiten werden den Patienten mitgegeben. Die Begleiter – Männer in weißen Kitteln und SS-Stiefeln – sind mit Sonderausweisen ausgestattet, mit denen Kontrollen ungehindert passiert werden können.

Wohin die Reise geht, wird geheim gehalten. Die Tötungszentren sind in ehemaligen Anstalten eingerichtet, die für diesen Zweck umgebaut wurden. Hitler selbst soll sich auf Kohlenmonoxidgas als Tötungsmittel festgelegt haben.

Experiment. Erste Vergasung vor ausgewähltem Publikum

Der Entscheidung zur Vergasung geht ein Experiment in Brandenburg voraus, wo Anfang 1940 die Tötung durch Injektionen mit der durch Kohlenmonoxid verglichen wird. Hitlers Leibarzt und *Euthanasie*-Beauftragter Karl Brandt ist damals noch Gegner der Vergasung, um den Anschein des medizinischen Tötens aufrechtzuhalten. Er selbst und Reichsgesundheitsführer Leonardo Conti geben bei dem Versuch die tödlichen Injektionen. Ein symbolischer Akt: Dem inneren Kreis soll verdeutlicht werden, dass sich die an oberster Stelle Verantwortlichen auch an der praktischen Umsetzung des Führerbefehls beteiligen.

Das Ergebnis des Versuchs fällt anders aus, als Brandt erwartet. Die mit verschiedenen Kombinationen von Morphium, Scopolamin, Curare und Zyanid vergifteten Patienten sterben langsam. Einige von ihnen müssen eine zweite Injektion erhalten. Die unter Aufsicht von Kriminalkommissar Christian Wirth in Brandenburg/Havel errichtete erste Gaskammer der Nazis aber funktioniert so perfekt, dass sie Vorbild für die weiteren Tötungseinrichtungen wird.

Die Patienten werden in einen *Duschraum* geführt, wo sie auf Sitzbänken Platz nehmen. Dann wird durch einen Ventilator Luft abgesaugt, während gleichzeitig Gas durch die vermeintlichen Wasserleitungen einströmt. Stolz demonstriert der soeben zum Anstaltsleiter ernannte Arzt Irmfried Eberl die Technik einem ausgewählten Publikum aus *Euthanasie*-Ärzten und Verwaltungsbeamten der Berliner *T4-Zentrale*. Durch Gucklöcher beobachten die Gäste das lautlose Sterben, das etwa zehn Minuten dauert. „Sie kippten einfach um, lagen auf den Bänken oder am Boden", berichtet einer der Zeugen nach Kriegsende vor Gericht. Alles sei völlig lautlos verlaufen. „Es gab keinerlei Szenen oder Tumulte."[229] Nach etwa einer halben Stunde wird der Raum gelüftet, bevor SS-Wachen die Leichen mit besonders konstruierten Bahren in die Verbrennungsöfen schieben.

Vor dem Versuch hatte Viktor Brack, Leiter der *Euthanasie-Abteilung II,* das Motto ausgegeben: „Die Spritze gehört in die Hand des Arztes." Jetzt adaptiert Brandt diese Anweisung, indem er betont, dass „nur Ärzte diese Vergasungen durchführen" sollten.[230] Der ursprüngliche Vergasungsgegner schwenkt demonstrativ um. Er erinnert sich an die persönliche Erfahrung einer Kohlenmonoxid-Vergiftung, bei der er „ohne etwas zu fühlen" das Bewusstsein verloren hatte, und erklärt die Vergasung zur „humansten Form des Tötens".

Vergasung. Entlegene Heime und Kliniken

Als die Entscheidung gefallen ist, werden im Eilverfahren *Vergasungseinrichtungen* samt den dazugehörigen *Krematorien* „in angemessener Kapazität" geschaffen. Das erste *Euthanasie*-Zentrum geht im Januar 1940 in Betrieb. Es entsteht auf Schloss Grafeneck, Kreis Münsingen in Württemberg in einem ehemaligen *Krüppelheim.* Als sich schon nach wenigen Monaten Widerstand zu regen beginnt, erfolgt Ende des Jahres die Verlegung nach Hadamar, Kreis Limburg.

In rascher Folge werden weitere Vergasungsanstalten adaptiert, die größten in Brandenburg an der Havel, Hartheim bei Linz a. d. Donau, Sonnenstein bei Pirna und Bernburg an der Saale. Gezielt haben die Vertreter des *Reichsausschusses* nach Kliniken, Altenheimen oder Gefängnissen gesucht, die von hohen Mauern umgeben oder durch die Art ihrer Anlage vor neugierigen Blicken geschützt sind. Ganz abschirmen aber lässt sich das Unternehmen nicht. Bauern auf ihren Feldern beobachten die Busse mit den übermalten Fenstern. Die Einwohner der Umgebung werden durch den beißenden Rauch der Krematorien gestört. Gerüchte entstehen.

Als sich die direkte Verschickung als zu auffällig herausstellt, beginnt man, die Patienten zuerst in *Beobachtungsanstalten* einzuliefern, bei denen es sich meist um große staatliche Krankenhäuser in der Nähe der Vernichtungsanstalten handelt. Hier verbringen die zur Vernichtung bestimmten Opfer meist nur wenige Tage, ohne beobachtet oder gar behandelt zu werden. Die Zwischenstation dient ausschließlich der Tarnung und der reibungslosen Organisation der Massentötung, die nicht mehr stoßweise, sondern nur in kontinuierlich *angelieferten* Kleingruppen erfolgen kann.

Die Exekutoren. Töten und fälschen

Während Planung und Administration der Vergasungen überwiegend in den Händen renommierter, älterer Ärzte liegen, werden für den Dienst in den Vernichtungsanstalten junge Mediziner rekrutiert. Irmfried Eberl ist 29, als er Leiter der Vernichtungsanstalt wird, sein Assistent Aquillin Ullrich 26. Die Organisatoren machen sich Unerfahrenheit, politische Begeisterung und Ehrgeiz ihrer jungen Kollegen zunutze.

Obwohl den Exekutoren in zynischem Kalkül erklärt wird, dass die „letzte Verantwortung" nach einer *Abschlussuntersuchung* bei ihnen liege, begnügen sich diese mit einem formalen Augenschein, der den medizinischen Anschein aufrechterhält, die Patienten über die wahren Vorgänge hinwegtäuscht und das eigene Gewissen beruhigt. Die wirkliche Aufgabe der *Euthanasie*-Ärzte erschöpft sich in der Überprüfung der Krankenblätter. Die jungen Mediziner wissen ja, dass namhafte Kapazitäten vor ihnen die „eingehende Begutachtung" durchgeführt haben. Zudem kommen die Anordnungen aus der nächsten Umgebung des Führers, was allen Beteiligten das Gefühl eigener Wichtigkeit gibt.

Die Ärzte sind nicht nur für das Aufdrehen der Gashähne, sondern auch für die Ausstellung falscher Totenscheine zuständig. Zur perfekten Tarnung stehen vorgefertigte Krankengeschichten über den Verlauf der letzten Tage und kurze Beschreibungen aller möglichen Todesursachen zur Verfügung.

Richtig fälschen lernen zählt zu ihren wichtigsten Aufgaben. Aufgrund des letzten Augenscheins müssen sie Todesarten diagnostizieren, die zu den Patienten passen. Meist lassen sich in den Krankengeschichten Hinweise finden: Lungenerkrankungen, Herzschwäche, Asthma … Um den Totenschein richtig ausfüllen zu können, gibt es schriftliche Anweisungen, die alle für die Plausibilität erforderlichen Details enthalten. So heißt es beispielsweise zum Thema Blutvergiftung: „Am zweckmäßigsten berechnet man vier Tage für die Grundkrankheit und fünf Tage für die nachfolgende Sepsis." Bei jungen, kräftigen Patienten seien für Grundkrankheit und Todesursache je „sieben bis acht Tage zu bemessen, da bei diesen Patienten der Kreislauf relativ widerstandsfähig ist".[231] Für Patienten, die sich besonders sauber halten, werden „andere Todesursachen" empfohlen.

Das Datum auf den Totenscheinen wird von den Ärzten nicht eingetragen. Das ist Aufgabe von *Sonderstandesämtern,* die in allen Vernichtungsanstalten eingerichtet werden, um Probleme mit uneinge-
weihten Behörden zu vermeiden. Besonders geschulte Standesbe-
amte verhindern anhand von *Zeitkarten* und *Sterberegistern,* dass
sich Todesfälle oder Diagnosen örtlich oder zeitlich häufen.

Für die Korrespondenz stehen eigene *Trostbriefabteilungen* zur Verfügung. Zuerst müssen die Angehörigen von der bevorstehenden
Umverlegung „in Folge kriegswichtiger Maßnahmen" verständigt
werden. Dann folgt die Nachricht von der „guten Unterbringung" in
der neuen Anstalt, in der Besuche aus Gründen, die „mit der Reichs-
verteidigung im Zusammenhang stehen" leider nicht möglich seien.
Zudem lasse der kriegsbedingte Personalmangel die Beantwortung
von Anfragen „vorübergehend nicht zu". Der dritte Brief enthält bereits die Todesnachricht und das Beileidsschreiben. Der Übersen-
dung der Urnen mit der Asche der Verstorbenen liegt ein Schreiben
bei, das die sofortige Einäscherung mit „Gründen der Volksgesundheit" erklärt. Dass es sich in keinem Fall um die richtige Asche handelt, wissen nur Ärzte und Hilfskräfte, die die Urnen mit der bei den
Verbrennungen anfallenden Asche willkürlich anfüllen.

Unterzeichnet werden alle Schreiben von den Dienst habenden Ärzten, allerdings mit falschen Namen. Zur Erledigung lästiger Nach-
fragen liegen Mustertexte von *Kurzgutachten* vor, in denen Aus-
kunft über Krankheitsverlauf und Todesursache gegeben wird.[232]

Aus der von Hitler gewünschten „völlig unbürokratischen Lösung"
ist innerhalb weniger Monate ein riesiger Apparat entstanden. Um
die Täuschung zu perfektionieren, muss eine Tarnmaßnahme durch
zwei weitere abgesichert werden, bis irgendwann die Übersicht verloren geht und Fehler passieren: Todesmeldungen von Patienten
werden verschickt, die sich wenig später wohlauf bei ihren Angehörigen melden. Bei Anstaltsinsassen, denen vor Jahren der Blinddarm
herausoperiert wurde, ist „Blinddarmentzündung" als Todesursache
eingetragen. Angehörige erhalten Urnen mit der Asche ihres „lieben
Verstorbenen" zweimal hintereinander zugestellt.[233]

Auch der Grundsatz der Geheimhaltung wird durchlöchert. Ein immer größer werdender Apparat bedeutet immer mehr Mitwisser und
immer mehr undichte Stellen. Tausende Menschen kommen in
irgendeiner Form mit der Durchführung oder Administration der

Massentötungen in Berührung. Gauleiter und andere Nazi-Persönlichkeiten dürfen Vergasungen beiwohnen. *Euthanasie*-Befürworter unter den Ärzten rühmen sich im Kollegenkreis der effizienten Methode, das „Idiotenproblem" zu lösen.[234]

Ärztliche Eiferer. Offensive für die Vernichtung

Während das tödliche Treiben hinter den Anstaltsmauern für immer mehr Menschen erkennbar wird und sich erster öffentlicher Widerstand zu formieren beginnt, treiben die *Euthanasie*-Ärzte ihr Projekt mit nahezu religiösem Eifer voran. Schritt für Schritt verändern sie das Selbstverständnis ihres Berufsstandes. Nicht mehr die Heilung des Einzelnen steht im Vordergrund, sondern die Heilung des *Volkskörpers* durch Ausrottung psychischer Krankheiten. Die Vernichtung von Menschenleben wird Teil der Therapie. Heilen und Vernichten bilden keinen Widerspruch mehr, sondern bedingen einander.

Aus der schlechten Ernährungslage während des Krieges leiten die Beteiligten ein moralisches Alibi ab. Wie schon im Ersten Weltkrieg muss auch diesmal zuerst bei den Unheilbaren gespart werden. Im Vergleich mit dem qualvollen Hungertod wird die *Euthanasie* von ihren Verfechtern als „geradezu humane Alternative" angepriesen. Dazu kommt ein Abstumpfungsprozess, der schon im Ersten Weltkrieg begonnen hat, als die Psychiatrie Symptome von *Kriegsneurotikern* mit gewalttätigen Therapien wie körperlicher Züchtigung, Isolationsfolter oder Scheinoperationen bekämpfte. Nach diesen Erfahrungen ist der Schritt zur Tötung nicht mehr so groß, wie er scheint.

Nach Kriegsende stellt Karl Brandt im Nürnberger Ärzteprozess die Frage von Gewissen und Verantwortung auf den Kopf. Das Gewissen der Ärzte sei auch dadurch belastet worden, dass sie „für das Weiterleben dieser Menschen" zu Lasten der Volksgemeinschaft „mitverantwortlich" gewesen seien.[235] So kurios diese Darstellung klingt, sie dürfte die Stimmung unter den *Euthanasie*-Ärzten ziemlich realistisch wiedergegeben haben, wie aus einem Brief hervorgeht, den Nitsche im August 1941 an Brandt geschrieben hat: „Die den Irrenärzten obliegende Verpflichtung, unzählige hoffnungslos unheilbare, verblödete, sich selbst zur Last fallende Menschenruinen am Leben zu erhalten" habe von jeher eine „schwere innere Belastung aller [...] gesund empfindenden Ärzte" bedeutet, heißt es da.

Für die Beteiligten ist der Massenmord der *Euthanasie* weder mit Aggression noch mit Schuldgefühlen verbunden. Nur das erklärt den Fanatismus, mit dem die beteiligten Ärzte das Projekt vorantreiben. Dass die Psychiatrie öffentlich in Misskredit gerät und mit Nachwuchsmangel zu kämpfen hat, führen sie nicht auf die Mordaktion, sondern auf deren Geheimhaltung zurück. Als Gegenmittel empfehlen sie, die „Handlungsspielräume" für „wissenschaftliche Forschung und verbesserte Therapieformen" sichtbar zu machen, die durch die Vernichtungsaktionen entstanden seien.

Welch irreale Züge der medizinische Fanatismus annimmt, geht auch aus einer Aktennotiz hervor, in der Nitsche seinem Kollegen Viktor Brack allen Ernstes vorschlägt, alle Psychiater über die „Grundlagen" der *Euthanasie*-Aktion zu unterrichten, um zu verdeutlichen, dass sich die psychiatrische Arbeit künftig „auf höherer Ebene abspielen und damit der ganze Berufsstand gehoben wird".[236] Die *Euthanasie*-Ärzte sind tatsächlich der Überzeugung, ihren Berufsstand durch Offenlegung des Mordprogrammes aufwerten zu können. Die Propaganda-Abteilung der Berliner *Euthanasie*-Zentrale trifft sogar Vorbereitungen für die Veröffentlichung. Auf Nitsches Vorschlag wird ein Dokumentarfilm gedreht, der die „ethische und moralische Notwendigkeit" der Aktion und ihre „gewissenhafte und menschliche Art der Durchführung nach streng wissenschaftlichen Richtlinien" verdeutlichen soll, wie es in einer Aktennotiz heißt.[237] Der für filmische Propaganda zuständige Hermann Schweninger verarbeitet Nitsches Vorstellungen zu einem Drehbuch. Zur Darstellung des *Ausscheidungsvorgangs,* der ursprünglich mit Trickaufnahmen hätte dargestellt werden sollen, wird in der Tötungsanstalt Sonnenstein eine Vergasung gefilmt.

Als das makabre Dokument der Selbststilisierung psychiatrischer Massenmörder zu heroischen Ärzte-Priestern fertig ist, kann es nur dem inneren Kreis vorgeführt werden. Hitler schätzt die Öffentlichkeitswirkung der *Euthanasie* realistischer ein als seine fanatischen Tötungsärzte. Konsequent verweigert er daher die gesetzliche Regelung der *Euthanasie,* die Voraussetzung einer Aufführung gewesen wäre.

Reformpsychiatrie. Mord als Grundlage

Während Partei und Regierung durch den öffentlichen Widerstand gegen das *Euthanasie*-Programm zunehmend in die Defensive geraten, versuchen *Euthanasie*-Psychiater die Möglichkeiten der Massentötung offensiv für die Verbesserung von Diagnostik und Therapeutik sowie für die Entwicklung neuer *Psychiatrie-Konzepte* zu nützen: Die Zahl der Patienten pro Anstalt soll gesenkt, die medizinische Betreuung verbessert, die Grundlagenforschung intensiviert werden.

In den Heil- und Pflegeanstalten Brandenburg-Görden und Wiesloch ermöglichen eigens eingerichtete Forschungsabteilungen die Nutzung des *menschlichen Experimentiermaterials*. Ausgesuchte Opfer mit besonderen Krankheitsbildern werden gewissenhaft untersucht und beobachtet, bevor man sie in Gaskammern ermordet, um ihre Hirne sezieren und anatomisch-histologisch auswerten zu können.

Auf der Grundlage der *Ausrottung* entsteht der Entwurf für ein *modernes Psychiatrie-Konzept,* das von einer Aufteilung der Patienten in unterschiedliche Anstalten ausgeht: Während untherapierbare Arbeitsunfähige in Tötungszentren sterben, soll die Arbeitskraft nicht mehr behandelbarer Arbeitsfähiger in eigenen Pflegeanstalten ausgebeutet werden. Die Leiter der wenigen echten Heilanstalten, die das Konzept vorsieht, dürfen dafür auf großzügige Unterbringungs- und fortschrittliche Therapiemöglichkeiten hoffen. Die psychiatrischen Kliniken sollen kleiner, moderner eingerichtet und finanziell besser dotiert werden.

Gleichzeitig fordern *Euthanasie*-Psychiater, die Anstaltsmauern durchlässiger zu machen. Heilanstalten sollten grundsätzlich in unmittelbarer Nähe städtischer Ballungsgebiete liegen, um die Besuchs- und Arbeitsmöglichkeiten zu erleichtern. Regelmäßiger Kontakt zu den Angehörigen und Probeurlaube sollen die Heilung fördern, ambulante Nachbehandlung und *offene Fürsorge* die Wiedereingliederung in Gesellschaft und Arbeitswelt erleichtern.

Eine skrupellose *Reformpsychiatrie* hat die Vernichtungspolitik zur Grundlage ihrer ehrgeizigen Pläne gemacht. Wieder sind Wissenschaftler Vordenker, Propagandisten und Wegbereiter der Genozidpolitik. Die berufsethischen Ideale des hippokratischen Eides sind nicht unter dem Druck des Nationalsozialismus zusammengebrochen. Im Gegenteil: Die Verformung des psychiatrischen Selbstverständnisses durch fanatische *Rassen-, Erb- und Auslesetheoretiker* macht die nationalsozialistische Genozidpolitik erst möglich. Nicht der Nationalsozialismus ist es, der die Medizin korrumpiert. Die Ärzte selbst treiben ihre biomedizinischen Utopien unter Einschluss der Ausrottung Behinderter und *Erbkranker* zur *Reinigung des Volkskörpers* voran. Sie machen die Verschmelzung von Heilen und Töten zum System. Die institutionellen Strukturen des Vernichtungsapparats werden nicht von Ideologen, nicht von Partei oder Regierung entwickelt, sondern von Medizinern, die sich ihre Tötungsbürokratie und ihre Mordwerkzeuge nach eigenen Vorstellungen formen.

Proteste. Ende der Geheimhaltung

Wenn tausende von einem Mordkomplott wissen, zehntausende etwas ahnen, hunderttausende Gerüchte hören, kann es nur eine Frage der Zeit sein, bis sich Widerstand regt. Dieser kommt von Angehörigen, die nicht an die rätselhafte Vermehrung der Todesfälle glauben, von beiden Kirchen und – zu einem geringen Teil – aus der Ärzteschaft.

Einzelne Psychiater versuchen, Sand ins Getriebe der Todesmaschinerie zu streuen, indem sie ihren Patienten helfen, der tödlichen Bürokratie zu entkommen. Falsche Diagnosen werden gestellt, Krankengeschichten und Meldebögen vernichtet, Kranke verschwinden oder werden als geheilt zu ihren Angehörigen entlassen. *Euthanasie*-Gegner unter den Ärzten sprechen sich untereinander ab, leisten sich gegenseitig Hilfe, binden Klinikpersonal in ihren stillen Widerstand gegen die Berliner Tötungsbürokratie ein.

Andere tun weiterhin, was sie für Pflichterfüllung halten, kritisieren jedoch das undurchsichtige Verfahren: „Wenn der Staat wirklich die Ausrottung dieser Kranken [...] durchführen will, müsste da nicht ein klares, vor dem Volk offen verantwortetes Gesetz verkündet werden, [...] ähnlich, wie das beim Gesetz zur Verhütung erbkranken Nachwuchses der Fall ist?", beschwert sich ein Anstaltsleiter im Reichsjustizministerium.[238]

Offenen Widerstand psychiatrischer Humanisten, die Gewissen vor

128

Karrieredenken stellen, gibt es nur in einzelnen Fällen. Jeder weiß, dass *politische Unzuverlässigkeit* das Ende der Karriere bedeuten kann. So muss etwa Karl Bonhoeffer, der offen Kritik am *Euthanasie*-Programm artikuliert, seinen Lehrstuhl an der Universität Berlin räumen, wo er durch das Partei- und SS-Mitglied Max de Crinis ersetzt wird.[239]

Gemeinsam mit seinem später als Märtyrer berühmt gewordenen Sohn beginnt der Arzt den kirchlichen Widerstand gegen das Tötungsprogramm zu schüren.[240] Bonhoeffers Vorbild ermuntert andere, wie etwa Professor Hans Gerhard Kreutzfeldt aus Kiel, der sich bei seinen Vorlesungen kein Blatt vor den Mund nimmt und die meisten Patienten seiner Anstalt dem Zugriff der *T4-Kommissionen* entzieht.

Zu den wenigen, die offen gegen das Programm des medizinischen Tötens auftreten, zählt Gottfried Ewald, Direktor der Universitätsnervenklinik Göttingen. Bei einer von Heyde im August 1940 nach Berlin einberufenen Planungskonferenz erhält er das Angebot, als *Euthanasie*-Gutachter tätig zu werden. Der überzeugte Nationalsozialist lehnt brüsk ab. Danach setzt er sich über Heydes Befehl zur Geheimhaltung hinweg und schickt seine Stellungnahme in Form einer Denkschrift an führenden Ärzte des *Reichsausschusses,* an den Landeshauptmann, den Dekan seiner Universität und den Direktor des *Berliner psychotherapeutischen Instituts,* Matthias Göring, zwecks Weiterleitung an dessen Vetter, Reichsmarschall Hermann Göring. In dieser Denkschrift stellt er in kursiver Hervorhebung die Frage: *„Wissen wir wirklich bei den vom Gesetz ins Auge gefassten Kranken, dass sie sämtlich unheilbar sind?"*[241]

Als er aus Berlin zurückkehrt, sagt er zu seiner Frau: „Ich muss ab heute damit rechnen, dass ich in ein Konzentrationslager abgeholt werde." Ewald bleibt unbehelligt. Zum Helden wird er nicht. Statt mit anderen gemeinsame Sache zu machen, die sich als Verbündete aufdrängen, zieht er sich zurück.

Vielleicht aus dem Gefühl sich mitschuldig gemacht zu haben, versteckt er nach dem Krieg *Euthanasie*-Ärzte, lässt sie in seiner Klinik arbeiten und nimmt sie vor Gericht in Schutz – aus „Pflichtgefühl" und „Menschenfreundlichkeit", wie seine Witwe meint. Ihr Mann habe gesagt: „Damit ändern wir die Sache auch nicht, dass so viele Personen nun leiden müssen."[242]

Widerstand regte sich auch unter den Ärzten kirchlicher Anstalten. Nur wenige aber legen sich, wie Kaspar Jaspersen, Chefarzt der psychiatrischen Anstalt in Bethel, offen mit den Vernichtungsbürokraten an. Jaspersen, seit 1931 Mitglied der NSDAP, lehnt das Ausfüllen der Meldebögen ab, weil er darin „Beihilfe zum Mord" sieht. Viele seiner Kollegen gehen den anderen Weg. Sie versuchen sich zu arrangieren, um so viele Patienten wie möglich retten zu können, während sie diejenigen ausliefern, die sie für unrettbar halten.[243]

Am schwersten wiegt wahrscheinlich der Protest der Bevölkerung. Familienmitglieder von Patienten schreiben empörte Briefe an Anstaltsleiter und Regierungsstellen, angesehene NS-Mitglieder intervenieren bei hoch gestellten Parteifreunden. Vereinzelt kommt es zu Demonstrationen aufgebrachter Bürger, die sich dem Abtransport von Kranken in den Weg stellen. So heißt es in einem Bericht des Sicherheitsdienstes der SS aus Absberg vom 1. März 1941, dass der Abtransport weiterer Insassen des Ottilienheimes „viel Unangenehmes hervorgerufen" habe und dass sich unter den empört Protestierenden auch „weinende Parteigenossen" befunden hätten.

Kirchlicher Widerstand. Hitler gibt nach

Während sich der Widerstand in der Ärzteschaft auf Einzelfälle beschränkt, beginnen die Kirchen gegen die *Euthanasie* zu mobilisieren. Anfangs noch unkoordiniert: Pastoren und Pfarrer protestieren von Kanzeln herab gegen das Mordprogramm. Einige werden dafür in Konzentrationslager gesperrt. Andere sind zu prominent oder verfügen über zu gute Beziehungen, um sich darüber Sorgen zu machen.

Geistliche Leiter von Heil- und Pflegeanstalten wie Bischof Fritz von Bodelschwingh in Bethel oder Paul-Gerhard Braune, Direktor der Anstalt Hoffnungstal in Berlin, versuchen ihre Kontakte in höchste Parteikreise zur Rettung ihrer Patienten zu nützen. Zu den wenigen Ärzten, die den Kirchenmännern Schützenhilfe leisten, gehört der Chirurg Ferdinand Sauerbruch, der sich vom Anhänger des Nationalsozialismus zu einem engagierten Kritiker der NS-Medizin gewandelt hat. Er ist auch dabei, als Bodelschwingh und Braune bei Reichsjustizminister Gürtner vorsprechen, um ihm Beweise für gesetzlich nicht gedeckte Massentötungen vorzulegen. Gürtner soll sich „ehrlich entsetzt" geäußert haben – was blieb dem obersten Hüter der Rechtsstaatlichkeit auch anderes übrig, wenn er nicht zugeben wollte, in die gesetzwidrigen Aktionen eingeweiht zu sein?

Braune ist es, der das ausführlichste Dokument des Widerstandes erstellt und Beweise für die „untragbaren Maßnahmen" anführt, die „die sittlichen Grundlagen des Volksganzen" untergraben und „das Vertrauen zu Anstalten, Ärzten und Behörden […] auf das Schwerste erschüttern." Die Tötung von 100.000 Menschen – so Braunes durchaus realistische Schätzung – sei „ein Notstand, der alle Kundigen bis aufs Tiefste erschüttert, die innere Ruhe vieler Familien zerstört" und sich zu einer „unabsehbaren Gefahr" auszuwachsen drohe.

Einen Monat nachdem das an Hitler adressierte Dokument in der Reichskanzlei abgegeben wird, führt ein von Heydrich persönlich unterzeichneter Haftbefehl zur Einweisung Braunes in das Gestapo-Gefängnis in der Prinz-Albrecht-Straße. Zehn Wochen später wird er freigelassen, unter der Auflage, keine weiteren Schritte gegen die Politik der Regierung zu unternehmen.[244]

Braune schweigt daraufhin. Die Kirche aber ist nicht mehr mundtot zu machen. Im Juli 1941 lassen Deutschlands Bischöfe einen Hirtenbrief von jeder katholischen Kanzel im Land verlesen, der die „Gewissensverpflichtung" beim Widerstand gegen die Tötung Unschuldiger bekräftigt. Anfang August holt Clemens Graf von Galen in seiner berühmt gewordene Predigt zu einem moralischen Befreiungsschlag aus, der die lange Zeit des Wegsehens, der stillschweigenden Duldung und der partiellen Konspiration vergessen macht. Jeder Bauer versteht, was der Bischof von Münster über die *Euthanasie*-Opfer sagt: „Sie sind wie eine alte Maschine, die nicht mehr läuft. Sie sind wie ein altes Pferd, das lahm geworden ist. Sie sind wie eine Kuh, die nicht mehr Milch gibt. Was tut man mit solch alter Maschine? Sie wird verschrottet. Was tut man mit einem lahmen Pferd, mit einem unproduktiven Stück Vieh? […] Wenn man den Grundsatz aufstellt […], dass man unproduktive Mitmenschen töten darf, dann wehe uns, wenn wir alt und altersschwach werden!" Die Gefahr bedrohe nicht nur jene, die im Produktionsprozess ihre Kraft und ihre gesunden Knochen eingebüßt hätten, sondern auch die „braven Soldaten, die als Schwerkriegsverletzte […] in die Heimat zurückkehren". Wenn dem Töten nicht Einhalt geboten werde, „ist keiner von uns mehr seines Lebens sicher". Galen schließt mit der Aufforderung, mit Menschen, die Unschuldige dem Tode überliefern, „jeden vertrauten Umgang" zu vermeiden, „damit wir nicht mitschuldig werden und somit anheim fallen dem Strafgericht, das der gerechte Gott verhängen muss und verhängen wird [...]"[245].

Die Aufforderung, die nationalsozialistischen Machthaber „auszustoßen" und der göttlichen Vergeltung zu überlassen, erfüllt nach dem Selbstverständnis des NS-Staates den Tatbestand des Landesverrats. Für Martin Bormann hat Galen „die Todesstrafe verdient"[246]. Der Bischof aber ist zu populär, als dass man ihn einfach verhaften lassen könnte. Zudem wird seine Predigt nicht nur in allen Kirchen verteilt, sondern von der britischen Luftwaffe als Flugblatt über deutschen Truppenstellungen abgeworfen. Ganz Deutschland und die halbe Welt blickt auf den mutigen Kirchenmann.

Für die Nationalsozialisten vielleicht noch schmerzhafter ist der Widerstand eines anderen Mannes: Werner Mölders ist als katholischer Pilot der Luftwaffe zum Kriegshelden geworden, dem Hitler eigenhändig die höchsten militärischen Auszeichnungen verliehen hat. Mölders protestiert nun in einem Brief an seine Vorgesetzten gegen die *Euthanasie* und droht damit, seine Orden zurückzugeben.[247] Die nationalsozialistischen Machthaber sehen sich vor die Wahl gestellt, entweder zwei der populärsten Männer Deutschlands einsperren zu lassen oder das Programm abzubrechen.

Am 26. Juni 1941 richtet der Präsident des Oberlandesgerichts Frankfurt a. M. einen Brief an den Reichsjustizminister, in dem es unter anderem heißt: „Eine sehr starke seelische Belastung für die Bevölkerung, namentlich in der näheren Umgebung von Heil- und Pflegeanstalten, bedeuten die bekannten Vorgänge in diesen Anstalten. So beobachtet man in Limburg und Hadamar die täglich zur gleichen Stunde durchkommenden Transporte nach der Liquidationsanstalt Hadamar, die mitunter bis zu sechs große Kraftwagen umfassen und deren Insassen häufig sichtbar werden, da sie die Verspannung an den Fenstern auseinander zerren, mit Anteilnahme. Ähnliches gilt für den Rheingau, wo sich die Heil- und Pflegeanstalt Eichberg befindet."[248] Ende August 1941 gibt Hitler Brandt die mündliche Anweisung, die *Aktion T4* einzustellen. Der Massenmord an geisteskranken Patienten aber hört damit nicht auf.

Wilde *Euthanasie*. Mord wird Privatsache

Mit dem Ende des *Euthanasie*-Programmes sind die Anstaltsärzte von dem Druck befreit, *lebensunwertes Leben* vernichten zu müssen. Die Vergasungen werden eingestellt, die meisten Gaskammern demontiert. Nur inoffiziell lässt das Regime durchblicken, dass sich an seinem Standpunkt *unnützen Essern* gegenüber nichts geändert hat.

Die *Euthanasie* ist nur aufgeschoben, nicht aufgehoben. Die Gaskammern in Bernburg, Sonnenstein und Hartheim bleiben aufgrund entsprechender Befehle betriebsbereit. Die anderen werden nicht zerstört, sondern in den Osten transportiert, wo sie wenig später wieder zum Einsatz kommen. Die der Reichskanzlei unterstellte Berliner Mordzentrale ist aufgelöst. Die Deportationen von psychisch Kranken aber werden fortgesetzt, nur dass die Administration der Todesfälle jetzt wieder in die Kompetenz der medizinischen Abteilungen im Reichsinnenministerium fällt, wo ehemalige *T4-Gutachter* in Führungspositionen neue Verwendungen finden. Das Personal der Tötungszentren wird nicht entlassen und darf damit rechnen, spätestens nach Kriegsende wieder Verwendung zu finden. Die *Euthanasie* von *Ballastexistenzen* ist nicht mehr Programm, aber jeder weiß, dass sie weiter gewünscht und von oben gedeckt wird. Jetzt sind die Mediziner auf sich gestellt. Die Nagelprobe für die deutsche Ärzteschaft wird zum moralischen Offenbarungseid. Das Morden geht weiter, diesmal ohne Befehl von oben und ohne juristische Deckung. Die vage Vorstellung vom Führerwillen genügt, den Rhythmus der Vernichtung aufrechtzuerhalten.

Als das Alibi der Pflichterfüllung fällt, wird der Enthusiasmus der *Euthanasie*-Ärzte sichtbar. Das Töten ist nicht zu Ende. Es wird nur von der Gaskammer zurück ins Krankenbett verlegt. Die *Sterbetherapie* besteht wieder in Nahrungsentzug, Tabletten und Spritzen (Morphium, Luminal, Trional u. Ä.). Ihre Durchführung erfolgt heimlicher, individueller und in alleiniger Verantwortung der beteiligten Ärzte, die vom verlogenen Ritual der *Begutachtung* befreit sind.

In Hadamar schlägt die große Stunde des Adolf Wahlmann. Der 1933 pensionierte, fanatische *Euthanasie*-Arzt, seit 1940 wegen Ärztemangels reaktiviert, wird im August 1942 Chefarzt der berüchtigten *Euthanasie*-Anstalt. Unter seiner Leitung schnellt die Zahl der Todesfälle sprunghaft in die Höhe. Unter seiner Aufsicht werden die Kranken serienweise *selektiert* und *abgespritzt,* wie das im Krankenhausjargon zynisch heißt. Von August 1941 bis März 1945 verzeichnet das Sterberegister von Hadamar 4159 in der Anstalt verstorbene *Patienten.*[249]

Auch in Eichberg beschleunigt sich das Tempo des Tötens. Hier arbeitet mit Friedrich Mennecke einer der skrupellosesten Ärzte der nationalsozialistischen Vernichtungsmaschinerie. Seit August übt er neben seiner Tätigkeit in der *Euthanasie*-Anstalt das Amt des Kreisbeauftragten des *Rassenpolitischen Amtes der* NSDAP aus. Im Rahmen der *Aktion T4* führt er *Selektionen* in psychiatrischen Anstalten durch. Danach ist er bei der *Aktion 14f13* für Selektionen in den Konzentrationslagern zuständig, in denen kranke und nicht arbeitsfähige Häftlinge für die Gaskammer *aussortiert* werden.

Als nach Einstellung der *Aktion T4* das lästige Hindernis der *Begutachtung* beseitigt ist, beschleunigt sich unter Menneckes Leitung das Tempo des Tötens auf dem Eichberg. Statt wie bisher ein Zehntel der Patienten wird ab sofort die Hälfte ermordet. Im Register des Standesamtes Erbach sind von 1941 bis 1945 2722 Todesfälle registriert.

Nach Kriegsende erklärt Mennecke vor Gericht, er habe am Ende der *Aktion T4* gehört, „dass es nicht unerwünscht sei, wenn der eine oder andere Arzt in den Anstalten […] bereit sei Patienten zu töten, durch Einspritzung oder Überdosierung, wenn er von dessen Auslöschung überzeugt sei. Dieser Vorgang würde dann ohne jede Norm und ohne jedes Verfahren erfolgen.“[250]

Als SS-Obersturmführer Mennecke 1943, nach einem Streit mit dem zuständigen Dezernenten Landesrat Fritz Bernotat als Truppenarzt zur *Frontbewährung* geschickt wird, kann er auf eine unglaubliche Leistung im Sinne der nationalsozialistischen Politik der *Auslese* und *Ausmerze* zurückblicken: An die 2500 Menschen sind seiner Gutachtertätigkeit im Rahmen der *Aktion T4* zum Opfer gefallen, eine ähnlich hohe Zahl dürfte er im Rahmen der *wilden Euthanasie* auf dem Gewissen haben.

Unter seinem Nachfolger am Eichberg, Oberarzt Walter Eugen Schmidt, ändert sich wenig, auch wenn der neue Anstaltsleiter das von seinem Vorgänger vorgegebene Vernichtungstempo nicht einhalten kann. Nach Kriegsende werden Mennecke und Schmidt zum Tod verurteilt. Zur Exekution kommt es nicht. Mennecke nimmt sich fünf Wochen nach der Urteilsverkündung selbst das Leben, Schmidt wird begnadigt und ist 1953 wieder frei.[251]

Weil es vom Töten auf eigene Rechnung keine Aufzeichnungen gibt, lässt sich die Opferzahl kaum abschätzen. Fest steht nur, dass die Sterblichkeitsrate der Behinderten durch das Ende des *Euthanasie*-Programmes kaum zurückgeht. In den leergemordeten Anstalten wird mehr Raum frei, als für Kriegslazarette benötigt wird. Schulverwaltungen, unterschiedlichste Ämter und öffentliche Einrichtungen streiten sich um die Nutzung der Gebäude.

Die Kinder-*Euthanasie* läuft in verstärktem Umfang weiter. Das Programm ist weniger auffällig. Es erfordert weder überstrichene Busse noch entwickelt es den beißenden Rauch, wie er bei Massenverbrennungen im Anschluss an die Vergasung anfällt.

Die Altersgrenze wird hinaufgesetzt, beträgt zuletzt sechzehn bis siebzehn Jahre. Jugendliche Insassen von Pflegeheimen, die mit Glück den Gaskammern der *T4-Aktion* entkommen sind, sterben anschließend in *Kinderfachabteilungen* durch die *Behandlung* von *Euthanasie*-Ärzten.[252]

12. Konzentrationslager.
Medizin und Massenvernichtung

Schutzhaft. Staatsfeinde werden ausgesondert

Die Errichtung von Konzentrationslagern beginnt unmittelbar nach der Machtergreifung. Am 20. März 1933 werden die ersten Häftlinge in Dachau interniert. Der im Juni 1933 vom Reichsführer SS Heinrich Himmler zum Kommandanten ernannte SS-Gruppenführer Theodor Eicke erlässt im Oktober „zur Aufrechterhaltung von Zucht und Ordnung" eine *Disziplinar- und Strafandrohung für das Gefangenenlager,* die neben Arrest und Prügelstrafe auch die Erhängung von *Schutzhäftlingen* „kraft revolutionären Rechts" enthält. Er entspricht damit Himmlers Wunsch, die Lager als *Bezirke eigenen Rechts* außerhalb der Strafgesetze und der ordentlichen Strafjustiz zu organisieren.[253]

Grundlage für die Einweisung in Konzentrationslager ist eine unmittelbar nach dem Reichstagsbrand vom 28. Februar 1933 erlassene *Verordnung des Reichspräsidenten zum Schutz von Volk und Staat.* Diese ermächtigt die zuständigen Behörden, zur Bekämpfung terroristischer Bestrebungen die *Schutzhaft* als das „wirksamste Mittel im Kampf gegen den Staatsfeind" einzusetzen. In den meist auf Initiative örtlicher NS-Führer entstandenen Konzentrationslagern sind anfangs vor allem politische Gegner des NS-Systems interniert.

Im Frühjahr 1937 ändert sich das. Aufgrund einer durch das Kriminalpolizeiamt erstellten Liste werden 2000 Berufs- und Gewohnheitsverbrecher im gesamten Reichsgebiet festgenommen und in die Konzentrationslager Sachsenhausen, Sachsenburg, Lichtenburg und Dachau eingewiesen. Im Dezember ermöglicht ein Erlass des Reichsministers des Inneren, die *polizeiliche Vorbeugehaft* auf Personen auszudehnen, die „durch ihr asoziales Verhalten die Allgemeinheit gefährden". Von jetzt ab werden auch *Volksschädlinge* wie Bettler, Prostituierte, Homosexuelle, Alkoholiker, Raufbolde, Verkehrssünder, Bibelforscher (die Zeugen Jehovas wegen ihrer pazifistischen Einstellung) und so genannte *Psychopathen* – darunter fallen auch Querulanten und politisch Unzuverlässige – interniert.[254]

Ein Identifizierungssystem mit Stoffdreiecken verschiedener Farben wird eingeführt: Rot für politische Häftlinge, Lila für Bibelforscher, Schwarz für Asoziale, Grün für Kriminelle, Rosa für Homosexuelle, Blau für Rückwanderer. Juden müssen zusätzlich ein gelbes Dreieck tragen.[255]

KZ-Betriebe. Ausbeutung durch Zwangsarbeit

Als Generalbauinspektor Albert Speer 1938 das Bauprogramm für die Reichshauptstadt und Führerbauten in anderen deutschen Großstädten wie München, Nürnberg oder Weimar in Angriff nimmt, wird die Idee geboren, die Arbeitskraft der KZ-Insassen wirtschaftlich zu nutzen. Die SS gründet die *Deutsche Erd- und Steinwerke GmbH* (DEST), die Ziegelwerke in Sachsenhausen und bei Buchenwald errichtet. In Mauthausen, Flossenbürg, Groß-Rosen und Natzweiler werden Konzentrationslager eingerichtet, um die dort befindlichen Steinbrüche zu betreiben.

Aus wirtschaftlichem Interesse versucht die Regierung, die Zahl der *Schutzhäftlinge* zu erhöhen. An die Polizeidienststellen des gesamten Reichsgebiets ergeht die Anordnung, weitere *Asoziale* und *Gewohnheitskriminelle* einzuliefern. Tatsächlich wächst die Zahl der Internierten rasch an: Im Frühjahr 1938 liefert das angeschlossene Österreich die als Zwangsarbeiter benötigten *Staatsfeinde*. Ab Herbst sorgt der Überfall auf die Tschechoslowakei für Nachschub. Nach der von langer Hand vorbereiteten Pogromnacht vom 9. zum 10. November, die unter der verharmlosenden Bezeichnung *Reichskristallnacht* in die Geschichte eingeht, beginnt die Einlieferung von Juden. Die meisten von ihnen werden nach wenigen Wochen mit der Verpflichtung entlassen, aus Deutschland auszuwandern. Die Zahl der KZ-Häftlinge reduziert sich damit von 60.000 im November 1938 auf 25.000. Mit Kriegsbeginn aber steigt sie wieder sprunghaft an.

Aufgrund der zunehmenden wirtschaftlichen Bedeutung der Zwangsarbeit wird die ursprünglich beim SS-Führungshauptamt gelegene Zuständigkeit für die Konzentrationslager dem SS-Wirtschaftsverwaltungshauptamt übertragen. Führenden deutschen Großbetrieben, vor allem der Rüstungsindustrie, werden Zwangsarbeiter aus den Konzentrationslagern gegen Entgelt zur Verfügung gestellt. Unternehmen wie die I. G. Farben, Großproduzent kriegs-wichtiger chemischer Erzeugnisse, die Hermann-Göring-Werke (Kohlebergbau) oder Siemens & Schuckert (Elektroteile) errichten leistungsfähige Produktionsstätten innerhalb des kilometerlangen Netzwerkes von Außenlagern. Die I. G. Farben feiert im September 1942 die Eröffnung ihres eigenen Konzentrationslagers in Mono-witz (Nebenlager von Auschwitz).[256]

Um die Arbeitskraft der Häftlinge zu steigern, werden Haftbedin-gungen und Lebensmittelversorgung vorübergehend besser. Bei be-sonderem Fleiß dürfen die Internierten auf Vergünstigungen – Ziga-retten, kleine Geldbeträge oder Besuche im Lagerbordell – hof-fen.[257]

Die Idealisierung der Arbeit ist Teil des nationalsozialistischen My-thos. Ausgerechnet Eicke dürfte Erfinder jener durchaus ernst ge-meinten Parole sein, die Dachau und dann den Eingang von Ausch-witz ziert: „Arbeit macht frei".[258]

In Wirklichkeit passiert das Gegenteil: die Vernichtung menschli-chen Lebens durch Arbeit. „Wenn alle verwendbare Energie aus den Häftlingen herausgepresst war, wurden sie nach Birkenau transpor-tiert, wo die SS sie für das Recycling in die deutsche Kriegswirt-schaft aufbereitete: Goldzähne für die Reichsbank, Haare für die Matratzenherstellung […] Selbst die Klagerufe der Verurteilten wurden noch benutzt, um die verbliebenen Häftlinge zu größeren Arbeitsanstrengungen zu treiben"[259], schreibt Benjamin Ferencz in *Lohn des Grauens*.

Die Entscheidung zur *Endlösung der Judenfrage* trifft Hitler Anfang 1941. Im Frühjahr lässt er erste Vorbereitungen für den organisier-ten Massenmord treffen. Die im Winter fertiggestellten Konzentra-tionslager in Chelmno (Kulmhof), Belzec, Sobibor und Treblinka sind als Vernichtungslager konzipiert, in Majdanek und Auschwitz werden Zwangsarbeit und fabrikmäßiger Massenmord miteinander verbunden.[260]

Die Zweiteilung der Aufgaben führt zu Auseinandersetzungen innerhalb der SS-Spitze. Das Wirtschaftsverwaltungshauptamt (WVHA) ist vor allem an einer ertragreichen Ausbeutung der Arbeitskraft interessiert. Das Reichssicherheitshauptamt dagegen hat nur ein Ziel: die möglichst rasche Vernichtung aller Juden.[261]

Im Juli 1941, neun Monate vor der Wannsee-Konferenz, erhält

Heydrich als Chef des *Reichssicherheitshauptamtes* den Befehl von Reichsmarschall Hermann Göring, alle für die *Endlösung* erforderlichen „Vorbereitungen in organisatorischer, sachlicher und materieller Hinsicht" zu treffen. Fast gleichzeitig wird der in Dachau zum Lagerkommandanten von Auschwitz ausgebildete SS-Obersturmbannführer Rudolf Höß von Himmler informiert und zu strengster Verschwiegenheit verpflichtet. „Wegen der günstigen verkehrstechnischen Lage" und weil sich das Gebiet „leicht absperren und tarnen lässt", sei Auschwitz als „zentrale Einrichtung der Vernichtungsaktion" ausgewählt worden.[262]

Vernichtung. Erfahrung der *Euthanasie* nützen

Im Frühjahr 1941 dehnt der Arzt Viktor Brack als Leiter der *Euthanasieabteilung II* – offenbar auf Anregung Himmlers – den *Euthanasie*-Befehl des Führers auf die Tötung ad hoc *selektierter* KZ-Häftlinge aus. Unter dem Aktenkürzel *14f13* fallen 10.000 Lagerinsassen der *Sonderbehandlung* zum Opfer. *14f* steht als Aktenbezeichnung für den Tod eines KZ-Häftlings, *13* für die Todesart: Gas.[263]
Die von Ärzten entwickelte *Euthanasie* wird damit übergangslos auf die Vernichtung von KZ-Häftlingen übertragen. Installation und Betrieb der Tötungsapparate finden unter Leitung des polizeilichen Vergasungsexperten Christian Wirth statt, der diese Funktion schon in den *Euthanasie*-Zentren von *T4* innehatte.[264]
Auch bei der *Aktion Reinhard* greift die SS-Führung auf die Erfahrungen der *Euthanasie*-Spezialisten zurück. Für die Massenvergasungen polnischer Juden in Belzec, Sobibor und Treblinka ist den Verantwortlichen die Verwendung von Kohlenmonoxid zu teuer. Also lassen sie *Gaswagen* bauen, bei denen die Auspuffgase in den verschlossenen Passagierraum geleitet werden. Als das Morden damit nicht schnell genug geht, werden in den Konzentrationslagern Vergasungsräume errichtet, in die Abgase eines eigens installierten Dieselmotors geleitet werden.
Im August 1941 gibt Hitler dem Druck von Angehörigen der Opfer, einzelnen Ärzten und Vertretern der Kirchen nach, die gegen die *Euthanasie* protestieren. Er lässt die *Aktion T4* einstellen. Das Personal der *Euthanasie*-Zentralen aber wird weiter beschäftigt. Nur kurze Zeit wartet es auf neue Aufgaben. Dann sind die Vergasungs- und

Verbrennungsexperten in neuer Funktion untergebracht: bei Massenvernichtungen in den Konzentrationslagern.

Angesichts der schlechten Erfahrungen mit Erschießungskommandos bei Massenliquidationen will die SS-Führung die erprobte *Euthanasie*-Methode beibehalten. Adolf Eichmann, Leiter des *Judenreferats* im Reichssicherheitshauptamt, erinnert sich im Gespräch mit dem Lagerkommandanten von Auschwitz an „grauenhafte Szenen" und „panikartige Reaktionen" bei Mitgliedern eines Erschießungskommandos, das Frauen und Kinder hatte *liquidieren* müssen.[265]

Im Herbst 1941 weist SS-Polizeiführer Erich von dem Bach-Zelewski Heinrich Himmler, dem bei Massenerschießungen selbst übel wird, auf die katastrophalen Folgen für die Mannschaft hin: „Sehen Sie in die Augen der Männer, wie erschüttert sie sind", fordert er nach einer gemeinsam überwachten Exekution. „Solche Männer sind fertig für ihr ganzes Leben. Was züchten wir uns damit für Gefolgsmänner heran? Entweder Nervenkranke oder Rohlinge."[266]

Die Erfahrung bestätigt ihn. Im Anschluss an Erschießungen mehren sich Alkoholexzesse und Selbstmorde unter jenen, die das „Waten im Blut" nicht ertragen können.[267]

Bach-Zelewski zählt auch dazu. Nach einer von ihm geleiteten Erschießung von Juden wird er mit einem Nervenzusammenbruch ins SS-Lazarett Hohenlychen gebracht. „Er schreit nachts auf und verheddert sich in Halluzinationen", hält Reichsarzt SS Grawitz in einem Vermerk fest.[268]

Konsequenz aus diesen Erfahrungen ist, dass für Massentötungen nur Gas in Frage kommt. Eichmann selbst macht Höß mit der von *Euthanasie*-Ärzten erprobten Kohlenmonoxid-Vergasung vertraut. Weil diese technisch aufwändig und teuer ist, beginnt die Suche nach einem billigeren, leichter anzuwendenden Gas.[269]

Während sich Höß auf Dienstreise befindet, führt sein Stellvertreter Karl Fritzsch „aus eigener Initiative" Experimente an russischen Kriegsgefangenen mit *Zyklon B* durch, das in der Hausapotheke von Auschwitz gelagert ist. Er kommt dabei zu ähnlichen Ergebnissen wie Bruno Tesch, Inhaber der Firma Tesch & Stabenow (TESTA), die das von der *Deutschen Gesellschaft für Schädlingsbekämpfungsmittel* erzeugte Gas zur Bekämpfung von Nagetieren und Insekten vertreibt.[270] Lagerkommandant Rudolf Höß ist erleichtert: „Mir graute immer vor den Erschießungen", gibt er nach Kriegsende zu Protokoll. „Nun war ich doch beruhigt, dass uns allen diese Blutbäder erspart bleiben sollten und dass auch die Opfer bis zum letzten Moment geschont werden konnten."

Selektion an der Rampe. Der Weg ins Gas

Was in Auschwitz passiert, wird im Nürnberger Ärzteprozess, in zwei Auschwitz-Prozessen, in Verfahren vor dem Obersten Gericht der DDR und in einer Reihe von Einzelprozessen ausführlich dokumentiert. Die Aussagen von Opfern und Tätern lassen keinen Zweifel offen. Sie stimmen bis in kleinste Details überein. Unterschiedlich ist nur die Wertung dessen, was da minutiös beschrieben wird. Die Täter wollen nie eigenverantwortlich gehandelt, immer nur Befehle ausgeführt, immer nur als subalterne Rädchen im nationalsozialistischen Getriebe ihre Pflicht erfüllt haben. Die Opfer erinnern sich vor allem an die mörderische Willkür der Einzelnen.

In Auschwitz wird die Arbeitskraft der Internierten ausgebeutet, bevor man sie ermordet. Schon bei ihrer Ankunft werden die Arbeitsunfähigen ausgesondert. Auf Anordnung von Reichsarzt SS Ernst Robert von Grawitz dürfen diese _Selektionen_ an der berüchtigten Rampe ebenso wie die täglichen _Selektionen_ innerhalb der Lager ausschließlich von Ärzten vorgenommen werden. Wie bei der _Euthanasie_ ist damit Medizinern die Aufgabe übertragen, Menschen nach ihrem wirtschaftlichen Nutzwert einzustufen und _Ballastexistenzen auszumerzen._[271]

Dass mit der _Selektion_ nicht das Aussondern einiger weniger gemeint ist, geht aus einem Fernschreiben des Reichssicherheitshauptamtes an den Reichsführer SS Heinrich Himmler vom 16. 12. 1942 hervor, das die Ankunft von 45.000 Juden in mehreren Transporten ankündigt, die aus dem Ghetto Theresienstadt und dem Bezirk Bialystock verlegt werden: „Bei Anlegung eines zweckmäßigen Maßstabes fallen bei der Ausmusterung der ankommenden Juden in Auschwitz mindestens 10.000 bis 15.000 Arbeitskräfte an."[272]

Die Einstufung von mehr als einem Viertel der Ankömmlinge als „arbeitsfähig" ist eher Ausnahme als Regel. In den meisten Fällen ist der Prozentsatz kleiner. Sind die Lager voll, wird auch ein ganzer Transport direkt in die Gaskammern geführt.

Die Organisation der Judentransporte in das Vernichtungslager Auschwitz ist minutiös geplant. Spätestens drei Tage vor Eintreffen verständigt das Reichssicherheitshauptamt fernschriftlich die Kommandatur des Konzentrationslagers. Diese informiert die Politische Abteilung, die Abteilung Verwaltung, die Fahrbereitschaft, den Wachsturmbann und den Standortarzt. Der legt mit Dienstplan fest, welche Lagerärzte die *Selektion* an der Rampe übernehmen.

Die ankommenden Züge werden im Güterbahnhof Auschwitz abgefertigt und anschließend auf das Anschlussgleis geschoben, das von der Hauptstrecke Kattowitz-Auschwitz-Krakau auf das freie Feld in die Nähe des Stammlagers führt. Dort wird die *menschliche Fracht* an einer 500 Meter langen Holzrampe (die 1943 betoniert wird) *entladen.*

Beim Transport herrschen grauenvolle Zustände. Die Inhaftierten kommen völlig entkräftet an. Ohne Nahrung und Wasser sind bis zu 100 Personen in jedem der geschlossenen Viehwaggons zusammengepfercht. Wenn der Zug geräumt wird, bleibt ein Teil einfach liegen. Einige sind unterwegs gestorben, andere so schwach, dass sie sich nicht mehr erheben können. Routinearbeit für die Sondereinheit: Die Toten werden für den Abtransport auf Haufen gestapelt, die kaum mehr Lebenden unter Prügel auf Lastkraftwagen verladen, die sofort Richtung Gaskammern abfahren.

Die tödlichen Transportbedingungen sind Teil des Kalküls. Die Ankommenden sollen gebrochen, zu keinem kritischen Gedanken fähig sein, apathisch allen Anweisungen folgen, widerstandslos den Weg ins Gas antreten.[273]

Die Rechnung geht auf. Wer noch stehen kann, befolgt fast mechanisch die Befehle. In Kompaniestärke haben bewaffnete Schergen vom *SS-Wachsturmbann* in knapp 100 Meter Abstand einen dicht geschlossenen Ring rund um die Rampe gebildet. „Alles raus." „Gepäck im Wagen lassen." „Frauen mit Kindern, Alte, Schwache, Kranke und Krüppel nach rechts, die anderen nach links." „Fünferreihen bilden."[274]

Dann die Frage nach Berufen, die im Arbeitslager gerade gebraucht werden: „Schlosser, Tischler heraustreten." Schließlich der Aufruf medizinischer Berufe. Ärzte, Apotheker und Krankenschwestern werden von den SS-Ärzten herausgewinkt.

Die nicht schon als arbeitsunfähig Eingestuften marschieren die

142

500 Meter lange Rampe entlang an den SS-Ärzten vorbei. Nach oberflächlicher Betrachtung wird jedem einzelnen mit Handbewegung die Richtung signalisiert, in die er zu gehen hat. Auf der einen Seite stellen sich die Arbeitsfähigen an, auf der anderen bildet sich der Zug, der wenig später Richtung Gaskammern geht. Ärzte als Herren über Leben und Tod. Nach einem kurzen Blick treffen sie ihre Entscheidung – nicht nach medizinischen Kriterien, sondern nach dem Arbeitskräftebedarf in den Lagern.

Während der Entladung herrscht absolutes Sprechverbot. Nur die SS-Offiziere dürfen reden. Sie beruhigen die Opfer. Es werde ihnen nichts geschehen. Nach ihrer Aufnahme würden die auseinander gerissenen Familien wieder vereint und im Lager angesiedelt. Jenen, die direkt in die Gaskammern müssen, wird eingeredet, sie würden in Dusch- und Desinfektionsräume gebracht.

An die am Rampendienst beteiligten Ärzte, Offiziere und Wachmannschaften werden Sonderrationen verteilt. Lebensmittel und Schnaps. Vor allem Alkohol ist wichtig. Für die Ärzte gehört es zum Ritual, die *Selektion* mit einem Trinkgelage ausklingen zu lassen.[275]

Selektion im Lager. Die *Auslese* Arbeitsunfähiger

Im Mai 1942 gibt Enno Lolling, der für *Sanitätswesen und Lagerhygiene* zuständige leitende Arzt beim Wirtschaftsverwaltungshauptamt der SS, den Befehl, arbeitsunfähig gewordene Häftlinge zu töten. Auf die buchstabengetreue Ausführung kann er sich verlassen. Die Standortärzte der Konzentrationslager sind nationalsozialistische Fanatiker. Bei jeder Gelegenheit zeigen sie, dass sie mehr zu tun bereit sind, als die Pflicht von ihnen verlangt. Auch bei der täglichen *Selektion* von Kranken und Schwachen im Lager. Im Herbst 1943 muss eine Anweisung aus Berlin den Vernichtungseifer der Ärzte sogar bremsen, damit genügend Arbeitskräfte am Leben bleiben.[276]

Die Ambulanzzimmer der Ärzte werden zu Vorzimmern des Todes. Bei der täglichen Begutachtung der Krankgemeldeten, die nicht untersucht, sondern nur oberflächlich in Augenschein genommen werden, sortiert der Lagerarzt die Schwächsten aus, die er zur *Sonderbehandlung* freigibt. Da es wenig Sinn macht, wegen einiger Kranker die Gaskammern in Betrieb zu nehmen, werden die Ausgemusterten mit Giftinjektionen getötet. *Abspritzen* nennt man das im KZ-Jargon.

Nach fehlgeschlagenen Experimenten mit Wasserstoffeinspritzungen erfolgt die *Sonderbehandlung* hauptsächlich mit Phenol, manchmal auch mit Evipan oder Blausäure.[277] Das Gift wird mit einer langen Nadel direkt ins Herz injiziert – meist von Sanitätern, in Ausnahmefällen von den Ärzten selbst.

Die Tötung erfolgt unmittelbar nach der *Selektion*. In Block 20 des Stammlagers Auschwitz ist dafür ein eigener Raum eingerichtet. Gegenüber warten die 30 bis 60 täglich *Selektierten,* ohne genau zu wissen, was auf sie zukommt. Einer nach dem anderen wird hereingerufen, muss auf dem einzigen Sessel Platz nehmen. Während ein SS-Sanitäter ihn festhält, verabreicht der andere die Injektion.

Bei Phenol tritt der Tod innerhalb weniger Sekunden ein. Unmittelbar nach der Injektion wird der Sterbende nach hinten in den Waschraum geschleppt, während von vorne das nächste Opfer eintritt. Nach Beendigung der Aktion bringen Leichenträger die Toten in den Leichenkeller von Block 28, oder, wenn es zu viele sind, direkt zum Krematorium.[278]

Mit Injektionen ermordet werden nicht nur Kranke und Schwache, sondern auch Kinder, für die man keine Verwendung hat. So töten Sanitäter im Auftrag von Lagerärzten im Februar und März 1943 zwei Gruppen von zusammen etwa 120 polnischen Knaben.[279] Das gleiche Schicksal erleiden acht etwa Zehn- bis Zwölfjährige, die eingeliefert werden, weil sie auf Bahnhöfen Kohlen gestohlen haben. Ihre Unterbringung bereitet Kopfzerbrechen. SS-Offizieren scheint es unmoralisch, die Kinder neben erwachsenen Männern schlafen zu lassen. Also werden sie, zur Aufrechterhaltung der Moral, mit Phenolspritzen umgebracht.[280]

Die Ärzte in Auschwitz *selektieren* nicht nur im Zuge der Krankmeldungen, sondern auch bei Rundgängen durch die Krankenstation. Während sie Ordnung und Sauberkeit überprüfen, deuten sie mit der Hand beiläufig auf jene Kranken, die hier schon länger liegen oder die ihnen besonders schwach erscheinen. Der begleitende Sanitäter notiert die Namen der Opfer, die anschließend zur *Sonderbehandlung* in den *Spritzraum* gebracht werden.

Im Winter 1942 dehnt Enno Lolling seine Anordnung, arbeitsunfähige Häftlinge zu töten, auf jene aus, deren Genesung mehr als vier

Wochen in Anspruch nehmen würde. Kaum einer der Ärzte bringt so viel Geduld auf. In der Regel wird zur *Sonderbehandlung* freigegeben, wer mehr als zwei Wochen krank ist.[281]

In den Betrieben der I. G. Farben gilt einheitlich die Zwei-Wochen-Grenze. Das Unternehmen zahlt seit März 1941 für Fachkräfte vier Reichsmark pro Tag, drei Reichsmark für ungelernte Arbeiter und eine Reichsmark für Kinder – auch während einer krankheitsbedingten Pause. Allerdings nur für zwei Wochen. Dann heißt es: keine Arbeitsleistung, kein Recht auf Leben. Die Betriebsleitung ordnet die „Verlegung nach Birkenau" an.[282]

Auch zahlenmäßig ist die Belegung der Krankenstationen begrenzt: Fünf Prozent dürfen es im Außenlager Monowitz der I. G. Farben sein, sieben Prozent im Sommer und zehn Prozent im Winter gelten für das Hauptlager Auschwitz. Eine mörderisch niedrige Obergrenze: „Angesichts der katastrophalen hygienischen Zustände, der Hungerrationen und der systematischen Misshandlungen waren kurz nach ihrer Einlieferung alle Häftlinge krank – der eine mehr, der andere weniger", erinnert sich der Häftlingsarzt Otto Wolken im Auschwitz-Prozess. „Einigermaßen arbeitsfähig waren, abgesehen von den Neuangekommenen, höchstens vierzig Prozent. Aber jeder wusste, dass Kranksein den Tod bedeutet."[283]

Wenn die von Lolling festgesetzte Zahl überschritten zu werden droht, setzen die Ärzte in Auschwitz so genannte *große Selektionen* an. Auffordern muss sie dazu niemand. Jeder weiß, was er der Lagerdisziplin schuldig ist.

Bei der *großen Selektion* werden alle Häftlinge des Krankenblocks dem Arzt nackt vorgeführt. In langen Reihen marschieren sie an ihm vorbei. „Ein unfassbares Bild des Elends", wie sich der ehemalige Häftlingsarzt Wladyslaw Fejkiel erinnert.[284] Jeder Einzelne ist von Unterernährung gezeichnet. Die Bäuche sind mit Wasser gefüllt, das verschwundenes Zellgewebe ersetzt. Schwer Kranke verheimlichen ihre Leiden, um der *Selektion* zu entgehen. Menschliche Skelette nehmen vor dem Lagerarzt Haltung an, treten in zackigem Stechschritt vor ihn hin, Brust heraus, Schultern zurück, ihre Gesichter durch ein Lächeln entstellt. In verzweifeltem Selbsterhaltungstrieb versuchen sie, ihre Schwäche nicht sichtbar werden zu lassen. So gut es eben geht, verbergen sie erfrorene Füße, durch Eiweißmangel entstandene Ödeme, blutige Striemen von Peitschenhieben oder Wunden von Schießübungen betrunkener SS-Wärter. Wer nicht genug Kraft hat, um wenigstens für Minuten den Starken zu spielen, wird ausgesondert. Die Häftlingsnummer auf dem Notizzettel des Sanitäters, das beiseite gelegte Krankenblatt bedeutet den Tod.

Als Ärzte dahinter kommen, dass sich einzelne Patienten versteckt halten, erfinden sie die *negative Selektion*: Sie lassen alle einigermaßen kräftig aussehenden Patienten notieren und befehlen anschließend alle anderen zur *Sonderbehandlung*. Jetzt hat es alle erwischt, die nicht dabei waren.[285]

Daneben führen die Ärzte *spontane Selektionen* außerhalb der Krankenstation durch. Sie lassen einen ganzen Häftlingsblock antreten, Gesicht zur Wand, Hosen herunter. Das Gesäß ist verräterisch. Das Fehlen von Fettgewebe gilt als untrügliches Zeichen fortgeschrittener Entkräftung.

200 bis 300 Patienten werden bei *großen Selektionen* ausgeschieden. Zwei bis drei Tage später verlädt man sie auf Lastwagen, die sie in den entlegenen Block nahe den Gaskammern bringen, zu dem nur Wächter und Leichenträger Zugang haben.

Mordfabrik. Gas und Giftspritzen

Die mörderische Umkehrung von Heilen und Töten liegt in Auschwitz ganz in der Verantwortung der Ärzte. Der innerhalb der Medizin kaum mehr bestrittene Grundsatz, Kranke und Schwache auszusondern, wird hier auf den Bereich der *Unerwünschten* und *Andersrassigen* ausgedehnt.

Die Medizin gibt den Nazis ein makabres Alibi. Auschwitz wird zu einem *Unternehmen der öffentlichen Gesundheitspflege*. Hier wird getötet, um den *Volksorganismus* gesund zu erhalten.

Die in den Konzentrationslagern tätigen Ärzte sind überzeugt von der Notwendigkeit, die Welt *säubern* zu müssen, um dem „germanischen Übermenschen" den ihm gebührenden Platz zu schaffen. Mit dem Anspruch, das „Krebsgeschwür des Judentums" aus dem „Volkskörper der nordischen Herrenrasse" herauszuoperieren, verschmelzen *Euthanasie* und *Endlösung* im Nationalsozialismus zu einer tödlichen Vision.

Auch die Exekution von *Verrätern* und *Staatsfeinden* wird Bestandteil des ärztlichen Berufs. „Jeder Versuch, eine andere politische

146

Auffassung durchzusetzen oder auch nur aufrechtzuerhalten, wird als Krankheitserscheinung, die die gesunde Einheit des unteilbaren Volksorganismus bedroht, ohne Rücksicht [...] ausgemerzt", hat Werner Best, Himmlers juristische Autorität, die Vollstreckung von Todesurteilen zur medizinischen Aufgabe erklärt. „Der Totalitätsanspruch des Nationalsozialismus [...] duldet keine politische Willensbildung, die sich nicht der Gesamtwillensbildung einfügt."[286] In Erfüllung dieser Vorgabe entfernen sich die Ärzte immer weiter von ihrem Beruf. In den Vernichtungslagern wird nicht geheilt. Hier wird begutachtet, ausgesondert, vollstreckt, vernichtet.

Es sind Ärzte, die Frauen und Kinder, Kranke und Greise unmittelbar nach ihrer Ankunft ins Gas schicken. Es sind Ärzte, die das perfekte Täuschungssystem ausklügeln, das die Angekommenen glauben lässt, sie kämen zur Desinfektion oder unter die Dusche. Es sind Ärzte, die den Tötungsprozess leiten, die Dienstpläne erstellen, die Vergasungen und Verbrennungen im Schichtbetrieb organisieren, die Menge des tödlichen Gases bestimmen, den Befehl zum Einfüllen geben, den Todeskampf durch ein Guckloch beobachten, den Eintritt des Todes feststellen und in Formularen festhalten. Es sind Ärzte, die den SS-Schergen, die das Gas in die Dachöffnung füllen, die Bezeichnung *Desinfektor* geben – also Ungeziefer-Vernichter. Es sind Ärzte, die das Lüften der Gaskammern und den Abtransport der Leichen überwachen.[287] Weil zu wenig Tragen zur Verfügung stehen, haben sie eine alternative Art der Fortbringung erdacht: Den Toten werden Eisenhaken in den Mund gesteckt, an denen man sie aus den Gaskammern schleift.[288]

Auch die fachgerechte Entsorgung der bei der Leichenverbrennung anfallenden Asche wird von Medizinern überwacht. Einmal pro Woche wird sie auf Lastwagen geschaufelt, zum Ufer der Weichsel gefahren und ins Wasser gekippt.[289]

Bei Verstößen gegen die Lagerordnung werden Ärzte zu Henkern. Sie geben die tödlichen Phenolspritzen, sie überwachen die Erschießungen. Sie führen zuletzt auch jene versteckten Hinrichtungen durch, die von der unter Gestapo-Kommando stehenden *Politischen Abteilung* der Konzentrationslager angeordnet werden. „Die zum Tod verurteilten gesunden Häftlinge wurden von der Politischen Abteilung in den Arrest-Block 11 gebracht und dort von einem SS-Arzt durch Injektion unauffällig getötet", schreibt Lagerkomman-

dant Rudolf Höß 1946 während seiner Haft in Krakau. „Der betref-
fende Arzt hatte dann auf der Todesbescheinigung eine rasch zum
Tod führende Krankheit anzugeben."[290]
Auch bei Auspeitschungen sind Ärzte zugegen. Zuerst haben sie
festzustellen, ob der Häftling stark genug ist, die Prozedur zu überleben. Danach fungieren sie als Beobachter und Helfer, um halb tot
Geschlagene wieder zu beleben, damit auch noch der Rest der Strafe
vollstreckt werden kann.
In Auschwitz geschieht kaum ein Verbrechen, das nicht in irgendeiner Form als medizinischer Akt getarnt ist. Sogar die Arbeitskom-
mandos, die den Ermordeten Goldzähne und Goldfüllungen aus dem
Mund brechen, bevor die Leichen in die Öfen der Krematorien ge-
worfen werden, stehen unter ärztlicher Leitung.
Mediziner machen den Mord zum Mittel der Problemlösung. Sind
die Krankenstationen überfüllt, beschleunigen sie das Tempo der
Tötungen. Steigt die Zahl gesunder Neuankömmlinge an, wird unter
den bereits hier Befindlichen strenger *selektiert*. Brechen anste-
ckende Krankheiten aus, werden zur Sicherheit auch die gesunden
Mithäftlinge in die Gaskammer geschickt. Die Erfordernisse des
Lagers haben oberste Priorität.[291]
Am 29. August 1942 verlegt Lagerarzt Friedrich Entress nach Ausbruch des Fleckfiebers 700 bis 800 Häftlinge in eine Spezialbaracke,
bevor aus Berlin die Entscheidung eintrifft: Alle liquidieren. Entress
kommt dem Befehl gewissenhaft nach. Unter den in den Gaskammern Getöteten befindet sich neben den Häftlingsärzten auch der inhaftierte polnische Gesundheitsminister Bugajski. „Sie haben nicht
die Läuse vernichtet, die Überträger der Seuche waren. Sie haben die
Menschen vernichtet", erinnert sich der Auschwitz-Überlebende
Stanislaw Glowa, der das Massaker als Blockschreiber zu administ-
rieren hatte.[292]

Der Krankenbau. Wartezimmer des Todes

Die Errichtung von Krankenbauten innerhalb perfekt funktionieren-
der Tötungsmaschinen scheint ein Widerspruch in sich zu sein. Warum soll man Menschen behandeln, bevor man sie umbringt? Warum soll man Häftlinge gesundpflegen, deren Arbeitskraft nur kurz-
fristig genützt werden kann, weil man sie systematisch verhungern

148

lässt, bevor sie ermordet werden? „In meinem Lager gibt es keine Kranken – hier gibt es nur Gesunde oder Tote", hat SS-Standartenführer Karl Koch, Kommandant des KZ Buchenwald, sein Prinzip der Vernichtungslager auf den Punkt gebracht.[293]

KZ-Insassen werden bei weitem nicht so gut wie Sklaven behandelt, deren lebenslange Arbeitsleistung gute Pflege erfordert. Häftlinge sollen nicht ein Leben lang Leistung bringen – es kommen ja täglich neue an. Wo sollen die neuen Platz finden, wenn man die alten am Leben lässt?[294]

„Die Krankenstationen wurden errichtet, um den Anschein nach außen aufrechtzuerhalten", vermutet der polnische Häftlingsarzt Wladyslaw Fejkiel bei seiner Aussage nach Kriegsende. „Wenn jemand von der Existenz dieser Institutionen im Lager erfuhr, war es für ihn unmöglich zu glauben, dass die Häftlinge dem Hungertod und dem Massenmord ausgesetzt waren."[295]

Die medizinischen Abteilungen scheinen weniger der Gesundheit der Häftlinge zu dienen als der Legitimierung des medizinischen Tötens. Bei der *Selektion* an der Rampe kann nicht einmal der Anschein aufrechterhalten werden. Rechts zur Arbeit, links ins Gas, das ist auch dann keine medizinische Tätigkeit, wenn man den weißen Arztmantel trägt.

Bei der *Selektion* im Krankenbau ist das anders. Hier dürfen die Mörder im weißen Mantel, wenn auch in zynischer Umkehrung des hippokratischen Eides, die Rolle des *Helfers* und *Heilers* spielen. Entweder sie verhelfen ihren Patienten zur Arbeitsfähigkeit oder zu „rascher und schmerzfreier Erlösung", wie es KZ-Ärzte nach Kriegsende formulieren.[296]

Auch dass sich die *Todesadministration* in der Krankenabteilung befindet, hilft den Schein zu wahren. Solange ein Arzt seine Arbeit in einer *medizinischen Einrichtung* tut, kann er sich der Illusion hingeben, nicht nur Exekutor einer tödlichen Ideologie zu sein.

Die Krankenblöcke unterstehen zudem dem Standortarzt und nicht dem Lagerkommandanten. Herr im eigenen Haus zu sein, gibt Sozialprestige und Selbstwertgefühl – wichtige psychologische Voraussetzungen für die tägliche Grenzüberschreitung, die den Medizinern in den Vernichtungslagern abverlangt wird.

Weil Krankenstationen zur Aufrechterhaltung des Anscheins *medizinischer Auslese* unverzichtbar sind, gibt es tatsächlich ein Mini-

mum an ärztlicher Versorgung. Geleistet wird diese durch Häftlingsärzte, die von den SS-Medizinern als Handlanger benützt werden.
Seit Anfang 1943 sind inhaftierte Mediziner als Helfer der Lagerärzte zu einer speziellen Häftlingskategorie erhoben. Vor *Selektion* und
Gastod sind auch sie nicht gefeit. Wenn sie sich anstecken und
ihre Arbeit nicht mehr leisten können, werden sie behandelt wie alle
anderen.

So gut sie können, versuchen Häftlingsärzte zu helfen. Nicht immer
gelingt es, Kranke von Gesunden zu isolieren. So liegen beispielsweise alle kranken deutschen Häftlingsfrauen – anders als ihre jüdischen Leidensgenossinnen – im gleichen Krankenblock, wie sich die
Häftlingsärztin Ella Lingens erinnert. „Als Folge ergab es sich, dass
eine Häftlingsfrau, die mit einer Verletzung in den Krankenblock
kam, diesen in der Regel erst verließ, bis sie alle dort gerade herr-
schenden Infektionskrankheiten (Typhus, Ruhr, Scharlach, Masern,
Diphterie, Rotlauf usw.) durchgemacht hatte."[297] Zum Unterschied
von jüdischen Häftlingen müssen die deutschen wenigstens keine
Angst vor *Selektion* und *Sonderbehandlung* haben, von der sie nur in
Ausnahmefällen betroffen sind.

In der Regel erhalten die Patienten nicht mehr als eine Art medizinischer Notversorgung. Wem einfache Medikamente helfen, seine Arbeitskraft wieder zu erlangen, darf hoffen, den Tod hinauszuzögern.
Die offizielle Medikamentenversorgung besteht aus Tierkohle, Aspi-
rin, Zink- und Ichthyolsalbe, Papierbinden, Zellstoff und einer völlig
unzureichenden Menge Sulfonamide. Nur bei erhöhtem Anste-
ckungsrisiko gibt es Sonderzuteilungen aus der SS-Apotheke. Was
sonst gebraucht wird, müssen sich die Häftlinge selbst besorgen.
Ganz aussichtslos ist das nicht. In einem Lagerraum bei den Krematorien in Birkenau etwa wird alles gesammelt, was man den Toten
abgenommen hat. Von hier werden Medikamente kofferweise in die
SS-Apotheke gebracht. Bevor sie gezählt und eingeordnet sind, fällt
ein gewisser Schwund nicht auf. Einige SS-Männer sind bereit, gegen Dollars oder Gold ein wenig mitzuhelfen.

Einzelne Versuche von Ärzten, die Qualität der medizinischen Versorgung zu heben, gehen ins Leere. Die Häftlinge, denen heute geholfen wird, sterben morgen den Hungertod oder werden übermor-
gen in die Gaskammer geschickt.

„Von einer gesundheitlichen Betreuung durch die SS-Ärzte und

Sanitätsdienstgrade konnte überhaupt keine Rede sein", heißt es im Urteil gegen den Lagerarzt Horst Fischer.[298] „Soweit den Häftlingen mit unzureichenden Mitteln geholfen wurde, war dies der aufopfernden Tätigkeit der Häftlingsärzte und -pfleger zu verdanken." So dient auch die Ausstattung von Operationssälen oder die Beschaffung zusätzlicher Medikamente in erster Linie der Gewissensberuhigung und Selbstbestätigung. Auch jene von den Häftlingen gefürchteten Ärzte, die weder heilen noch helfen wollen, tun so, als ob.

Tödliche Pflicht. Ärztealltag in Auschwitz

Wie aus den Aussagen nach Kriegsende hervorgeht, verspürt kaum einer der Ärzte Gewissensbisse. Sie tun die ihnen aufgetragene Arbeit als Mediziner, um den *Volksorganismus* gesund zu halten und die Abwehrkräfte der *Volksgemeinschaft* zu stärken. Fanatischer Antisemitismus macht sie blind für die mörderischen Seiten des Nationalsozialismus. In ideologischer Verblendung sind sie von Hitlers Behauptung durchdrungen, dass „die Juden unser Unglück sind".[299] Vor ihrer Versetzung in das Vernichtungslager haben sie die Ankündigung der *Vernichtung des Judentums* für eine Propagandaphrase halten können. Jetzt ist es ernst.

Anfangs sind sie schockiert. Aber nur für kurze Zeit. Dann nehmen sie zu einer eigenen, nationalsozialistischen Version von Gut und Böse Zuflucht. Der gefällige Terminus *Endlösung* erleichtert es ihnen. Er klingt nicht nach Massenmord und enthält beides: Das greifbar nahe Ende und die Lösung des Problems.[300]

Der Gewöhnungsprozess ist kurz, die Abstumpfung total. Mord wird im Sprachgebrauch als *Sonderbehandlung* zur legitimen Routine. Die Ärzte gehen zur Arbeit wie andere ins Büro. In den Augen der Henker ist das Schicksal ihrer Opfer beschlossene Sache und damit unumkehrbar. Die Eingelieferten sind schon tot. Tote kann man nicht umbringen.[301]

Dass die Ärzte ihren Dienst nicht als ganz so normal empfinden, wie sie tun, ist allenfalls an den Mengen konsumierten Alkohols abzulesen. Alkohol ist fester Bestandteil der Sozialisation in den Vernichtungslagern. Die neu angekommenen Lagerärzte können die Arbeit kaum ertragen. Das gemeinsame Trinken mit erfahreneren Berufs-

kollegen hilft ihnen, den Übergang vom Außenseiter zum Einge-
weihten, von Entsetzen und Ekel zur täglichen Routine zu finden.
Die *Selektion* ist die Prüfung des Novizen. Danach gehört er dazu,
macht mit wie alle anderen, rebelliert nicht, stellt keine Fragen, zieht
nichts in Zweifel, akzeptiert den Job, wie er eben ist. Nach drei Wochen ist er integriert, wird zu einem jener drei Typen, die der Auschwitz-Überlebende Hermann Langbein – mit Vorbehalten – unterscheidet: widerwillig mitwirkend, gehorsam Befehle ausführend,
begeistert Fleißaufgaben machend.[302]
Kaum einer schließt sich aus. Als Außenseiter müsste man die Last
der Ausnahmesituation auf sich allein gestellt tragen. Keiner scheint
dazu Kraft zu haben. Soziale Einbindung ist jetzt wichtiger denn je.
Verzweifelt suchen die Neuen nach landsmannschaftlichen Ge-
meinsamkeiten (wie der Abneigung der Bayern gegen die Preußen),
ähnlicher Universitätsvergangenheit oder gemeinsamen Interessen.
Die Sozialisation wird durch den isolierten Standort des Lagers be-
günstigt. Weit weg von der beruflichen Außenwelt, von Familie und
Freundeskreis, bleibt die Lagerwelt ohne Korrektiv.
Die medizinischen Außenkontakte der Mediziner – soferne sie nicht
an *wissenschaftlichen* Experimenten mit *menschlichen Versuchskaninchen* beteiligt sind – beschränken sich auf den SS-Arzt Enno Lolling. Der für die Organisation der Vernichtungslager im Wirtschaftsverwaltungshauptamt zuständige Mediziner ist ein fachlich inkom-
petenter Alkoholiker, der die Lager nur inspiziert, um seine
mächtige Position zu demonstrieren. Isoliert ist auch er: Keiner seiner Vorgesetzten ist daran interessiert, sich mit Details aus dem Alltag des Vernichtungsprogrammes zu belasten.
Auschwitz ist zivilisatorisch von der übrigen Welt getrennt – eine
Enklave, in der alle juristischen, gesellschaftlichen, menschlichen
und moralischen Spielregeln aufgehoben sind. Wirklichkeit ist nur,
was hier passiert. Weil nichts anderes übrig geblieben ist, wird Effi-
zienz zum einzig gültigen Maßstab. Wer ihn gelten lässt, kann zu
dem Ergebnis kommen: Auschwitz ist anderen Lagern überlegen.
Professionelles militärisches Verhalten lässt eine Aura von Elite entstehen. Man achtet auf korrektes Benehmen, tadellose Haltung, ge-
pflegte Kleidung. Wenn man der unangenehmen Arbeit schon nicht
entkommen kann, will man wenigstens zu den Besten zählen.
Bei jeder Gelegenheit stellen die leitenden SS-Ärzte ihren Übereifer

zur Schau. So teilt sich Eduard Wirths in Auschwitz regelmäßig selbst zum *Rampendienst* ein, den er als Standortarzt nicht leisten müsste, und besteht sogar darauf, diesen in Fällen dienstlicher Verhinderung nachzuholen.[303]

Lagerkommandant Rudolf Höß, dem Wirths organisatorisch unterstellt ist, hält es ähnlich. Immer wieder begleitet er als Beobachter den gesamten Tötungsablauf, „um zu zeigen, dass ich nicht nur Befehle erteilte [...], sondern auch bereit war, überall dabei zu sein", wie er nach Kriegsende vor den Nürnberger Richtern aussagt.

Auf der anderen Seite schweißt die allgegenwärtige Korruption zusammen. Nirgends sonst kann man sich Vergünstigungen so teuer mit Geld und Gold abgelten lassen. Den Juden weggenommene Wertsachen werden unterschlagen. Der Schwarzhandel mit Lebensmitteln und Medikamenten blüht. Weil jeder von jedem weiß, dass auch er irgendwie mitmacht, darf sich jeder sicher fühlen – solange er dazugehört.[304] Sogar Lagerkommandant Höß, nach dem Urteil eines Kollegen „der unbestechlichste und korrekteste Lagerführer, den es je gegeben hat"[305], ist nicht frei von kleinen Sünden. Seine Affäre mit Eleonore Hodys, einer (nicht jüdischen) Inhaftierten – die noch dazu von ihm schwanger wird – ist nach den strengen Gesetzen der SS keineswegs ein Kavaliersdelikt.

Einzelfälle beweisen, dass der Ausbruch aus dem unmenschlichen, geschlossenen System ohne persönliches Risiko möglich ist. Wer sich weigert, Dienst an der Rampe zu tun oder Vergasungen zu kontrollieren, wird für andere Aufgaben eingesetzt – vorausgesetzt, er hält sich an die Spielregel, seine Ablehnung als Unfähigkeit und nicht als Protest zu artikulieren. Der Wunsch nach Versetzung aber kann die Betreuung Verwundeter an der russischen Front bedeuten. Nur wenige ziehen eine solche Alternative überhaupt in Erwägung. Ethik ist – wie Augenzeugen nach Kriegsende berichten – für KZ-Ärzte kein Thema. Keiner denkt über den hippokratischen Eid nach. Der Treueeid auf Hitler wiegt schwerer.[306]

Selektion könne im Krieg „auch bei den eigenen Leuten notwendig werden", erklärt der berüchtigte Josef Mengele seinen Mitarbeitern. Wenn man auf dem Verbandsplatz entscheiden müsse, „wer durchkommt und wer nicht", sei das „viel problematischer" als die *Selektion* von KZ-Insassen, die er „aus tiefster Überzeugung" mache.[307]

So oder ähnlich sehen auch die Rechtfertigungsversuche der anderen aus. Was hier geschieht, kann nicht außergewöhnlich, kann nicht unmoralisch sein. Schließlich ist es von Hitler befohlen, von der Regierung abgesegnet, im Namen des *Volksganzen* beschlossene Pflicht. Längst ist man zu weit gegangen, um noch zurück zu können. Verblendung wird zum Selbstschutz: Das System muss recht haben. Nur so ist es möglich, nicht schuldig geworden zu sein.

„Wir haben nur über fachliche Fragen geredet", erklären Täter bei ihren Vernehmungen nach Kriegsende. Soll man das Kind vor der Vergasung seiner Mutter wegnehmen und damit unangenehmes Geschrei provozieren? Oder soll man die beiden gemeinsam den letzten Weg antreten lassen? Soll man versuchen, durch höhere Häftlingszahlen den wirtschaftlichen Erfolg des Lagers zu steigern? Oder soll man durch verstärkte *Selektion* eine Überfüllung vermeiden, um die Seuchengefahr klein zu halten? Soll man nur so viele vergasen, wie anschließend in den Verbrennungsöfen Platz finden? Oder soll man versuchen, Leichen in offenen Gruben unter freiem Himmel zu verbrennen, um die Tötungen beschleunigen zu können?

Gespräche während des Arbeitsalltags: Wie bewältigt man die vielen Transporte aus Ungarn, wenn zu wenig Ärzte für die *Selektion* da sind und in der Quarantänestation nicht ausreichend Platz ist? Wie hält man den Betrieb aufrecht, wenn eine Gaslieferung ausfällt? Wie zündet man Leichen an, wenn das Benzin ausgeht? Der Massenmord und die anschließende Entsorgung der Leichen wird zur Routinearbeit. Die Kommunikation am Arbeitsplatz hört sich an wie die bei der kommunalen Müllentsorgung.[308]

Die Qualen der Lagerinsassen scheinen das Wohlbefinden nicht zu trüben. Augenzeugen berichten von Ärzten, die im Anschluss an Massenexekutionen fröhlich vor sich hinpfeifen: „Und wieder geht ein schöner Tag zu Ende …"[309]

Erhalten gebliebene Briefe, die SS-Ärzte aus den Konzentrationslagern an ihre Familien schreiben, sind Dokumente des Doppellebens. Das Klischee von der *Bestie in Menschengestalt* reicht nicht aus, um die Exekutoren der ungeheuerlichsten Verbrechen und Initiatoren der grausamsten Menschenversuche zu beschreiben. Doch nach Dienstschluss verwandeln sich diese Täter in besorgte Ehemänner und liebevolle Väter, denen der verstauchte Daumen oder die schlechte Schulnote ihres innig geliebten Sprösslings schweres Kopfzerbrechen bereitet.[310]

13. Tödliche Experimente.
Menschen als Meerschweinchen

Höhenflugexperimente. Tod durch Unterdruck

Die ersten Menschenversuche, die Ärzte mit Häftlingen aus Konzentrationslagern durchführen, dienen militärischen Zwecken. Als Antwort auf die großen Höhen, die britische Jagdflugzeuge fliegen können, will die deutsche Industrie Raketenjäger entwickeln, die 18 Kilometer Höhe erreichen. Nach einem Fortbildungskurs des Luftwaffenkommandos VII in München, bei dem das Risiko von Piloten bei ungenügender oder versagender Sauerstoffzufuhr in großen Höhen diskutiert wird, wendet sich Sigmund Rascher, Stabsarzt der Luftwaffe, direkt an Himmler. Er hat zum Reichsführer SS persönliche Beziehungen: Seine Verlobte Nini Diehl ist eine Bekannte aus Himmlers Jugendzeit.

In seinem Schreiben vom 15. 4. 1941 bittet der ehrgeizige Arzt nach ersten Selbstversuchen um die Genehmigung, Experimente an „zwei oder drei Berufsverbrechern" durchführen zu dürfen, bei denen „selbstverständlich die Versuchspersonen sterben können."[311]

Himmler ist angetan von diesem Vorschlag. Über seinen persönlichen Referenten lässt er antworten, dass die benötigten Häftlinge „selbstverständlich gerne zur Verfügung gestellt werden".

Die in einer Unterdruckkammer im Konzentrationslager Dachau durchgeführten Versuche werden von Rascher sorgfältig dokumentiert. Mehrfach schickt er Zwischenberichte an Himmler, in denen er betont, für Wissenschaft und Luftfahrt würden sich „vollkommen neue Resultate" ergeben. Schließlich seien Versuche „über die Lebensdauer eines Menschen oberhalb der normalen Atemgrenze" noch nie angestellt worden, „da mit Sicherheit feststand, dass die Versuchsperson den Tod erleiden müsse".

Das Protokoll eines dieser *Sinkversuche* aus fünfzehn Kilometer Höhe verdeutlicht die Torturen, denen Raschers *menschliche Versuchskaninchen* ausgesetzt sind. Simuliert wird die Rettung aus großer Höhe in einer Druckkammer, in der die Versuchsperson wie an einem Fallschirm hängt: „Nach möglichst raschem Aufstieg mit

Sauerstoff-Bläser-Gerät wurde bei Erreichen von 15 km Höhe die Maske abgesetzt und der Abstieg begonnen", heißt es einleitend. Danach sind tabellarisch die Reaktionen während des Abstiegs und die Erholungsphase auf der Erde festgehalten (in den Klammern Anmerkungen des Verfassers).

Reaktionen während des Abstiegs

15 km	Lässt Maske fallen, schwere Höhenkrankheit, klonische (schüttelnde) Krämpfe.
14,5 km/30 Sek	Opisthotonus (Starrkrampf im Bereich der Rückenmuskulatur).
14,3 km/45 Sek	Arme steif nach vorne gestreckt, Pfötchenstellung, Beine steif gespreizt.
13,7 km/1 Min, 20 Sek	Hängt in Opisthotonus.
13,2 km/1 Min, 50 Sek	Agonale Krampfatmung.
12,2 km/3 Min	Dyspnoe (gestörte Atmung), hängt schlaff.
7,2 km/10 Min	Unkoordiniertes Strampeln mit den Extremitäten.
6 km/12 Min	Klonische Krämpfe, Stöhnen.
5,5 km/13 Min	Schreit laut.
2,9 km/18 Min	Schreit immer noch, krampft Arme und Beine, Kopf sinkt nach vorne.
2,1 km/20–24,5 Min	Schreit anfallsweise, grimassiert, beißt sich auf die Zunge.
0 Meter	Nicht ansprechbar, macht den Eindruck eines völlig Geistesgestörten.

Reaktionen nach Erreichen der Bodenhöhe

5 Minuten	Reagiert erstmals auf Anruf.
7 Minuten	Versucht auf Kommando aufzustehen, sagt stereotyp: „Nein, bitte."
9 Minuten	Steht auf Befehl auf, starke Ataxie (gestörte Koordination der Muskelbewegungen), antwortet auf alle Fragen: „Moment mal." Versucht krampfhaft, sich an sein Geburtsdatum zu erinnern.
10 Minuten	Typische Haltungs- und Bewegungs-Stereotypie, Katatonie (Form der Schizophre-

	nie mit Krampfzuständen und Wahnideen), murmelt Zahlen vor sich hin.
11 Minuten	Hält Kopf krampfhaft nach rechts gedreht, versucht immer wieder, auf die erste Frage nach seinem Geburtstag zu antworten.
12 Minuten	Fragen der Versuchsperson: „Darf ich aufschneiden?" (im Zivilberuf Feinkosthändler) „Darf ich schnaufen?" „Ja." Atmet tief, sagt dann: „So, danke schön."
15 Minuten	Auf Befehl zu gehen, tritt er am Fleck und sagt: „So, danke schön."
17 Minuten	Gibt Namen an, sei 1928 geboren (geb. 1908) Versuchsleiter: „Wo?" „Etwa 1928." „Beruf?" „28 – 1928."
18 Minuten	„Darf ich aufschnaufen?" „Bin damit zufrieden."
25 Minuten	Immer noch die Frage: „Schnaufen?"
28 Minuten	Sieht nichts, rennt gegen offenen sonnenbeschienenen Fensterflügel, sodass sich eine große Beule an der Stirn bildet, sagt: „Entschuldigen Sie bitte." Keine Schmerzäußerung.
30 Minuten	Weiß Namen und Geburtsort. Auf die Frage nach dem heutigen Datum „1. 11. 28." Zittern der Beine. Stupor hält an, ist durch den Knall eines Schusses nicht zu erschrecken. Dunkle Gegenstände werden noch nicht wahrgenommen, weiß seinen Beruf, örtlich desorientiert.
37 Minuten	Reagiert auf Schmerzreize.
40 Minuten	Beginnt Unterschiede zu sehen. Gerät immer in seine Rede-Stereotypien.
50 Minuten	Örtlich orientiert.
75 Minuten	Immer noch zeitlich desorientiert, retrograde Amnesie (rückläufiger Gedächtnisschwund) über 3 Tage.
24 Stunden	Normalzustand wieder erreicht, nur an den Versuch besteht keine Erinnerung.[312]

Abschließend heißt es, dass „bei dieser ganzen Versuchsreihe kein Todesfall [...] eintrat". So glimpflich kommen die Versuchspersonen jedoch nicht immer davon, wie aus einem anderen Bericht hervorgeht: „Tödlich verliefen erst Dauerversuche in Höhen über 10,5 km", bei denen „die Atmung nach etwa 30 Minuten aufhörte, während die elektrokardiographisch festgehaltene Herzaktion in zwei Fällen erst 20 Minuten nach Atemstillstand aufhörte", hält Rascher fest.

Bei einem Dauerversuch an einem „37-jährigen Juden in gutem Allgemeinzustand" in zwölf Kilometer Höhe „verlangsamte sich die Atmung bis 3 Atemzüge pro Minute", um erst nach 30 Minuten ganz aufzuhören. Eine halbe Stunde wird die anhaltende Herzaktion noch mit EKG gemessen. Dann beginnt die Obduktion.

Himmler ist begeistert. Diese Versuche sollten „mit weiteren zum Tode verurteilten Männern wiederholt werden", schreibt er Rascher in einem persönlichen Brief. Was dieser auch tut – und Himmler informiert: Von der „Versuchsperson Wagner", die er nach Atemstillstand durch Druckerhöhung „wieder ins Leben kommen" ließ, um danach einen „terminalen Versuch" durchzuführen, den die „VP. W. nicht überstand"; oder von anderen Fallschirmsinkversuchen, bei denen er die Versuchspersonen „nach relativer Erholung [...] unter Wasser zum vollständigen Exitus gebracht" hat.

Rascher arbeitet bei seinen Versuchen mit zahlreichen offiziellen Stellen der Luftwaffe und zwei renommierten wissenschaftlichen Instituten zusammen:

- dem *Fliegermedizinischen Institut der Deutschen Versuchsanstalt für Luftfahrt* in Berlin, das Zweckforschung für die technische Kriegsplanung betreibt. Es wird vom Allgemeinmediziner Siegfried Ruff geleitet, der den Arzt Hans Wolfgang Romberg als Abteilungsleiter in die Experimente mit Menschen einbindet;
- dem *Institut für Luftfahrtmedizin* in München, das sich hauptsächlich der medizinischen Grundlagenforschung widmet. Geleitet wird es von Professor Georg August Weltz, der als Oberfeldarzt für die Wehrmacht tätig ist.

Seine Versuche nimmt Rascher an zwei Personengruppen vor. Die erste besteht aus 10 bis 15 Deutschen, die wegen krimineller Delikte inhaftiert sind und sich freiwillig zur Verfügung stellen: Keiner von ihnen kommt gesundheitlich zu Schaden. Die zweite Gruppe besteht aus 150 bis 200 Lagerinsassen, die ohne ihre Einwilligung als *menschliche Versuchskaninchen* verwendet werden. 70 bis 80 von ihnen dürften dabei umgekommen sein.[313]

Unterkühlung. Dachau-Häftlinge im Eiswasser

Nach Abschluss seiner Unterdruckversuche nützt Rascher die uneingeschränkten Experimentiermöglichkeiten der Konzentrationslager zu Unterkühlungsversuchen. Wieder arbeitet er mit der Luftwaffe zusammen, wieder versucht er mit *menschlichem Versuchsmaterial* kriegswichtige Erkenntnisse zu sammeln. Wieder ist Himmler Feuer und Flamme. Es sei von KZ-Häftlingen, die nicht an der Front kämpfen könnten, „wohl nicht zu viel verlangt", sich für solche Versuche zur Verfügung zu stellen. Auf diese Weise könnten sie sich „rehabilitieren"[314].

Bei den Versuchen geht es um die Frage, wie lange abgestürzte Piloten in eiskaltem Wasser überleben und wie sie wieder belebt werden können. Im Auftrag des *Inspekteurs des Sanitätswesens der Luftwaffe* untersucht der Kieler Professor Ernst Holzlöhner seit Monaten „die Wirkung der Abkühlung auf Warmblüter". Seine Tierversuche werden von Rascher auf Menschen ausgedehnt, wobei Holzlöhner nominell als Leiter der *Versuchsgruppe Seenot* fungiert.

Die Experimente führt Rascher durch. Er legt Versuchspersonen in voller Flieguniform, mit Fliegerhaube und Schwimmweste, in eisgekühltes Wasser zwischen zwei und zwölf Grad und notiert in einer *Versuchsanordnung*: „Todesfälle traten nur ein, wenn der Hirnstamm sowie das Hinterhirn mit unterkühlt wurden." Und wenige Zeilen weiter: „Sobald die Unterkühlung 28 Grad erreicht hatte, starb die Versuchsperson mit Sicherheit trotz aller Versuche zur Rettung." Das Ergebnis seiner Versuche hält Rascher in Form einer Tabelle fest. Überschrieben ist diese mit *Exitus*.

Versuch Nummer	Wasser-temperatur	Körper-temperatur nach Versuch	Temperatur bei Eintritt des Todes	Verweil-dauer im Wasser	Eintritt des Todes
5	5,2	27,7	27,7	66 Min.	66 Min.
13	6	29,2	29,2	80 Min.	87 Min.
14	4	27,8	27,5	95 Min.	100 Min.
16	4	28,7	26	60 Min.	74 Min.
23	4,5	27,8	25,7	57 Min.	65 Min.
25	4,5	27,8	26,6	51 Min.	65 Min.

Bei einer wissenschaftlichen Besprechung über *ärztliche Fragen bei Seenot und Winternot* am 27. 10. 1942 in Nürnberg wird ein als *geheime Kommandosache* deklarierter Bericht der Arbeitsgruppe über *Abkühlungsversuche am Menschen* vorgetragen. Dabei lassen Holzlöhner und Rascher keinen Zweifel aufkommen, dass diese Versuche tatsächlich an Menschen durchgeführt werden und teilweise zum Tode führen.

In dem verlesenen Dokument heißt es unter anderem: „Bei einer Senkung der Rektaltemperatur auf 31 Grad kommt es zu einer Bewusstseinstrübung, die bei einem weiteren Absinken auf unter 30 Grad in eine tiefe Kältenarkose übergeht. […] Hat die Rektaltemperatur aber 28 Grad unterschritten, so kann aus der Arrhythmie (unregelmäßige Herztätigkeit) heraus ein plötzlicher Herztod erfolgen." Und an anderer Stelle: „Diese Fälle endeten tödlich, ohne dass Wiederbelebungsversuche Erfolg hatten […] Im Allgemeinen trat der Tod bei einer Senkung der Temperatur auf Werte zwischen 24,2 und 25,7 Grad ein." Keiner der 95 Teilnehmer, unter denen sich führende Fachleute von Luftwaffe, Heer, Marine, Waffen-SS und Polizei neben namhaften Vertretern der Forschung befinden, erhebt Protest.

Namensliste. Kein Widerspruch unter den Tagungsteilnehmern

Die Teilnehmerliste der Tagung zu *ärztlichen Fragen der Seenot und Winternot* enthält unter anderem die folgenden Namen prominenter Militärärzte, Professoren und Forscher:

Albert *Anthony,* Stabsarzt im Reichsministerium für Luftfahrt; Jürgen *Aschoff,* Luftwaffen-Forschung am Physiologischen Institut Göttingen; Sturmbannführer Richard Ernst *Bader,* SS-Standortarzt in Nürnberg; Hermann *Balke,* Stabsarzt an der Gebirgs-Sanitätsschule des Heeres in St. Johann in Tirol; Hermann *Becker-Freyseng,* Oberarzt im Reichsministerium für Luftfahrt; H. *Bellert,* Stabsarzt im Luftwaffen-Lazarett in Nürnberg; Theodor *Benzinger,* Luftwaffen-Forscher an der Erprobungsstelle der Luftwaffe in Rechlin; Fritz *Brauch,* Oberstabsarzt der Luftwaffe; Franz *Büchner,* Institut für Luftfahrtmedizin, Ordinarius für Pathologie in Freiburg, Beratender Pathologe im Reichsministerium für Luftfahrt; Hans-Georg *Clamann,* Luftfahrtmedizinisches Forschungsinstitut des Reichsministeriums für Luftfahrt; Hans-Dietrich *Cremer,* Oberstabsarzt an der Gebirgs-Sanitätsschule des Heeres in St. Johann in Tirol; Hans-Joachim *Deuticke,* Physiologisch-Chemisches Institut Göttingen; Heinz von *Diringshofen,* Oberstabsarzt bei der Flieger-Untersuchungsstelle in Frankfurt/Main; Otto *Gauer,* Luftfahrtmedizinisches Forschungsinstitut des Reichsministeriums für Luftfahrt; Erwin *Gohrbrandt,* Oberstabsarzt, Beratender Chirurg am Reichsministerium für Luftfahrt; Franz *Grosse-Brockhof,* Stabsarzt am Physikalischen Institut in Göttingen; Walter *Groth,* Generalarzt der Luftwaffe; Rudolf *Herbst,* Oberstabsarzt, Spezialist für Luftwaffen-Forschung; Ernst *Holzlöhner,* Stabsarzt an der Sanitäts-Versuchs- und Lehrabteilung der Luftwaffe in Jüterbog; Otto *Hübner,* Stabsarzt, Seenotdienstführer 2 Süd; Adolf *Jarisch,* Pharmakologisches Institut in Innsbruck; Josef *Kapfhammer,* Physiologisch-Chemisches Institut in Freiburg; Ernst *Kellersmann,* Stabsarzt an der Militärärztlichen Akademie; Karlferdinand *Kloos,* Stabsarzt, Luftgau-Pathologe III; Werner *Knothe,* Oberstabsarzt der Sanitäts-Versuchs- und Lehrabteilung der Luftwaffe in Jüterbog; Gunther *Lehmann,* Oberstabsarzt, Kaiser-Wilhelm-Institut; Gerhard *Lepel,* Geschwaderarzt am Marinemedizinalamt; Hans *Linck,* Stabsarzt an der Militärärztlichen Akademie; Harald *Lotze,* Stabsarzt bei der Flieger-Untersuchungsstelle in der Berliner Charité; Ulrich *Luft,* Luftfahrtmedizinisches Forschungsinstitut des Reichsministeriums für Luftfahrt; Wolfgang *Lutz,* Stabsarzt am Institut für Luftfahrtmedizin in München; Obersturmbannführer Adolf *Murthum,* Hygiene-Institut der Waffen-SS; Franz *Palme,* Luftfahrtmedizinisches Forschungsinstitut des Reichsministeriums für Luft-

fahrt; Gerd *Peters,* Stabsarzt am Institut für Luftfahrtmedizinische Patho-
logie in Freiburg; Otto *Ranke,* Oberfeldarzt an der Militärärztlichen
Akademie; Sigmund *Rascher,* Stabsarzt, Luftgau-Sanitäts-Abteilung 7 in
München, Durchführender der Seenot- und Unterkühlungsexperimente;
Hermann *Rein,* Oberkriegsarzt, Beratender Physiologe am Reichsministeri-
um für Luftfahrt; Gerhard *Rose,* Oberfeldarzt, Robert-Koch-Institut, Beratender Hygieniker am Reichsministerium für Luftfahrt; Wolfgang *Rotter,*
Stabsarzt, Institut für Luftfahrtmedizin in Freiburg; Siegfried *Ruff,* Beteilig-
ter an Höhentod-Versuchen; Johannes *Schlaaf,* Stabsarzt, Luftwaffen-Lazarett in Bayreuth; Wolfgang *Schoedel,* Oberarzt, Physiologisches Institut
Göttingen; Walter *Schreiber,* Generalarzt, Heeres-Sanitätsinspektion; Erich
Schütz, Luftfahrtmedizinisches Forschungsinstitut des Reichsministeriums
für Luftfahrt; Wilhelm *Schwarz,* Stabsarzt am Institut für Luftfahrtmedizin
in Hamburg; Herbert *Schwiegk,* Oberarzt, Militärärztliche Akademie; Herbert *Siegmund,* Oberstabsarzt, Beratender Pathologe am Reichsministerium
für Luftfahrt; Hansjürgen *Staudinger,* Institut für Luftfahrtmedizinische
Pathologie in Freiburg; Hubertus *Strughold,* Oberster Luftfahrtmediziner,
Direktor des Luftfahrtmedizinischen Forschungsinstituts des Reichsministeriums für Luftfahrt; Rudolf *Thauer,* Leiter des Instituts für animalische
Physiologie in Frankfurt/Main; August *Weltz,* Oberstabsarzt, Leiter des Instituts für Luftfahrtmedizin in München; Robert von *Werz,* Institut für Luftfahrtmedizin in München; Karl *Wezler,* Institut für animalische Physiologie
in Frankfurt/Main; Johannes *Zschucke,* Flottenarzt, Marine-Medizinalamt
Wilhelmsburg.

Wenige Wochen später wiederholt Holzlöhner den Vortrag auf einer
Tagung der Beratenden Ärzte der Wehrmacht. Mit dem gleichen Ergebnis: Keiner protestiert dagegen, dass KZ-Häftlinge als Versuchsmaterial tödlicher Experimente dienen.

Generalarzt Erwin Gohrbrandt, Direktor der III. Chirurgischen
Universitätsklinik am Robert-Koch-Krankenhaus in Berlin und be-
ratender Chirurg bei der Sanitätsinspektion der Luftwaffe – neben
Ferdinand Sauerbruch einer der renommiertesten Chirurgen
Deutschlands – publiziert die Ergebnisse von Raschers Unterküh-
lungsversuchen in der Fachzeitschrift *Zentralblatt für Chirurgie.*[315]
Selbst diese wissenschaftliche Legitimierung der Menschenversu-
che mit Todesfolgen bleibt ohne kritische Resonanz der Ärzteschaft.

Ahnenerbe. **Wirtschaft als Ideengeber**

Als sich Holzlöhner von dem seiner Meinung nach „abgeschlosse-nen Projekt" verabschiedet, setzt Rascher die Menschenversuche ohne ihn fort. Seit Juli 1942 ist er von Himmler in das *SS-Ahnenerbe* eingebunden, das 1935 als *Institut für wehrwissenschaftliche Zweck-forschung* der *Studiengesellschaft für Geistesurgeschichte Deut-sches Ahnenerbe* gegründet wurde. Finanziert wird das Institut nicht nur aus Mitteln der SS, sondern auch vom *Reichsforschungsrat,* von der *Deutschen Forschungsgemeinschaft* und von Firmen wie Merck, Siemens, der I.G. Farben oder der Daimler Benz AG. Daneben erhält Himmler aus seinem Freundeskreis von führenden deutschen Wirt-schaftreibenden großzügige Spenden. Zu seinen Finanziers zählen Männer wie Wilhelm Keppler (Braunkohle-Benzin), Rudolf Bingel (Siemens-Schuckert AG), Heinrich Meyer und Karl Rasche (beide Dresdner Bank)[316]. Außer Geld kommen von Persönlichkeiten aus der Industrie auch viele „Anregungen zu all diesen tausenden Ver-suchen, die Himmler auf allen Gebieten durchführte", wie SS-Grup-penführer Karl Gebhardt, Chefarzt der Orthopädischen Heilanstalt Hohenlychen und Himmlers Leibarzt, im Nürnberger Ärzteprozess zu Protokoll gibt.

Als Abteilungsleiter von *Ahnenerbe* darf Rascher hunderte weitere KZ-Häftlinge in den Tod schicken. Unter anderem erprobt er – auf ausdrücklichen Wunsch Himmlers – den Einfluss *animalischer Wärme* auf Unterkühlte. Zu diesem Zweck lässt er sich aus dem KZ-Bordell vier Mädchen bringen, deren nackte Körper die Bewusstlo-sen erwärmen sollen. Eines der Mädchen entspricht nicht seinen Vorstellungen. Sie zeigt „einwandfrei nordische Rassenmerkmale: blondes Haar, blaue Augen, entsprechende Kopfform", wie er in ei-ner Meldung an den Lagerkommandanten festhält. Rascher weigert sich, dieses Mädchen für seine Versuche zu verwenden: „Es wider-spricht meinem rassischen Empfinden, ein Mädchen, das dem Äuße-ren nach rein nordisch ist […] rassisch minderwertigen KL-Elemen-ten zu überlassen."[317]

Als Ergebnis seiner Versuche, Unterkühlte durch „beiliegende Frau-en" aufwärmen zu lassen, stellt Rascher fest, dass die Körpertempe-ratur weniger rasch ansteige als bei anderen Erwärmungsarten. „Eine Ausnahme machten vier Versuchspersonen, welche zwischen

30 und 32 Grad den Beischlaf ausübten. Bei diesen […] trat nach dem Koitus ein sehr schneller Temperaturanstieg ein, welcher verglichen werden kann mit einem heißen Bad."

Nach den abgeschlossenen Versuchen im Eiswasser wendet Rascher sich den an der Luft Unterkühlten zu. In einem Brief an Himmler schreibt er: „Auschwitz ist für einen derartigen Reihenversuch in jeder Hinsicht besser geeignet als Dachau, da es dort kälter ist, und durch die Größe des Geländes im Lager selbst weniger Aufsehen erregt wird." Bevor die Genehmigung eintrifft, setzt in Dachau starker Frost ein. Rascher muss also nicht übersiedeln, um seine Experimente an Häftlingen fortzuführen.

Bei minus sechs Grad lässt er Männer und Frauen unbekleidet im Freien festbinden und mit einem Leintuch zudecken, das immer wieder mit Wasser bespritzt wird. Dann wiederholt er den Versuch mit nackten Versuchspersonen ohne Wasserkühlung. Die Häftlinge verbringen die ganze Nacht im Freien, werden anschließend untersucht und nach dem eingetretenen Tod obduziert. Den angeordneten Verzicht auf Betäubungsmittel muss Rascher rückgängig machen: Die Versuchspersonen schreien derart, dass es „unmöglich war, die Versuche ohne Narkose weiterzuführen", wie einer der Helfer nach Kriegsende aussagt.[318]

Die letzte Etappe seiner Karriere versucht Rascher durch geistigen Diebstahl zu sichern. Mit einer Arbeit über die Auskristallisation des Blutes will er bei Professor Wilhelm Pfannenstiel habilitieren, der als SS-Sturmbannführer das Hygiene-Institut in Marburg leitet und beratender Facharzt bei Himmlers *Lebensborn* ist. Das von Rascher *erfundene* Blutstillmittel Polygal, dessen Erzeugung Ansehen und Reichtum verspricht, stammt jedoch von dem in Dachau inhaftierten Chemiker Robert Feix.

Die tödlichen Versuche an KZ-Insassen, die Rascher zur Erprobung vornimmt, sind in einer eidesstattlichen Erklärung seines Onkels festgehalten, der durch Zufall auf die Aufzeichnungen stößt und diese schriftlich aus seiner Erinnerung dokumentiert: Das Mittel sei an vier Versuchspersonen erprobt worden. Einem sei von einem auf dem Stuhl stehenden SS-Mann von oben in die rechte Schulter geschossen worden. „Der Schuss kam in der Nähe der Milz heraus. Es war beschrieben, dass der Russe zusammenzuckte und sich dann auf einen Stuhl setzte und nach etwa 20 Minuten starb." Im

Protokoll der Obduktion sei die Bildung der Blutgerinnsel beschrieben worden.

Bei den größtenteils unsinnigen Experimenten des fachlich inkompetenten Luftwaffen-Arztes werden an die 600 Lagerinsassen, oft über Wochen hinweg, schlimmsten Foltermethoden ausgesetzt. Mehr als 150 Versuchspersonen werden zu Tode gequält. Wahrscheinlich hätte Rascher zum Dank für seine *wertvolle wissenschaftliche Arbeit* auch noch den Professorentitel erhalten. Knapp vor dem Ziel aber scheitert er an seiner Geldgier. Sein florierender Handel mit zahlungskräftigen KZ-Insassen fliegt auf: Gegen fünfstellige Reichsmarkbeträge verschafft er alle möglichen Freiheiten und Hafterleichterungen.

Auch seine Frau Nini entwickelt bemerkenswerte kriminelle Energie. Weil sie keine Kinder bekommen kann, stiehlt sie sich den gewünschten Nachwuchs auf dem Münchener Hauptbahnhof aus kurzzeitig abgestellten Kinderwagen.

Aufgrund des Berichts, den SS-Ermittler an Himmler senden, lässt dieser sein Protektionskind fallen. Nini Rascher, Himmlers alte Freundin aus Jugendtagen, wird Anfang 1945 in Ravensbrück gehängt, ihr Gatte am 26. April in Dachau erschossen.

Verbotene Munition. Erprobung an Kriegsgefangenen

Kriegswichtige Experimente sind auch von einzelnen Wehrmachtsärzten dokumentiert.[319] Ihre Versuche an lebenden Kriegsgefangenen sind jenen ähnlich, die SS-Ärzte in Konzentrationslagern vornehmen.

Im Dezember 1941 berichtet Helmuth James Graf v. Moltke, Sachverständiger für Völkerrecht beim Oberkommando der Wehrmacht, der zu den prominentesten Figuren des deutschen Widerstandes zählt, in einem Brief an seine Frau: „[…] Gestern flatterte mir Folgendes auf den Tisch. Ein Offizier meldete, es sei völkerrechtswidrig hergestellte Munition bei den Russen gefunden worden. Dumdum-Geschosse. Dass es sich wirklich um solche handle, lasse sich durch das Zeugnis des Oberarztes P. [gemeint ist Gerhart Panning] beweisen; dieser habe in einem Großversuch die Munition bei Judenexekutionen verwendet."

Empört berichtet Moltke darüber, dass der Wehrmachtsarzt seine

Menschenversuche mit der erbeuteten Dumdum-Munition bei Kopfschüssen, Bauchschüssen und Schüssen in die Gliedmaßen wissenschaftlich beschreibe, um die Völkerrechtswidrigkeit der *russischen Kriegsführung* zu belegen. „Das ist doch ein Höhepunkt der Vertiertheit und Verkommenheit. [...] Ich hoffe aber, dass es doch möglich sein wird, eines Tages den meldenden Offizier und Herrn P. vor ein Gericht zu bekommen."[320]

In einem Ende der sechziger Jahre in Darmstadt stattfindenden Schwurgerichtsprozess wird aus Zeugenaussagen und Dokumenten folgender Sachverhalt rekonstruiert: Universitätsdozent Gerhart Panning, Leiter des Gerichtlich-Medizinischen Instituts der Militärärztlichen Akademie in Berlin, Oberstabsarzt der Wehrmacht und *Beratender Gerichtsmediziner beim Heeres-Sanitätsinspekteur,* gilt als Spezialist für Schussverletzungen und Waffenwirkung. Der Autor militärmedizinischer Publikationen erhält 1941 den Auftrag, erbeutete russische Infanteriemunition spezieller Art zu untersuchen. Sollte sich der Verdacht erhärten, dass die Russen völkerrechtswidrige Dumdum-Munition einsetzen, die wegen ihrer sprenggeschossartigen Wirkung schwerste innere Verletzungen hervorruft und nach der *Haager Landkriegsordnung* von 1907 verboten ist, wäre das ein propagandistischer Erfolg für Deutschland, dem das Propagandaministerium einen hohen Stellenwert zumisst.

Angesichts der Bedeutung des Auftrags will Panning sich nicht mit Schießversuchen auf unbelebte Ziele zufrieden geben. Er wendet sich daher an den Leitenden Offizier der *Abteilung Feindaufklärung und Abwehr,* an den *Oberkriegsgerichtsrat* und das *Armee-Oberkommando 6* mit der Bitte um Überlassung von Versuchspersonen. Zuletzt wird er an SS-Standartenführer Paul Blobel verwiesen, dessen *Sonderkommando 4a* für Vernichtungsaktionen an Juden berüchtigt ist.[321]

Blobel stellt eine nach politischen und rassischen Gesichtspunkten ausgesuchte Gruppe russischer Kriegsgefangener sowie einige seiner verlässlichsten Schützen zur Verfügung. Mit ihnen führt Panning im August 1941 die Experimente durch. Während die Gefangenen in bestimmten Körperhaltungen verharren, wird ihnen, genau nach Pannings Anweisung, die von den Russen erbeutete Munition in ihre Köpfe, Bäuche oder Gliedmaßen geschossen. Unmittelbar danach werden die Leichen von Panning seziert.

166

In seinem Bericht schreibt Panning, bei der verwendeten Munition handle es sich nicht um Dumdum-Geschosse. Die mit Aufschlagzündern versehenen „modifizierten Granaten im Kleinen" seien jedoch „eindeutig völkerrechtswidrig". Die Ergebnisse seiner Versuche publiziert Panning unter dem Titel *Wirkungsform und Nachweis der sowjetischen Infanteriesprengmunition.* Wie er zu seinen Erkenntnissen gelangt, versucht er zu vertuschen. Seine Beobachtungen habe er bei deutschen Verwundeten und bei „sowjetischen Leichen" gemacht, die „mit Schüssen von hinten aufgefunden worden waren".

Pannings Darstellung wird nicht nur von Zeugen widerlegt. Sie ist unglaubwürdig. Die Exekution von Russen erfolgt zwar durch Schüsse in den Rücken, aber nie mit teurer Spezialmunition und immer in der gleichen Art. Panning aber hat die unterschiedlichsten Schussverläufe, Bauchschüsse und Schüsse in die Gliedmaßen dokumentiert, die dieser Exekutionsmethode nicht entsprechen.

Kampfgas. Nach sechs Tagen tot

Der Beginn von Versuchen mit Lost (Senfgas) und Phosgen (als Kampfgas verwendete Verbindung von Kohlenmonoxid und Chlor) wird 1942 zur Geburtsstunde des *Instituts für wehrwissenschaftliche Zweckforschung* innerhalb der *SS-Forschungs- und Lehrgemeinschaft Ahnenerbe.* In einem geheimen Aktenvermerk schlägt der Generalsekretär von *Ahnenerbe,* SS-Standartenführer Wolfram Sievers, die Gründung einer zentralen Stelle vor, um die unterschiedlichen Forschungsaktivitäten „einheitlich zusammenzufassen und dadurch die organisatorische Durchführung zu erleichtern". August Hirt, Ordinarius für Anatomie an der Reichsuniversität Straßburg, der im Auftrag der Wehrmacht Kampfgas-Experimente an Fähnrichen der Militärakademie durchgeführt hat, solle einen Arbeitsplan erstellen, aufgrund dessen „die Versuche im KZ Dachau vom ersten Lagerarzt, SS-Hauptsturmführer Dr. Wolter, eingeleitet werden können".

Himmler nimmt die Anregung auf. Wenige Wochen später befiehlt er die Gründung des *Wehrwissenschaftlichen Instituts* und beauftragt Sievers mit dessen Leitung. Auch die Idee, von Hirt entwickelte Gegenmittel für die im Ersten Weltkrieg eingesetzten Kampfgase an KZ-Insassen zu erproben, begeistert ihn. Die ursprünglich in Dachau geplante Durchführung verlegt er nach Natzweiler. Wie die Versuche ablaufen, beschreibt der Zeuge Josef Holl, der als politischer Häftling im Krankenrevier des Konzentrationslagers beschäftigt ist, nach Kriegsende im Nürnberger Ärzteprozess.

„Die Gefangenen waren ganz nackt ausgezogen. Sie kamen einer nach dem anderen in das Laboratorium hinein. Da musste ich ihnen die Arme halten und sie bekamen […] einen Tropfen von dieser Flüssigkeit aufgeschmiert […] Nach ungefähr zehn Stunden, oder es kann auch etwas länger gewesen sein, stellten sich Brandwunden ein, und zwar am ganzen Körper. Da, wo die Ausdunstungen von diesem Gas hinkamen, war der Körper verbrannt. Blind wurden die Leute zum Teil. Das waren kolossale Schmerzen, sodass es kaum noch auszuhalten war, sich in der Nähe dieser Kranken aufzuhalten […] Ungefähr am fünften, sechsten Tag hatten wir die ersten Toten." Über die anschließende Obduktion berichtet Holl: „Die Eingeweide, die Lunge usw. waren total zerfressen."

Gemeinsam mit Professor Otto Bickenbach experimentiert Hirt auch mit dem Kampfgas Phosgen. In der Gaskammer wird die Wirkung eines von Bickenbach entwickelten Gegenmittels erprobt. Über den Verlauf der Versuche gibt Holl im Nürnberger Ärzteprozess an: „Die Häftlinge wurden in die Gaskammer gebracht, die vielleicht 500 m vom Lager entfernt war, und da kamen sie jeweils mit zwei Mann in diese Gaskammer hinein. Die Gaskammer wurde abgeschlossen. Dann musste einer der Häftlinge die Ampullen kaputtschmeißen."

Die Wirkung ist kaum anders als bei Senfgas-Versuchen. Wer nicht sofort erstickt, leidet unter brandwundenähnlichen Hautveränderungen am ganzen Körper. Am Ende der meist ergebnislos verlaufenden Therapieversuche registriert Holl bei der Obduktion: „Die Lungen waren dann vielleicht noch so groß wie ein halber Apfel, zerfressen und voll Eiter."

Die Tests der von Bickenbach entwickelten Vorbeugungsmittel gegen Phosgenvergiftungen sind wertlos. Ihre Beweiskraft wird „durch den schlechten Ernährungs- und Kräftezustand der Versuchspersonen sowie das experimentell bisher nicht erfasste verschiedene Verhalten und verschiedene Atemvolumen beeinträchtigt", heißt es in der Zusammenfassung des Versuchsberichts.[322]

Giftgeschosse. Geheime Kommandosache

Ein anderer Versuch ist in einem Schreiben des *Hygiene-Instituts der Waffen-SS* an die Dienststelle *Reichsarzt SS und Polizei* dokumentiert, das als *Geheime Kommandosache* gekennzeichnet ist.

„Betrifft: Versuche mit Akonitinnitrat-Geschossen.

[...] Im Beisein von SS-Sturmbannführer Dr. Ding-Schuler, Herrn Dr. Wimann und dem Unterzeichneten wurden am 11. 9. 44 an fünf zum Tode Verurteilten Versuche mit Akonitinnitrat-Geschossen durchgeführt. Es handelte sich um Geschosse vom Kaliber 7,65 mm, welche mit dem Gift in kristalliner Form gefüllt waren. Die Versuchspersonen erhielten im Liegen je einen Schuss in den linken Oberschenkel. Bei 2 Personen wurde der Oberschenkel glatt durchschossen. Es war auch später keine Gifteinwirkung zu erkennen. Diese beiden Versuchspersonen schieden daher aus.

Der Einschuss zeigte keine Besonderheiten. Bei einer Versuchsperson war offenbar die Arteria femoralis (Oberschenkelarterie) verletzt. Ein heller Blutstrom entsprang der Einschussöffnung. Jedoch stand die Blutung nach kurzer Zeit. Der Blutverlust hat schätzungsweise höchstens 3/4 Liter betragen, war also auf keinen Fall tödlich. Die drei Verurteilten wiesen in ihren Erscheinungen eine überraschende Übereinstimmung auf. Zunächst zeigten sich keine Besonderheiten. Nach 20 bis 25 Minuten traten motorische Unruhe und ein leichter Speichelfluss ein. Die Vergifteten schluckten häufig, später ist der Speichelfluss so stark, dass er durch Hinunterschlucken nicht mehr bewältigt werden kann. Schaumiger Speichel entfließt dem Mund. Dann setzen Würgreiz und Erbrechen ein [...].

Nach ungefähr 90 Minuten setzte bei einer der Versuchspersonen wieder eine tiefe Atmung ein, begleitet von einer zunehmenden motorischen Unruhe. Die Atmung ging dann in eine oberflächliche, jagende über. Gleichzeitig bestand ein starker Brechreiz. Der eine Vergiftete versuchte vergebens zu erbrechen. Um dies zu erreichen, steckte er 4 Finger der Hand bis zu den Grundgelenken tief in den Mund. Trotzdem setzte kein Erbrechen ein. Das Gesicht war dabei gerötet.

Die anderen Versuchspersonen zeigten schon früh ein blasses Gesicht. Die übrigen Erscheinungen waren dieselben. Die motorische Unruhe wuchs später so stark, dass sich die Personen aufbäumten, wieder hinwarfen, die Augen verdrehten, sinnlose Bewegungen mit den Händen und Armen ausführten. Schließlich ließ die Unruhe nach, die Pupillen erweiterten sich maximal, die Verurteilten lagen still. Bei einem von ihnen wurden Masseter-Krampf (Kaumuskelkrampf) und Urinabgang beobachtet. Der Tod trat 121, 123 und 129 Minuten nach Erhalten des Schusses ein.

Zusammenfassung: Die mit ungefähr 38 mg Akonitinnitrat in Substanz gefüllten Geschosse hatten trotz unbedeutender Verletzungen nach etwa 2 Stunden eine tödliche Wirkung. Die Vergiftung zeigte sich etwa 20 bis 25 Minuten nach der Verletzung. Im Vordergrund der Erscheinung standen Speichelfluss, Veränderungen der Pupillen, Verschwinden der Sehnen-Reflexe, motorische Unruhe und starker Brechreiz."

Unterschrieben ist dieses Dokument mit „Doz. Dr. Mrugowsky, SS-Oberführer u. Amtschef".[323]

Impfversuche. Kriegsgefangene als *Versuchskaninchen*

Deutsche Wehrmachtsärzte führen Versuche mit Impfstoffen an russischen Kriegsgefangenen durch. In welchem Ausmaß das geschieht, ist bisher ungeklärt. Die meisten Dokumente werden bei Kriegsende vernichtet. Der Wahrheitsgehalt sowjetischer Dokumente, die diese Beschuldigung enthalten, ist nicht überprüfbar.

Belegt ist, dass sich Deutschland bei der Behandlung der Kriegsgefangenen nicht an das Völkerrecht hält. So sieht die *Anordnung für die Behandlung sowjetischer Kriegsgefangener in allen Kriegsgefangenenlagern* die „Aussonderung" (sprich Tötung) aller „als bolschewistische Triebkräfte anzusehenden Elemente" vor. Der Begriff ist beliebig interpretier- und ausdehnbar. Der Wehrmacht bleibt nur ein Feigenblatt. Sie exekutiert nicht selbst, sondern überstellt die Gefangenen an die SS, die für alles Weitere zuständig ist.

Im Herbst 1942 ordnet Generalfeldmarschall Wilhelm Keitel als Chef des Oberkommandos der Wehrmacht an, dass alle nicht arbeitsfähigen sowjetischen Kriegsgefangenen höheren SS- und Polizeiführern zu übergeben seien, die für die „Weiterleitung bzw. Beschäftigung sorgen", eine „dürftige Tarnbezeichnung für die beabsichtigte Liquidierung", wie Christian Streit in *Keine Kameraden* schreibt.[324]

Dass an den zur Liquidierung vorgesehenen Kriegsgefangenen von Wehrmachtsärzten Impfstoffe erprobt werden, ist zumindest in einem Fall belegt. Am 3. 11. 1942 berichtet der *Beratende Hygieniker beim Leitenden Sanitätsoffizier Stab Don* von einem erfolglos getesteten Cholera-Impfstoff, der bei Tierversuchen „keine" und bei „Probeimpfungen an Kriegsgefangenen nur vereinzelt schwache örtliche Reaktionen" gezeigt habe. Wer dieser Beratende Hygieniker war, kann auch das Militärchiv Freiburg nicht mit letzter Sicherheit klären. Die Identifizierung sei „nicht sicher", da es „gerade um den Jahreswechsel 1942/43 zahlreiche personelle Wechsel und organisatorische Veränderungen gab und die Überlieferung jener Zeit sehr lückenhaft ist".[325]

Durstfolter in Dachau. Trinken von Meerwasser

Auch bei den militärisch motivierten Versuchen mit KZ-Häftlingen, die klären sollen, ob und mit welcher Methode Meerwasser trinkbar gemacht werden kann, arbeiten Wehrmacht und SS zusammen. Immer wieder geraten Piloten nach Abstürzen oder Notlandungen in Seenot, als deren größtes Problem sich der Durst herausstellt. Konrad Schäfer, Unterarzt im Stab des Berliner *Forschungs-Instituts für Luftfahrtmedizin,* im Zivilberuf Assistent am chemotherapeutischen Laboratorium der Schering AG, erfindet ein Entsalzungsverfahren, das von der I.G. Farben zur Großherstellung entwickelt wird.[326] Gleichzeitig preist ein geschäftstüchtiger Ingenieur der Luftwaffe eine Art Süßstoff an, der Wasser nicht entsalzt, sondern nur dessen salzigen Geschmack überdeckt. Um diese billigere Version testen zu können, tritt die *Sanitätsinspektion der Luftwaffe* an Himmler mit der Bitte um Überlassung von Versuchspersonen aus Konzentrationslagern heran.

Als SS-Gruppenführer Arthur Nebe, Chef des Reichskriminalamtes, Zigeuner für den Versuch vorschlägt, legt sich Reichsarzt SS Ernst Robert Grawitz quer. In einem Schreiben an Himmler stellt er fest, dass „Zigeuner bei ihrer teilweise andersartigen rassischen Zusammensetzung möglicherweise Versuchsergebnisse bringen, die auf unsere Männer nicht ohne weiteres anzuwenden sind". Aus diesem Grund sei es „wünschenswert, wenn für die Versuche solche Häftlinge zur Verfügung gestellt werden könnten, die rassisch der europäischen Bevölkerung vergleichbar sind". Himmler entscheidet sich für den Mittelweg. Auf dem positiven Antwortschreiben seiner Kanzlei vermerkt er handschriftlich: „Zigeuner und zur Überprüfung drei andere."[327]

Die im Konzentrationslager Dachau stattfindenden Versuche werden von Stabsarzt Wilhelm Beiglböck, Oberarzt der I. Medizinischen Universitätsklinik in Wien, geleitet. Zwölf Tage soll die Verträglichkeit von behandeltem Salzwasser an *freiwilligen* Versuchspersonen – was immer das bei KZ-Häftlingen heißen mag – getestet werden. Beiglböck bricht das Experiment frühzeitig ab, weil er schwere gesundheitliche Schäden fürchtet. Die Häftlinge liegen apathisch in den Betten, sind kaum ansprechbar oder verfallen in Schreikrämpfe. Während des Bodenwaschens werfen sie sich zur Erde, um das Wasser aufzusaugen.

Der wissenschaftliche Nutzen der Versuche ist gleich Null: Dass Salzwasser die Nieren angreift, hat man vorher schon gewusst. Dass sich die Nierenfunktion durch Vitamine nicht steigern lässt, ist ebenso wenig überraschend wie die Tatsache, dass das getestete Mittel nur den Geschmack des Meerwassers verändert.

Fleckfieber I. Seuchenexperimente in Buchenwald

Auf Einladung von Gerhard Reiter, dem Präsidenten des Reichsgesundheitsamtes, wird am 29. 12. 1941 im Reichsministerium des Inneren das Problem der Fleckfieber-Impfung im Expertenkreis besprochen. Leonardo Conti, Staatssekretär für das Gesundheitswesen, muss die Entscheidung treffen, welcher der vielen zur Wahl stehenden Impfstoffe in Großproduktion gehen soll. Über deren Wirkungsweise ist auch die Wissenschaft uneinig. Also wendet sich Conti an die SS. Über den Reichsarzt SS Ernst Robert Grawitz erhält er Himmlers Genehmigung zur Durchführung von Versuchen an Häftlingen im Konzentrationslager Buchenwald.[328]

Das von Standartenführer Joachim Mrugowsky geleitete *Hygiene-Institut der Waffen-SS* richtet in Buchenwald die *Abteilung für Fleckfieber- und Virusforschung* ein, die auch der Herstellung eines SS-eigenen Impfstoffes dienen soll, um bei einer Übertragung dieser Krankheit aus dem Osten die Versorgung der SS-Truppen zu sichern. Dass die Wahl auf Buchenwald fällt, ist kein Zufall. Prominente ausländische Forscher sind hier inhaftiert, die zur Mitarbeit herangezogen werden sollen.

Die Durchführung der Versuche erfolgt unter der Leitung des SS-Arztes und Hauptsturmführers Erwin Ding-Schuler, der von seinen Vorgesetzten als besonders ehrgeizig und von Lagerinsassen in Buchenwald als besonders skrupellos beschrieben wird. Was auf der von ihm geleiteten Fleckfieberstation passiert, ist durch sein eigenes Tagebuch ausführlich dokumentiert. Dieses wird nach Kriegsende von Professor Eugen Kogon, einem inhaftierten Historiker, der unter Ding-Schuler als Stationsschreiber Dienst tun muss, in Sicherheit gebracht.

Auf gesundheitliche Folgen wird bei den Versuchen keine Rücksicht genommen. Sie laufen immer nach dem gleichen Schema ab: Mehrere etwa gleich große Gruppen von Versuchspersonen werden mit unterschiedlichen Wirkstoffen geimpft und anschließend mit dem Fleckfieber-Erreger infiziert. Injektionen mit dem Fleckfieber-Virus erhalten gleichzeitig nicht geimpfte Häftlinge, zur Kontrolle, ob der Erreger auch wirkt.

Noch eine dritte Gruppe wird infiziert: Zur Erhaltung der Fleckfieber-Stämme werden stets drei bis fünf so genannte *Passagepersonen* „auf Vorrat" gehalten. Durch sie ist sichergestellt, dass „Frischblut von Fleckfieberkranken" jederzeit für weitere Experimente zur Verfügung steht.[329]

Bei der Auswertung der Ergebnisse stellt sich heraus: Auch die geimpften Personen erkranken, im Durchschnitt allerdings weniger schwer. Einige der Impfstoffe sind völlig unbrauchbar, andere lindern wenigstens den Krankheitsverlauf. Immun sind nur jene, die früher schon Fleckfieber hatten.

Insgesamt werden an 450 Häftlingen Versuche durchgeführt, etwa 160 dürften dabei ums Leben gekommen sein. Eine einzige Versuchsreihe, die im Stationstagebuch ausführlich dokumentiert ist, fordert fast 100 Opfer, die meisten aus der ungeimpften Kontrollgruppe. Die zur Erreger-Bevorratung infizierten *Passagepersonen* scheinen alle umgekommen zu sein.[330] Eine hohe Zahl von Versuchspersonen wird gesundheitlich schwer geschädigt.

Skrupel kennen die Ärzte nicht. Die wissenschaftliche Arbeit soll ja der Rettung tausender Deutscher dienen. Anfangs melden einzelne Mediziner noch Bedenken an. Als Ding-Schuler im Mai 1943 auf der *3. Arbeitstagung der Beratenden Ärzte der Wehrmacht* seine Versuchsreihe ausführlich beschreibt, regt sich Widerstand: Generalarzt Professor Gerhard Rose, Chef der Abteilung für Tropische Medizin am Robert-Koch-Institut, erhebt Einspruch gegen die Menschenversuche. In scharfen Worten wendet er sich gegen „ein Abweichen von dem seit Jahrzehnten üblichen Vorgehen der Immunitätsforschung". Der Protest von Rose kommt vor allem für jene überraschend, die wissen, dass der oberste Mediziner der Luftwaffe derartige Versuche vor kurzem noch selbst angeregt hat.[331] Das Bekenntnis zur ärztlichen Ethik muss plötzlich erwacht sein – und hält nicht lange. Schon im Dezember tritt Rose an das *Hygiene-Institut der Waffen-SS* mit der Bitte heran, einen von ihm entwickelten und im Tierversuch erprobten Impfstoff testen zu lassen. Es wäre „wünschenswert zu wissen, ob in der Versuchsanordnung von Ihnen und Ding-Schuler in Buchenwald sich eine ähnliche Schutzwirkung zeigt wie bei den Impfstoffen aus klassischen Viren", heißt es in seinem Schreiben an Mrugowsky. „Wären Sie in der Lage, eine derartige Versuchsreihe durchführen zu lassen?"[332]

Die SS-Führung entspricht diesem Wunsch. „Es werden deshalb 30 geeignete Zigeuner zum Institut für Fleckfieberforschung nach Buchenwald demnächst überstellt", heißt es im Antwortschreiben, das aus dem SS-Wirtschaftsverwaltungshauptamt kommt und mit „Calling, SS-Standartenführer", gezeichnet ist.

Die Durchführung der Versuche vom 8. März bis 13. Juni ist im Stationstagebuch von Ding-Schuler dokumentiert. Der von Rose entwickelte Impfstoff ist wertlos. Der Krankheitsverlauf zwischen geimpften und ungeimpften Personen unterscheidet sich kaum. In beiden Gruppen gibt es drei Tote.

Bei seiner Verantwortung im Nürnberger Ärzteprozess will Rose nur edle Motive für sein Handeln gelten lassen. Mehrfach betont er die „seelischen Konflikte" und „ungeheuren Belastungen", die der Arzt auf sich nehmen müsse, der sich „die Übernahme einer solchen Aufgabe aufbürdet".

Mit den ermordeten Versuchspersonen aus den Konzentrationslagern hat er weniger Mitleid. Auf die Frage, ob er sich nicht gewundert habe, wie viele angeblich zum Tod verurteilte Verbrecher für die Versuche zur Verfügung standen, antwortet er: „Unter den verschiedenen Sondergesetzen wurden in Deutschland so viele Hand-

174

lungen mit dem Tod bestraft, dass ich mich darüber absolut nicht gewundert habe." Dann nennt er selbst ein paar solcher *Handlungen*: „Lebensmittelschiebung, Schwarzschlachtung, Kriegsdienstverweigerung […]"

Rose fühlt sich bis zuletzt im Recht: Es seien ja Versuchspersonen verwendet worden, die „in ordnungsgemäßer Weise von den zuständigen staatlichen Stellen bestimmt worden sind"[333]. Zu seiner Entlastung beruft er sich auf andere Fälle von Menschenversuchen an verurteilten Verbrechern: Schon König Georg I.[334] habe an sechs zum Tode Verurteilten Versuche mit Kuhpocken anstellen lassen. Beri-Beri-Forscher Richard P. Strong in Manila habe ebenso wie Pestforscher Huffgen in Bombay mit zum Tode verurteilten Freiwilligen experimentiert. Dass es sich bei KZ-Häftlingen nicht um Freiwillige handle, weil diese ihre Zustimmung aus „Furcht vor den Folgen der Weigerung" gegeben hätten, räumt er allerdings selbst ein.

Über die Auswahl der Versuchspersonen sagt der einstige Buchenwald-Häftling und Stationsschreiber Professor Kogon aus, Freiwilligkeit habe es nur am Anfang gegeben. Den Häftlingen sei Zusatzkost versprochen und gesagt worden, es handle sich „um eine harmlose Sache". Nach den ersten Versuchen hätten sich keine Freiwilligen mehr finden lassen. Ding-Schuler habe daraufhin dem Lagerführer die Auswahl der Personen überlassen. Nach Kogons Aussage befand sich unter den Versuchspersonen „kein einziger Fall" eines zu Tode Verurteilten.

Im Herbst 1944 beschränkt eine Anordnung von Himmler an den Chef der Sicherheitspolizei die Auswahl der Häftlinge auf Berufsverbrecher, die zu mindestens zehn Jahren Haft verurteilt sind: „SS-Gruppenführer Nebe soll die Zurverfügungstellung dieser Häftlinge überwachen."

Neben den Fleckfieber-Versuchen finden in Dachau auch Experimente mit Impfstoffen und Therapeutika gegen Gelbfieber, Diphterie, Typhus und Cholera statt. Allein in das medizinische Programm des Jahres 1943 sind 800 Versuchspersonen einbezogen. Wie viele von ihnen sterben, ist unbekannt.

Der SS-Arzt Ding-Schuler, einer der skrupellosesten Mediziner, die das Dritte Reich hervorgebracht hat, wird nie vor Gericht gestellt. Angeblich hat er 1945 Selbstmord verübt.

Fleckfieber II. Versuchsstation Natzweiler

Während die Versuche in Buchenwald in alleiniger Verantwortung der SS-Führung stehen, arbeiten im Konzentrationslager Natzweiler SS und Luftwaffe Hand in Hand. Der Chef des Sanitätswesens der Luftwaffe gehört zu den Auftraggebern der Fleckfieber-Impfversuche von Eugen Haagen, Ordinarius für Hygiene der Reichsuniversität Straßburg, die auch vom Reichsforschungsrat gefördert werden. Die notwendigen Genehmigungsverfahren scheinen sich diesmal zu verzögern. In einem Brief an seinen Kollegen Rose vom 4. 10. 1943 beschwert sich Haagen, dass es bisher leider nicht möglich sei, „Infektionsversuche an den Geimpften vorzunehmen; ich hatte mich an das Ahnenerbe der SS gewandt, um von dort geeignete Impflinge zu bekommen, bin aber noch ohne Nachricht geblieben."

Haagen hat einen neuen Fleckfieber-Impfstoff entwickelt, den er an Tieren – und angeblich auch im Selbstversuch – erfolgreich getestet haben will. Die Versuche an KZ-Häftlingen beginnen im Mai 1943. Keine der Versuchspersonen stellt sich freiwillig zur Verfügung. Im Sicherungslager Schirmeck, das zum Konzentrationslager Natzweiler gehört, erhalten 25 Polen, die als geschlossener Transport eintreffen, das unerprobte Mittel injiziert.

Einige Tage danach gibt es die ersten Toten. Ein inhaftierter Apotheker, der im Lager Sanitätsdienst tut, muss die Leichen in Papiersäcke einpacken und sie ins Krematorium von Natzweiler bringen. Haagens Assistent beschwichtigt das technische Personal mit den Worten, die Versuche würden „nur an Polen" durchgeführt, die „eigentlich keine Menschen" seien.[335]

Trotz des tödlichen Ausgangs werden die Experimente in Schirmeck und im Konzentrationslager Natzweiler fortgesetzt. Haagen hat einen weiteren Wirkstoff entwickelt, der ebenfalls getestet werden soll. Nach Eintreffen der Versuchspersonen beklagt er sich bei seinem Kollegen August Hirt, Ordinarius für Anatomie an der Reichsuniversität Straßburg, über den katastrophalen Allgemeinzustand der zur Verfügung gestellten Häftlinge. „Derartige Versuche führen nur dann zu einem brauchbaren Schluss, wenn sie mit einem normal ernährten und in gutem allgemeinen Kräftezustand befindlichen, gesunden Menschen angestellt werden. [...] Mit dem vorliegenden Häftlingsmaterial können daher brauchbare Ergebnisse nicht erwar-

176

tet werden." Von den 100 ausgewählten Häftlingen seien „auf dem Transport bereits 18 gestorben". Nur zwölf befänden sich in einem Zustand, der sie „für Versuche geeignet erscheinen lässt".[336] Abschließend bittet Haagen um neue Häftlinge „im Alter zwischen 20 und 40 Jahren, die „so beschaffen sind, dass sie vergleichbares Material liefern" könnten. Die Antwort erhält Haagen von SS-Standartenführer Wolfram Sievers, Direktor des *Instituts für wehrwissenschaftliche Zweckforschung,* das dem *Ahnenerbe* der SS untersteht. Man werde Haagen den „gewünschten Personenkreis" zur Verfügung stellen.

Der von Haagen ebenfalls informierte Gerhard Rose scheint auch keine Bedenken mehr zu haben. „Ich bitte Sie, bei der Beschaffung von Impflingen für Ihren Versuch von vorneherein eine Anzahl für den Kopenhagener Impfstoff mit einzusetzen. Das hat den Vorteil, der sich auch in den Versuchen von Buchenwald gezeigt hat, dass die Prüfung verschiedener Impfstoffe nebeneinander größere Klarheit […] über die Wirkung gibt."[337]

Tatsächlich erhält Haagen 90 *Impflinge* aus Auschwitz, die erst kurz zuvor aus Wehrmacht und SS entlassen und in Haft genommen wurden. Seiner eigenen Darstellung nach verlaufen die Versuche „erfolgreich". Die Impfreaktionen seinen zwar heftiger als bei früheren Versuchen, die immunisierende Wirkung des neuen Impfstoffes aber deutlich besser. „Manifestationen von Fleckfieber traten in keinem Fall auf."

Ein holländischer politischer Häftling, der heimlich Abschriften des Totenbuches angefertigt hat, kann damit nach Kriegsende seine Aussage belegen, Haagens Versuche hätten 29 Todesfälle verursacht.[338] Eine ehemalige technische Assistentin an Haagens Hygienischem Institut in Straßburg spricht bei ihrer Aussage im Nürnberger Ärzteprozess von 50 Toten, die diese Versuche gefordert hätten.

Haagens Verantwortung, es habe sich nicht um Versuche, sondern um normale Impfungen gehandelt, die durchgeführt wurden, um Fleckfieberepidemien zu verhindern, fällt bei der Beweisaufnahme in Nürnberg in sich zusammen. Im Juni 1944 hat er brieflich weitere 200 Häftlinge für die Erprobung seines Impfstoffes angefordert. Seinem Kollegen Hirt schreibt er, dass bei den Versuchen mit Erkrankungen zu rechnen sei, „insbesondere bei der Parallelgruppe von nicht Geimpften".

Hepatitis. Sachsenhausen probt für den Russlandfeldzug

Auf den starken Anstieg von Hepatitis epidemica im Russlandfeldzug reagieren Wehrmacht und SS mit Aufträgen an Wissenschaftler, nach Wirkstoffen zur Impfung und Behandlung zu suchen. Als Kliniker wird Prof. Gutzeit, als Bakteriologe Gutzeits Mitarbeiter an der militärärztlichen Akademie Dohmen beauftragt. Daneben befassen sich Eugen Haagen und andere mit dem Problem, dem große strategische Bedeutung zukommt. Die Gelbsucht verläuft zwar nicht tödlich, trägt jedoch maßgeblich zur Schwächung der Kampfkraft bei.

Am 1. Juni 1943 wird Himmler von Reichsarzt SS Ernst Robert Grawitz in einem als *Geheime Kommandosache* gekennzeichneten Schreiben um Überlassung von „acht zum Tode verurteilten Häftlingen möglichst jüngeren Alters" gebeten. Die im Konzentrationslager Sachsenhausen geplanten Versuche zur Erforschung der Ursachen der ansteckenden Gelbsucht seien für Waffen-SS, Heer und Polizei von großer Wichtigkeit. Die Verbreitung der Krankheit habe derart zugenommen, dass Truppen in Südrussland „bis zu 60 Prozent an Ausfall haben". Zum „Vorantreiben der Erkenntnisse" sei „die Überimpfung der erzüchteten Virusstämme auf den Menschen erforderlich", erläutert Grawitz, bevor er hinzufügt: „Mit Todesfällen muss gerechnet werden." Himmler genehmigt mit Schreiben vom 16. Juni, dass „acht zum Tode verurteilte Juden der polnischen Widerstandsbewegung für die Versuche verwendet werden".

Nach Aussagen eines Häftlings[339] nützt Dohmen die ihm gebotene Chance. Der SA-Führer, der selbstständig im Laboratorium von Professor Eugen Gildemeister, Direktor des Robert-Koch-Instituts in Berlin, arbeitet, verlegt seine Arbeit auf Wunsch der SS-Führung vorübergehend in das Konzentrationslager Sachsenhausen. Dort führt er Versuche an elf Knaben im Alter von 9 bis 16 Jahren durch, die im August 1943 aus dem Konzentrationslager Auschwitz eingeliefert werden. Im September 1944 infiziert er seine Opfer und kommt, in Verbindung mit klinischen Versuchen, tatsächlich zu Ergebnissen. Es gelingt ihm, den Erreger – ein Virus – zu finden.

Welche Forscher sonst noch Hepatitis-Versuche an Menschen durchführen, bleibt ungeklärt. Gutzeit dürfte das Material, das ihm von allen Fronten an die *Militärärztliche Akademie* zugeleitet wird, hauptsächlich in seiner Klinik in Breslau verwertet haben. Der Straßburger Hygieniker Eugen Haagen fordert die Durchführung von Hepatitis-Versuchen „in der Nähe von Straßburg", womit das Konzentrationslager Natzweiler gemeint sein könnte. Belege dafür, dass die Versuche zustande kommen, gibt es nicht.

Dokumentarisch belegen aber lassen sich Vorbereitungen für weitere Menschenexperimente in Buchenwald. SS-Standartenführer Mrugowsky vom *Hygieneinstitut der Waffen-SS* bittet Grawitz, für Versuche mit einem neuen Hepatitis-Virus an 20 Häftlingen „die Genehmigung zu erwirken". Es scheint bei der Planung zu bleiben: Der Zusammenbruch verhindert die Durchführung.

Über Experimente an anderen Orten fehlen die Aufzeichnungen. Gesichert scheint, dass Hepatitis-Versuche auch an englischen Kriegsgefangenen auf Kreta durchgeführt werden.[340]

Malariastation Dachau. Tödliche Tropenmedizin

Claus Schilling, ein anerkannter Tropenmediziner, ist bereits 75, als Himmler und Conti ihn dazu überreden, im Konzentrationslager Dachau eine Malaria-Versuchsstation einzurichten. Der ehemalige Chef der Abteilung Tropenmedizin am Robert-Koch-Institut in Berlin, der seit seiner Emeritierung 1936 in Italien an der Entwicklung eines Malaria-Impfstoffes geforscht hat, nimmt das Angebot gerne an.

Schon Anfang 1941 beginnt der fanatische Forscher, den der Dachau- und Auschwitz-Überlebende Hermann Langbein als „große, vornehme Erscheinung" in Erinnerung hat, mit Häftlingen zu experimentieren. Anfang 1942 ist seine Versuchsstation fertig, an der er gemeinsam mit dem SS-Arzt Hauptsturmführer Rudolf Brachtel arbeitet. Versuche an Menschen scheinen ihm „eine sinnvolle Verkürzung des Weges zu wissenschaftlichen Ergebnissen", wie er im Dachauer KZ-Prozess aussagt.

Im Konzentrationslager findet er diese Voraussetzungen vor. Die Lagerleitung stellt ihm anfänglich Kriminelle, danach vor allem politische Häftlinge zur Verfügung, zu denen auch polnische Geistliche zählen. In den letzten Wochen vor der Befreiung darf Schilling an Invaliden forschen.

Anfangs seien die ausgewählten Häftlinge froh gewesen, „denn sie brauchten nicht zu arbeiten, nicht zu den Appellen anzutreten und wurden gut verpflegt", beschreibt Langbein den Beginn der tödlichen Experimente.[341] Dann aber werden die Versuchspersonen, die Schilling „meine Kaninchen" nennt, systematisch mit Malaria infiziert, um unterschiedliche Behandlungsmethoden erproben zu können.

Die Suche nach einem Impfstoff folgt dem gleichen Schema wie die Fleckfieber-Versuche in Buchenwald: Mehrere Gruppen von Häftlingen werden mit unterschiedlichen Wirkstoffen geimpft, um sie anschließend mit Malaria-Erregern zu infizieren. Ebenfalls infiziert wird eine Kontrollgruppe, die nicht geimpft ist.

Die Menschenexperimente werden erst Mitte März 1945 eingestellt. Während der mittlerweile 78-jährige medizinische Leiter nach einer Operation in einem Münchener Krankenhaus liegt, ergeht Himmlers telegrafischer Befehl an den Lagerkommandanten, die Versuchsreihe abzubrechen.[342]

An die 1100 Versuchspersonen sind innerhalb von drei Jahren *behandelt* worden. Wie viele Todesopfer die Versuche fordern, lässt sich nicht exakt feststellen. Der Dachauer Gerichtshof geht nach Kriegsende davon aus, etwa 30 Häftlinge seien unmittelbar an den Folgen der Versuche gestorben, weitere 300 Spätfolgen erlegen. Das Todesurteil gegen Schilling wird am 29. Mai 1946 vollstreckt.

Neben der Malaria-Station wird in Dachau auch an einer Tuberkulose-Versuchsstation experimentiert. Außerdem werden an einer Reihe von Häftlingen Sepsis (Blutvergiftung) und Phlegmone (eitrige Zellgewebsentzündung) künstlich herbeigeführt.[343]

Sulfonamid. Weibliche *Versuchskaninchen* in Ravensbrück

Im Gegensatz zu anderen medizinischen Verbrechen der Nazizeit sind die Experimente im Frauen-KZ von Ravensbrück fast nur durch Zeugenaussagen der Betroffenen belegt. Der rechtzeitig vor dem Zusammenbruch gegebene Auftrag, alle Dokumente zu vernichten, wird hier nahezu lückenlos befolgt. Es gibt keine Aufzeichnungen über das Zustandekommen der Menschenversuche, kaum Dokumentationen der Abläufe und keine Zusammenfassungen ihrer Ergebnisse.

Unter Leitung von SS-Gruppenführer Karl Gebhardt, Chefarzt der

Orthopädischen Heilanstalt Hohenlychen, finden im davon nur zwölf Kilometer entfernten Ravensbrück Versuche mit Sulfonamiden statt. Der beratende Chirurg der Waffen-SS, Himmlers langjähriger Freund und Leibarzt, spricht sich zunächst gegen diese Versuche aus. Er fürchtet, die Einführung von Sulfonamiden könnte zu einer Verzögerung der sofortigen chirurgischen Wundbehandlung führen.

Dann aber führen dramatische Ereignisse einen Gesinnungswandel herbei. An der Front droht eine Vertrauenskrise zwischen Soldaten und Truppenärzten. Die wenigen Chirurgen stehen der immer größer werdenden Zahl von Verletzten hilflos gegenüber. Die für jeweils maximal fünfzig Verwundete ausgelegten Hauptverbandsplätze, an denen je vier Chirurgen arbeiten, drohen unter der Last von täglich 200 bis 300 Zugängen zusammenzubrechen. Über der Front abgeworfene Flugblätter der Alliierten, die über neue Wundermittel wie Sulfonamide und Penicillin berichten, verstärken den Unmut. Viele deutsche Soldaten fühlen sich im Stich gelassen.

Ein Bericht Himmlers über die ersten Menschenversuche in Dachau hat Hitler zudem tief beeindruckt. Spontan entscheidet er, wenn es um das Staatswohl gehe, seien Menschenversuche zuzulassen. Die Insassen von Konzentrationslagern und Gefängnissen sollten vom Krieg nicht unberührt bleiben, „während die deutschen Soldaten das fast Untragbare leisten müssen und die Heimat mit Frau und Kind von Phosphorbomben zusammengeschlagen wird"[344].

Mitte Mai 1942 findet in Berlin eine *Tagung der beratenden Kliniker der Wehrmacht* statt, auf der die unterschiedlichen Meinungen heftig aneinander prallen. Die Mehrheit plädiert für den verstärkten Einsatz von Sulfonamiden, das einzige in Deutschland entwickelte und verfügbare Mittel gegen die bakterielle Wundinfektion. Eine andere Gruppe, der Gebhardt und Sauerbruch angehören, bevorzugt den chirurgischen Eingriff ohne „den Zustand verschleiernde Therapeutika". Gebhardt plädiert gar für eine Verlegung der chirurgischen Stäbe an die Front.

Die Tagung löst eine Forschungslawine aus. Pharmakonzerne starten Forschungsprogramme, um sich die Schlüsselpatente für das Sulfonamid-Geschäft zu sichern. Der Reichsforschungsrat stattet die Forschungsbudgets großzügig mit Mitteln aus. Das Wehrmachtssanitätswesen stellt Weichen für große Feldversuche. Himmler lässt im

Konzentrationslager Dachau sofort Vorbereitungen für eine Versuchsserie treffen, bei der Häftlinge künstlich infiziert und anschließend mit Sulfonamid und anderen Medikamenten behandelt werden.

Den letzten Anstoß für die Sulfonamid-Versuche aber gibt das Attentat auf SS-Obergruppenführer Reinhard Heydrich, Chef des Reichssicherheitshauptamtes. Der Organisator der *Endlösung,* den Hitler zum stellvertretenden Reichsprotektor von Böhmen und Mähren gemacht hat, wird am 27. Mai 1942 bei einem Attentat schwer verletzt und stirbt am 4. Juni. Für Hitler bedeutet Heydrichs Tod „eine verlorene Schlacht von einem Ausmaß, wie wir sie bisher nie erlitten hatten".

Gebhardt trifft nach dem Attentat zu spät in Prag ein, um die erforderliche Notoperation selbst vornehmen zu können. Zwei Prager Ärzte haben seiner Meinung nach ganze Arbeit geleistet und auch – in geringen Mengen – Sulfonamid gegeben. Dem prominenten SS-Chirurgen bleibt nichts anderes übrig, als den Behandlungsverlauf zu kontrollieren. Bei seiner Vernehmung nach Kriegsende im Nürnberger Ärzteprozess schildert er, wie Hitler und Himmler ihn geradezu bestürmt hatten, Deutschlands berühmtesten Chirurgen, Geheimrat Ferdinand Sauerbruch, und Hitlers Leibarzt Theodor Morell beratend hinzuzuziehen.

Gebhardt sträubt sich. „Wenn etwas den Patienten gefährdet, dann ist es Nervosität am Krankenlager und das Auftreten von zu vielen Ärzten", erklärt er sein Verhalten.[345] Als Heydrich stirbt, wird ihm diese Ablehnung beratender Kapazitäten ebenso wie sein teilweiser Verzicht auf Sulfonamid zum Verhängnis. Seine Kollegen nützen die Chance zur Intrige gegen das Aushängeschild der deutschen Militärchirurgie. Morell lässt in Hitlers Anwesenheit wie nebenbei fallen: „Hätte man ihm mein Sulfonamid gegeben, dann wäre vielleicht manches anders gegangen."[346]

Hitler befiehlt Gebhardt zu sich, ohne den eigens Angereisten dann zu empfangen. Dieser weiß, was das bedeutet. Um keinen Karriereknick zu riskieren, bemüht sich der Gedemütigte, die von ihm ursprünglich abgelehnten Sulfonamid-Versuche unter seine Leitung zu bekommen. Mit Hilfe von Himmler gelingt ihm das. Als er im Frauenkonzentrationslager Ravensbrück zu experimentieren beginnt, steht er unter Druck. Er weiß: Die Verteidigung seiner beruflichen Position hängt von dieser Bewährungsprobe ab.

Die generalstabsmäßig anlaufenden Vorbereitungen zeigen, wie wichtig diese Versuche sind. Als Assistent zieht Gebhardt einen seiner Mitarbeiter an der orthopädischen Heilanstalt Hohenlychen heran: SS-Obersturmführer Fritz Fischer, einen pathologischen Anatomen, der sich als Frontchirurg auf dieses Gebiet spezialisiert hat. Die Leitung des Sanitätswesens der SS liefert die chirurgischen Instrumente. Der oberste Hygieniker der SS, Standartenführer Joachim Mrugowsky, stellt sein Laboratorium samt Mitarbeitern zur Verfügung. Der Chefarzt über sämtliche Konzentrationslager, Enno Lolling, kommandiert den Standortarzt des Frauen-KZ Ravensbrück, SS-Obersturmführer Gerhard Schiedlauski, und die beiden Lagerärzte SS-Untersturmführer Rudolf Rosenthal und Hertha Oberheuser, zur Unterstützung von Gebhardt ab. Und Himmler sorgt für das *Menschenmaterial.*

Schon am 29. August, fünf Wochen nach Beginn seiner neuen Aufgabe, schickt Gebhardt einen *Zwischenbericht über die klinischen Versuche im FKL Ravensbrück* an Reichsarzt SS Grawitz. Seine Arbeit habe das Ziel, „die unter dem Namen Gasbrand bekannten, klinisch nicht einheitlich verlaufenden Erkrankungen", sowie die „banalen Wundinfektionen, die als Begleiterscheinung in der Kriegschirurgie auftreten", zu analysieren und Versuche „einer neuen chemotherapeutischen Heilung neben den bekannten chirurgischen Maßnahmen" zu unternehmen.

Danach folgt die Beschreibung der ersten Versuche an deutschen Schwerverbrechern, die aus dem benachbarten Konzentrationslager Sachsenhausen kommen: Über einen zehn Zentimeter langen Schnitt am Oberschenkel wird den Häftlingen eine Bakterienkultur eingeführt. Eine gasbrandähnliche Entzündung lässt sich so nicht herbeiführen. Also werden bei den nächsten Versuchen die Keimzahlen erhöht, Colibakterien zugesetzt und zuletzt noch Holzspäne in die Wunde gerieben. „Aus der bakteriologischen Literatur ist bekannt, dass hierdurch die Virulenz (aktive Wirkung) der Bakterien beim Versuchstier um ein Vielfaches gesteigert werden kann", heißt es in Gebhardts Bericht.

Weil sich der gefährliche Gasbrand trotz allem nicht voll entwickeln will, wird die Gewebsschädigung durch „die Ausschaltung eines Muskels aus dem Blutkreislauf" operativ verstärkt, damit „auf die dadurch entstehende Großnekrose (örtlicher Gewebstod) ein Bakterienstamm verimpft werden" kann. „Denn erst wenn das wirklich eindeutig klinische Bild des Gasbrandes erzeugt ist, können endgültige Rückschlüsse auf die Therapie mit chemotherapeutischen Mitteln in Verbindung mit chirurgischen Eingriffen gezogen werden." Der mit „Gebhardt, SS-Brigadeführer" gezeichnete Zwischenbericht ist das einzig erhalten gebliebene Dokument von den nun anlaufenden Versuchsreihen. Alles Übrige ist nur durch Aussagen von Ärzten und Häftlingen belegt.

Die nächsten Experimente werden bereits mit Frauen durchgeführt. Den Ärger der durchführenden Ärzte, die das für „unmilitärisch" halten, beschwichtigt Himmler mit der Behauptung, den zum Tod verurteilten weiblichen Mitgliedern der polnischen Widerstandsbewegung sollte „die Chance auf Begnadigung gewährt" werden. Weder die Zusage der Begnadigung noch die versprochene Freiwilligkeit der Versuchspersonen werden von Gebhardt überprüft.

Von Freiwilligkeit kann keine Rede sein. Die Frauen wissen nicht einmal, was mit ihnen passiert. Sorgfältig werden sie ausgewählt: Die Ärzte wollen gesunde, junge, widerstandsfähige Versuchspersonen. In einem streng abgeschirmten Teil der Krankenstation werden sie begutachtet, untersucht, gebadet, an den Beinen rasiert. Mehrfach erhalten sie Injektionen, die zum Erbrechen führen. Schließlich steckt man sie in OP-Hemden, bringt sie in den Operationssaal, wo sie narkotisiert werden. Dann liegen sie in ihren Zimmern, zu denen nur Ärzte und SS-Schwestern Zutritt haben, zwischen Bewusstlosigkeit, Dämmerzustand und kurzen Phasen aufgeputschter Klarsichtigkeit, mit hohem Fieber, unerträglichen Schmerzen, Verbänden an den Beinen. Beim Verbandwechsel wird ihnen eine Decke über das Gesicht gelegt, damit sie die Wunden nicht sehen, von denen ein widerlicher Gestank ausgeht.

Schließlich bekommen sie ihre Beine doch zu Gesicht. Anfang September ist große Visite. Im Auftrag Himmlers will sich Reichsarzt SS Grawitz vom Fortgang der Experimente überzeugen. In Reih und Glied werden die Frauen im großen OP-Saal nebeneinander geschlichtet, die beinahe Geheilten ebenso wie die frisch Operierten. Entsetzt starren sie auf ihre Beine, die von tiefroten, eitrigen Wunden und schlecht verheilten Narben entstellt sind. Gebhardt und Grawitz prüfen jeden einzelnen Fall, lassen sich von den Mitarbeitern detailliert berichten. Die Polinnen verstehen nicht, was da gesagt wird. Aber sie wissen, dass die an ihnen vorgenommenen Operationen nicht notwendig sind, dass sie als Gesunde verstümmelt werden.[347]

Während die Frauen der Versuchsstation unvorstellbare Qualen leiden, ärgert sich Himmler über den „Schongang", in dem sein Freund Gebhardt sich vor dem „Setzen kriegsgleicher Wunden" drückt. Grawitz ist längst Himmlers Meinung. Zu seiner Enttäuschung hat es bisher keine Toten gegeben. Das bedeute, dass die Versuche „nicht in Übereinstimmung mit den Anweisungen" durchgeführt werden. Die den Versuchspersonen zugefügten Wunden seien nicht mehr als „einfache Flohbisse". Der Zweck der Versuche aber sei, die Behandlung von Schusswunden zu erforschen. Die nächste Versuchsreihe habe „in Einklang mit diesen Richtlinien" zu stehen. Ultimativ fordert Grawitz authentische Schussverletzungen plus Nebenschädigungen der Wunde durch Verunreinigungen mit Erde und Stoff.[348]

Gebhardt kommt der Anordnung, „kriegsgleiche Wunden" zu setzten, nicht nach, sorgt aber durch Verschärfung der Versuchsbedingungen für die geforderten Toten. Den Versuchspersonen werden Bakterienstämme injiziert, die lebensbedrohliche Krankheitserscheinungen hervorrufen. Gleichzeitig wird durch das Abklemmen von Gefäßen die Durchblutung gestört. Drei Frauen sterben durch die bewusst herbeigeführte Ausdehnung der Entzündungen, die sich zuletzt nicht mehr kontrollieren lassen. Zophia Maczka, eine polnische Röntgen-Fachärztin, die als politischer Häftling in Ravensbrück als Hilfskraft auf der Röntgenstation arbeitet, nennt bei ihrer Aussage nach Kriegsende zahlreiche weitere Namen von Verstorbenen.

Als Nächstes werden Frauen mit einem Gasbrand-Stamm infiziert, der mit Staphylokokken und Streptokokken (Eitererreger) angereichert ist. Wieder gibt es Tote. Die Überlebenden sind für den Rest ihres Lebens von Spätschäden gezeichnet. Nach Meinung von Zophia Maczka hätten einige von ihnen gerettet werden können. Aber Gebhardt braucht die Toten. Er muss Härte zeigen, um seine Karriere zu retten.

Das Finale dieser Versuchsreihe findet vom 24. bis 26. Mai 1943 in der Militärärztlichen Akademie in Berlin statt. Fischer und Gebhardt präsentieren die Ergebnisse ihrer Forschung am Menschen unter dem Titel *Besondere Versuche über Sulfonamidwirkung* einem erlesenen Kreis führender Wehrmachtsärzte. Unter 200 namhaften Wissenschaftlern, Universitätsprofessoren, Leitern von Abteilungen großer Krankenhäuser und aktiven Sanitätsoffizieren findet sich kein einziger, der protestiert.

Fischer sagt später vor einem Militärgericht aus, es sei vollkommen klargelegt worden, „dass die Versuche an Häftlingen eines Konzentrationslagers ausgeführt wurden". Tagungsteilnehmer berichten, die Vortragenden hätten verheimlicht, dass es sich bei den Versuchspersonen um Frauen und politische Häftlinge gehandelt habe. Für alle Zuhörer aber sei die Grausamkeit der Versuche und die Tatsache erkennbar gewesen, dass diese jeder ärztlichen Ethik widersprochen hätten.

Vor allem aber machen diese Aussagen deutlich, wie sehr sich die Wehrmacht insgesamt von der SS hat einschüchtern und korrumpieren lassen. „Schon aus Gründen des militärischen Taktes" hätte es an SS-Ärzten keine Kritik geben können, erklärt ein Tagungsteilnehmer als Zeuge vor dem Nürnberger Ärzteprozess. Ein solcher Affront wäre nicht geheim geblieben und womöglich von Feindsendern verbreitet worden. „Der Vorwurf des Vaterlandverrats wäre dann sofort gefolgt."[349]

Die Teilnehmerliste. Keine Kritik an Menschenversuchen

Unter jenen, die unter diesen Umständen taktvoll den Mund halten, befinden sich die prominentesten Professoren des Reiches. Weil die Teilnehmerliste vorab erstellt wurde, ist nicht auszuschließen, dass der eine oder andere vor Beginn der Veranstaltung abgesagt hat.

Zu den teilnehmenden Chirurgen zählen Generaloberstabsarzt Johannes *Käfer;* die Generalärzte Karl *Brandt,* Erwin *Gohrbrandt,* Walter *Penner* und Ferdinand *Sauerbruch;* die Oberstärzte Heinrich *Bürkle de la Camp,* Wilfried *Fölsch,* Egbert *Kahn,* Wilhelm *Krüger,* Hellmut *Heim;* die Oberfeldärzte Lorenz *Böhler,* Gottfried *Frey,* Werner *Hueck,* Herbert *Peiper,* Gerhard *Usadel,* Heinrich *Westhues;* die Oberstabsärzte Georg *Axhausen,* Albert Wilhelm *Fischer,* Otto *Goetze* (Marine), Ernst *Heller,* Hans *Hellner,* Hans *Killian,* Heinrich *Kuntzen,* Max *Madlener,* Leopold *Schönbauer;* die Oberkriegsärzte Nicolai *Gulecke,* Viktor *Orator;* sowie die Professoren Wilhelm *Hammer* und Gerhardt *Küntscher.*

Zu den teilnehmenden Pathologen zählen die Oberfeldärzte Max *Borst,* Friedrich *Klinge,* Walter *Koch,* Arnold *Lauche,* M. *Neuhaus,* Martin *Nordmann,* Herbert *Siegmund,* Hugo *Spatz;* die Oberstabsärzte *Gruber,* Karl *Plenge,* Edmund *Randerath,* Hans *Schleußing,* Ludwig *Singer,* Martin *Staemmler;* die Oberkriegsärzte Franz *Büchner,* H. *Rössle;* sowie die Professoren Berthold *Ostertag,* Otto *Schmidt.*

Zu den teilnehmenden Dermatologen zählen die Oberstärzte Heinrich *Löhe,* Hans *Schreus;* die Oberfeldärzte *Hofmann, Überschaer,* Karl *Vohwinkel,* Geschwaderarzt Ludwig *Saltner;* die Oberstabsärzte Carl Friedrich *Funk,* Heinrich *Gottron,* Josef *Vonkennel;* sowie die Professoren Walter *Friboes,* Karl *Zieler.*

Unter den Psychiatern befinden sich neben dem Euthanasie-Arzt SS-Obersturmbannführer Werner *Heyde* die Oberstärzte Max *de Crinis,* Otto *Wuth,* Paul *Würfler;* die Oberfeldärzte August *Bostroem,* Adolf *Fuchs,* Matthias *Göring,* Hans Otto *Luxenburger,* Werner *Rohde,* Werner *Villinger,* Geschwaderarzt Heinrich *Pette;* die Oberstabsärzte Walter *Betzendahl,* Hans-Gerhard *Kreutzfeld* (Marine), Gottfried *Ewald,* Günter *Vollborn* (Marine); sowie die Professoren Friedrich *Panse,* Rudolf *Thiele,* Georg *Zillig,* Klaus Joachim *Zülch.*

Unter den Tuberkulosefachärzten befinden sich Geschwaderarzt Adolf *Bacmeister,* Oberstarzt Hellmuth *Deist;* die Oberfeldärzte Otto *Steinmeyer,* Gustav *Eversbusch,* Karl *Nicol;* die Oberstabsärzte Wilhelm *Roloff,* Hellmuth *Ulrici;* sowie Professor Friedrich Wilhelm *Meyer.*

Unter den Pharmakologen befinden sich die Oberstärzte Ferdinand *Flury,* Hans *Steidle* und Wolfgang *Wirth,* Flottenarzt Gerhard *Pflesser;* die Oberstabsärzte Wolfdietrich *Eichler,* Paul *Wels,* Karl *Zipf;* sowie die Professoren Hans *Gremels,* Wolfgang *Heubner,* Adolf *Jarisch,* Werner *Schulemann.*

Unter den Hygienikern und Tropenhygienikern befinden sich Generalarzt Walter *Schreiber;* die Oberstärzte Ernst *Rodenwaldt,* Gerhard *Rose,* Heinz *Zeiß;* die Flottenärzte Friedrich *Grunske,* Heinrich *Hornung,* Peter *Mühlens,* Heinrich *Ruge,* Johannes *Zschucke;* sowie die Professoren Werner *Bachmann,* Karl-Wilhelm *Blumenberg,* Karl-Wilhelm *Clauberg,* Eugen *Haagen,* Horst *Habs,* Immo *von Hattingberg,* Franz *Jahnel,* Ernst *Nauck,* Paul *Oesterle,* Wilhelm *Pfannenstiel,* Walter *Schnell,* Paul *Uhlenhuth,* Friedrich *Weigmann.*

Unter den Internisten befinden sich die Oberstärzte Rudolf *Herbst,* Hans *Horsters,* Heinz *Kalk,* Karl *Nissen,* Paul *Uhlenbruck;* sowie die Professoren Albert *Anthony,* Richard *Bader,* Kurt *Beckmann,* Hans Heinrich *Berg,* Gustav von *Bergmann,* Friedrich *Bremer,* Helmut *Denning,* Karl *Eimer,* Erich *Grafe,* Kurt *Gutzeit,* Leo *Hantschmann,* Heinrich *Hoesslin,* Martin *Jenke,*

Gerhardt *Katsch*, Rudolf *Klingner*, Friedrich *Meythaler*, Walter *Parrisius*, Karl *Retzlaff*, Arthur *Rühl*, Ernst Günther *Schenck*, Hans *Schulten*, Richard *Siebeck*, Johannes *Stein*, Alfred *Störmer*, Fritz *Strieck*, *Westphal*.

Perverse Chirurgie. In Stücke geschlagene Beine

Durch ein persönliches Entgegenkommen kann Gebhardt bei Himmler weitere Pluspunkte sammeln. Der vom Reichsführer SS protegierte Ludwig Stumpfegger wird von ihm in Ravensbrück nicht nur eingeführt. Gebhardt übernimmt auch die militärische und klinische Verantwortung für die makabren Menschenversuche, die dem jungen SS-Arzt zu wissenschaftlichem Ansehen verhelfen sollen. Der skrupellose Karrierist, der es bald bis zu Hitlers Leibarzt bringt, gilt als neuer Stern am Himmel der SS-Medizin. Er will sich an der Verpflanzung von Knochen und Muskeln versuchen. In Ravensbrück steht ihm dazu das erforderliche *Menschenmaterial* zur Verfügung.

Die Experimente verlaufen zwar nicht tödlich, führen jedoch bei vielen der Frauen zu einer völligen Zerstörung der Beine. Stumpfegger lässt ihre Knochen mit einem Hammer in Stücke schlagen, um sich danach an der Zusammensetzung zu versuchen. Er sägt Knochenstücke aus Schienbeinen, die er an anderen Stellen wieder einsetzt, entfernt Teile von Wadenbeinen, schält Knochenhaut ab, entfernt Muskeln und Nerven.

Bei Zofia Baj, die 1946 im Nürnberger Ärzteprozess als Zeugin auftritt, hält ein medizinisches Gutachten die erlittenen Verletzungen fest: jeweils fünf Zentimeter des linken und fünf Zentimeter des rechten Wadenbeins sind entfernt, von beiden Schienbeinen zirka zehn Zentimeter Knochenhaut abgeschabt, fünf Löcher in das rechte und sechs Löcher in das linke Schienbein gebohrt, die alle bis ins Knochenmark reichen.

Stumpfegger *krönt* seine Versuche mit der Transplantation eines Schulterblattes, die er gemeinsam mit Gebhardt und Fischer vornimmt. Ein Patient in Hohenlychen hat aufgrund einer bösartigen Geschwulst das Schlüsselbein und das Schulterblatt – und damit beide Stützen eines Armes – verloren. Eine einmalige Gelegenheit für die Ärzte, das Transplantationsverfahren von Mensch zu Mensch zu erproben.

Stumpfegger und Gebhardt treffen in Hohenlychen alle Vorbereitungen zur Verpflanzung. Gleichzeitig operiert Fischer einem der weiblichen Häftlinge in Ravensbrück das Schulterblatt heraus. Während der assistierende Lagerarzt die Operation zu Ende führt, fährt der Chirurg mit dem Knochen nach Hohenlychen, wo die Verpflanzung sofort abgeschlossen wird. Das Experiment gelingt: Gebhardts Patient überlebt die Operation. Das Schulterblatt heilt ein. Die polnische Ärztin Zophia Maczka berichtet später als Zeugin, die Häftlingsfrau sei unmittelbar nach der Operation durch eine Evipanspritze getötet worden.

Tödliche Spritzen für die Opfer von Experimenten sind nichts Ungewöhnliches. Hertha Oberheuser hat zugegeben, solche in mehreren Fällen verabreicht zu haben. Eine Lagerärztin, die selbst „zwanzig bis dreißig schwer kranke Patienten mit einer Überdosis Morphium einem leichten Tod zugeführt" hat, schildert nach Kriegsende die Verabreichung tödlicher Benzininjektionen durch ihre Kollegin: „Die Wirkung war das Bild eines akuten Herztodes. Die Patienten bäumten sich auf, dann brachen sie plötzlich zusammen. Es dauerte drei bis fünf Minuten [...] bis zum Tod. Bis zum letzten Augenblick waren die Patienten bei vollem Bewusstsein."[350]

Als oberster Vorgesetzter deckt Gebhardt alle Verbrechen und macht sogar Fleißaufgaben. Er lässt sich sämtliche Operationsberichte von Stumpfegger kommen, um sie persönlich auszuwerten und an den Reichsführer SS weiterzuleiten. Dieser zeigt sich erkenntlich, indem er seinen Freund brieflich von dem Makel befreit, Mitschuld am Tod Heydrichs zu tragen. In einem Brief an die Ostfront, an der Gebhardt im Oktober 1942 Wehrmachts- und SS-Lazarette inspiziert, schreibt er:

„Mein lieber Karl! [...] Mit diesen Zeilen will ich dir meinen herzlichen Dank sagen, dass du unserem Freunde Heydrich seine letzten Tage so unendlich leicht und schön gemacht hast. Ich weiß, dass ärztlich von beiden Professoren, die vor deiner Anwesenheit die Operation vornahmen, alles getan wurde. Sie haben die modernen Mittel in der Bluttransfusion gegeben, die zur inneren Bekämpfung der gefährlichen und oft todbringenden Bakterien geeignet sind. Ich weiß, dass in ärztlicher Sorgfalt von dir und deinen beiden Kollegen alles überlegt und bald durchgeführt wurde, was geschehen konnte, um dieses wertvolle und teure Blut zu erhalten. Der Uralte hatte das nun anders bestimmt. Dagegen konnte keine ärztliche Kunst an. Dir aber, meinem alten Freunde, möchte ich noch einmal meinen herzlichen Dank sagen, dass du unserem guten Reinhard ein so tapferer Kamerad und guter Freund in seinen letzten Tagen und Stunden gewesen bist. Heil Hitler, in alter Freundschaft, Dein HH."

Nach dieser Absolution darf der Reichsführer SS weitere Gefälligkeiten von seinem Freund erwarten. In einem Brief bittet Himmlers persönlicher Referent Rudolf Brandt im Auftrag seines Chefs den „lieben Brigadeführer", einem Sigmund Rascher behilflich zu sein, der in Dachau Unterkühlungsversuche mit in Wasser gelegten Personen unternommen habe und nun mit Erfrierungsversuchen an der Luft beginnen wolle. Der Kreis von Tätern und Komplizen hat sich – wieder einmal – geschlossen.

Im Nürnberger Ärzteprozess verantworten sich Gebhardt und Fischer damit, dass ihnen der „Gehorsam dem Staat gegenüber" während des Krieges als „höchste sittliche Pflicht" erschienen war. Im Interesse der Gemeinschaft hätten sie „innere Bedenken" zurückgestellt. Ihre Situation vergleichen sie mit der von Soldaten, die den Befehl erhalten, tödliche Bomben abzuwerfen. Gebhardt wird zum Tod, Fischer zu lebenslanger Haft verurteilt.[351]

Phlegmone. Versuche an Geistlichen

Ähnlich wie in Ravensbrück verlaufen die Menschenversuche in Dachau, bei denen unterschiedliche Behandlungsmethoden von Phlegmonen (eitrige Zellgewebsentzündung) erprobt werden sollen. Neben der Versorgung von Wunden wird hier mit Entzündungsprozessen unterschiedlichster Art experimentiert. Wissenschaftlich inkompetente Ärzte versuchen sich mit ungeeigneten Mitteln an allen möglichen Infektionen und Krankheiten, von entzündlichen Prozessen an Herz, Lunge oder Nieren bis zu Ischias, Gallensteinen oder Wassersucht. Die absurden Experimente, die der Allgemeinmediziner SS-Sturmbannführer Schütz, der Biochemiker Kiesewetter und Lagerarzt Pape vornehmen, bringen nur ein Ergebnis. Die Versuchspersonen werden entsetzlichen Torturen ausgesetzt, bevor sie einen qualvollen Tod sterben.

Bei den Opfern der Experimente, die der Chefarzt des Konzentrationslagers, SS-Hauptsturmführer Wolter, persönlich aussucht, han-

delt es sich hauptsächlich um katholische Geistliche und Ordensbrü-
der unterschiedlicher Nationen. Das Muster der Experimente unterscheidet sich kaum von dem in anderen Konzentrationslagern:
Mehrere Versuchspersonen werden mit den gleichen Krankheitserregern infiziert, um danach an ihnen unterschiedliche Medikamente und
Heilmethoden testen zu können. Finden sich Häftlinge mit ähnlichen
Krankheiten, werden diese auf unterschiedliche Art behandelt.

Auf ausdrücklichen Wunsch Himmlers wird hier mit Naturheilmit-
teln experimentiert, deren Anwendung bei künstlich herbeigeführten schwersten Entzündungsprozessen unsinnig ist. In einem Bericht, den Reichsarzt SS Grawitz am 29. 8. 1942 an Reichsführer SS
Himmler sendet, heißt es über die biochemisch behandelten Krankheiten unter anderem: „So weit sie günstig ausgingen, zeigten sie
keinen anderen Verlauf, als sie nach ärztlicher Erfahrung bei absoluter Ruhigstellung im Bett auch ohne besondere Maßnahmen zu nehmen pflegen."

Heinrich Stöhr, der als politischer Häftling in der Krankenstation
von Dachau Dienst tut, bestätigt nach dem Krieg als Zeuge vor Gericht diese Erfahrung: „Es hat sich herausgestellt, dass sehr häufig
der Patient rascher gesundete, der überhaupt keine Heilmittel, d. h.
keine Tabletten, Injektionen usw. bekam."

Die Opferzahlen waren unverhältnismäßig hoch. Stöhr erinnert sich,
dass von den ersten zehn Patienten sieben starben. Von einer zweiten Versuchsgruppe, die aus vierzig Priestern bestand, dürften zwölf
den Versuchen erlegen sein.[352]

Sammlung jüdischer Schädel. Köpfen für die Wissenschaft

Zu den makabersten Dokumenten wissenschaftlicher Verbrechen
im Dritten Reich zählt ein Bericht von August Hirt, Ordinarius für
Anatomie an der Reichsuniversität Straßburg, an Heinrich Himmler,
in dem er sein neues Forschungsprojekt schildert.

„Betr.: Sicherstellung von jüdisch-bolschewistischen Kommissaren
zu wissenschaftlichen Forschungen in der Reichsuniversität Straßburg.

Nahezu von allen Rassen und Völkern sind umfangreiche Schädel-
sammlungen vorhanden. Nur von den Juden stehen der Wissenschaft so wenig Schädel zur Verfügung, dass ihre Bearbeitung keine

gesicherten Erkenntnisse zulässt. Der Krieg im Osten bietet uns jetzt Gelegenheit, diesem Mangel abzuhelfen. In den jüdisch-bolschewistischen Kommissaren, die ein widerliches, aber charakteristisches Untermenschentum verkörpern, haben wir die Möglichkeit, ein greifbares wissenschaftliches Dokument zu erwerben, indem wir ihre Schädel sichern."[353]

Wenige Zeilen weiter beschreibt Hirt, wie das geschehen soll. Zur „Sicherstellung des Schädelmaterials" solle die Wehrmacht alle jüdisch-bolschewistischen Kommissare der Feldpolizei übergeben. „Der zur Sicherstellung des Materials Beauftragte (ein der Wehrmacht oder sogar der Feldpolizei angehörender Jungarzt oder Medizinstudent, zugerüstet mit einem PKW nebst Fahrer) hat eine vorher festgelegte Reihe fotografischer Aufnahmen und anthropologischer Messungen zu machen und, soweit möglich, Herkunft, Geburtsdatum und andere Personenangaben festzustellen. Nach dem danach herbeigeführten Tode des Juden, dessen Kopf nicht verletzt werden darf, trennt er den Kopf vom Rumpf und sendet ihn, in eine Konservierungsflüssigkeit gebettet, in eigens zu diesem Zweck geschaffenen und gut verschließbaren Blechbehältern zum Bestimmungsort. […] Für die Aufbewahrung und die Erforschung des so gewonnenen Schädelmaterials wäre die neue Reichsuniversität Straßburg ihrer Bestimmung und ihrer Aufgabe gemäß die geeignetste Stätte."[354]

Wie nicht anders zu erwarten, unterstützt Himmler dieses Projekt, wenn auch in abgewandelter Form. Das Umbringen wird nicht an Ort und Stelle durch einen Jungarzt besorgt, sondern den Profis in den dafür geschaffenen Konzentrationslagern übertragen, wie aus einem Schreiben der *Lebensborn*-Führung an Adolf Eichmann, Leiter des Judenreferats im Reichssicherheitshauptamt, hervorgeht: „Betrifft: Aufbau einer Sammlung von Skeletten."

In trockenem Amtsdeutsch wird mitgeteilt, dass der mit der Ausführung des Sonderauftrags betraute SS-Hauptsturmführer Bruno Berger seine Arbeit wegen der Seuchengefahr in Auschwitz beendet hat. Die von ihm *bearbeiteten* 115 Personen „sind zur Zeit getrennt nach Männern und Frauen in je einem Krankenbau des MKL Auschwitz untergebracht und befinden sich in Quarantäne. Zur weiteren Bearbeitung der ausgesuchten Personen ist nunmehr eine sofortige Überweisung an das KL Natzweiler erforderlich."

Was mit den zur Skelettierung vorgesehenen Personen in Natzweiler geschieht, wird im Nürnberger Ärzteprozess von Joseph Kramer geschildert, der als SS-Freiwilliger die Vergasung der Opfer vornimmt. Befehlsgemäß liefert er die Leichen danach Hirts Anatomischem Institut. Ein dort Beschäftigter erinnert sich nach Kriegsende an die Anlieferung der Leichen, die „noch warm", mit „weit offenen, blutunterlaufenen und glänzenden Augen" und „ohne Leichenstarre" ankommen.

Als sich der Zusammenbruch abzuzeichnen beginnt, bittet Sievers um Weisung, was mit der angelegten Skelettsammlung zu geschehen hat, „falls mit Bedrohung Straßburgs zu rechnen ist". Infolge des Umfangs der Arbeit seien die Skelettierungsarbeiten noch nicht abgeschlossen. Würde Hirt eine „Entfleischung und damit Unkenntlichmachung" vornehmen, wäre das ein „großer wissenschaftlicher Verlust für diese einzigartige Sammlung, weil danach Hominitabgüsse nicht mehr möglich wären."[355]

Hirts Auftrag an seine Untergebenen, die Leichen zu zerstückeln und zu verbrennen, erfolgt zu spät. Seine Helfer sind geständig. In einem Schreiben an Hirt freut sich Sievers, „dass wir alle Arbeitsunterlagen rechtzeitig vernichtet haben."

Hirt ist seit Kriegsende verschollen und gilt als tot. Sievers, der sich vor Gericht als Widerstandskämpfer darstellt, der nur auf Wunsch seiner Widerstandsgruppe in Himmlers Nähe geblieben sei, wird im Nürnberger Ärzteprozess als Leiter eines Programmes, das tausende Morde an KZ-Insassen in Auftrag gab, zum Tod verurteilt.[356]

Großlabor Auschwitz. Sterilisierung und Kastration

Das Konzentrationslager Auschwitz wird von den Nazis als Großlabor für Experimente am Menschen genützt. In großem Stil finden hier die Sterilisierungs- und Kastrationsversuche statt, mit deren Hilfe der Völkermord an den Juden vollendet werden soll, ohne auf deren Arbeitskraft verzichten zu müssen. In einem von Viktor Brack gezeichneten Aktenvermerk aus der Kanzlei des Führers an Heinrich Himmler heißt es: „Bei etwa 10 Millionen europäischer Juden sind nach meinem Gefühl mindestens 2 – 3 Millionen sehr gut arbeitsfähige Männer und Frauen enthalten. Ich stehe in Anbetracht der außerordentlichen Schwierigkeiten, die uns die Arbeiterfrage bereitet, auf dem Standpunkt, diese […] auf jeden Fall heranzuzie-

hen und zu erhalten. Allerdings geht das nur, wenn man sie fort-
pflanzungsunfähig macht. [...] Eine Sterilisation, wie sie normalerweise bei Erbkranken durchgeführt wird, kommt in diesem Fall
nicht in Frage, da sie zu zeitraubend und zu kostspielig ist. Eine
Röntgenkastration jedoch ist nicht nur relativ billig, sondern lässt
sich bei tausenden in kürzester Zeit durchführen."[357]
Himmler muss von der Idee, diese Methode zu testen, nicht erst
überzeugt werden. Bei der Suche nach einem geeigneten Mediziner
stoßen Himmler und Brandt auf Horst Schumann, der zwar kein
Spezialist, dafür jedoch ein zuverlässiger Exekutor nationalsozialistischer Vernichtungspolitik ist. Das SA-Mitglied der ersten Stunde
hat sich in Grafeneck als *Euthanasie*-Arzt ausgezeichnet, die Tötungsanstalt Sonnenstein geleitet und als Mitglied der Mediziner-
Kommission in Auschwitz jene 575 Häftlinge persönlich selektiert,
die im Rahmen der *Aktion 14f13* in der Gaskammer von Sonnenstein
ermordet wurden.
Schumanns wissenschaftliche Qualifikation hält mit seiner ideologischen nicht Schritt. Kollegen stellen bei seinem Vorgehen eine „absolute Unkenntnis gynäkologischer Anatomie" fest.[358]
Am 2. November 1942 beginnt Schumanns Tätigkeit in Auschwitz.
In Block 30, dem Krankenbau für Frauenhäftlinge, wird ihm eine eigene Röntgenabteilung eingerichtet. Seine Versuchsobjekte – relativ
gesunde Frauen und Männer zwischen 17 und 25 Jahren – darf er
sich selbst aussuchen. In einem Warteraum stehen sie Schlange. Ein-
zeln treten sie in die Behandlungskoje. Die Bestrahlung des Genital-
bereichs dauert fünf bis acht Minuten, wie sich die Häftlingsärztin
Alina Brewda erinnert. Schumann selbst, der die Experimente aus
dem mit Bleiplatten isolierten Nebenraum durch ein Fenster beobachtet, stellt die Apparate ein.
Die Ergebnisse entsprechen der dilettantischen Durchführung: Die
Behandelten erleiden schwerste Verbrennungen, zeigen Symptome
akuter Bauchfellentzündung, leiden an Eiterungen, hohem Fieber
und Erbrechen. Die hormonellen Eingriffe scheinen den Alterungs-
prozess zu beeinflussen. Gesichtszüge und Körperhaltung verändern
sich, die Haut bildet Falten, wird grau und schlaff. Junge Mädchen
machen nach wenigen Tagen den Eindruck alter Frauen.
Nach der Bestrahlung werden den Frauen die Eierstöcke entfernt
und an Laboratorien verschickt, um festzustellen, ob die Röntgen-

strahlen das Gewebe zerstört haben.[359] Der eigens dafür abgestellte Chirurg arbeitet am Fließband, ohne Rücksicht auf die Folgen für die Opfer. Seine rüden Eingriffe führen zu zusätzlichen Blutungen und schweren Infektionen. Bis zu zehn Operationen pro Stunde werden von ihm durchgeführt.[360]

Die Experimente an Männern verlaufen kaum anders. Die von Schumann ausgewählten Opfer kommen mit schweren Verbrennungen an den Hoden zurück. Diese werden ihnen kurz darauf operativ entfernt, mit unglaublicher Brutalität und ohne ausreichende Betäubung, wie sich ein Häftlingsarzt erinnert. „Die Schreie der Patienten waren schrecklich anzuhören."[361]

Die Operationsfolgen entsprachen denen der Frauen: Blutungen, Sepsen, Muskeltonusabfall. Wie viele Patienten an Schumanns *Behandlung* sterben, geht aus den lückenhaft erhalten gebliebenen Auschwitzer Aufzeichnungen über die Experimente nicht hervor. Schätzungen gehen davon aus, dass mehr als 1000 männliche und weibliche Häftlinge Schumanns Bestrahlungsversuchen ausgesetzt waren.

Sterilisierung. Claubergs Block 10

Der renommierte Gynäkologe Carl Clauberg macht Block 10 zum Zentrum der medizinischen Versuche in Auschwitz. Obwohl sich die für ihn eingerichtete Station mitten im Männerlager befindet, wird hier hauptsächlich an Frauen experimentiert. Die Fenster des Blocks sind mit Brettern vernagelt, um die Sicht auf den Hof von Block 11 zu verhindern, wo Gefangene durch Erschießungskommandos liquidiert werden.

Der Wissenschaftler zählt zur Elite der NS-Mediziner. Gemeinsam mit Chemikern der Firma Schering hat er die Wirkungsweise weiblicher Sexualhormone erforscht und den *Clauberg-Test* entwickelt, eine Bestimmungsmethode für das weibliche Hormon *Gestagen,* das der Erhaltung der Schwangerschaft dient. Die von Clauberg entwickelten Hormonpräparate *Progynon* und *Proluton* können unfruchtbaren Frauen zur Schwangerschaft verhelfen. Die Erfolge seiner wissenschaftlichen Arbeit haben ihm eine außerordentliche Professur in Königsberg, höchstes Ansehen in der Partei, das Goldene Parteiabzeichen und den Rang eines SS-Gruppenführers (Generalleutnant) der Reserve eingebracht.[362]

Durch Injektionen mit dem synthetisch hergestellten Hormon *Progynon A* können Frauen schwanger werden, die infolge eines Eileiterverschlusses bisher keine Kinder bekommen konnten. Bei einem Gespräch mit Himmler wird 1940 die Idee geboren, diese Erkenntnisse in umgekehrte Richtung zu nützen, um nicht arische Frauen unfruchtbar zu machen. Eine Formalinlösung, die gemeinsam mit Novocain in den Uterus injiziert wird, soll die Eileiter verkleben.[363] Auf Himmlers Bitte beginnt er zuerst mit Tierversuchen und erhält wenig später das Angebot, seine Sterilisierungsexperimente im Frauenkonzentrationslager Ravensbrück fortzusetzen. Clauberg aber will in der Nähe von Königshütte bleiben, wo er über klinische Einrichtungen verfügt. Auschwitz liegt für ihn bequemer, um „die Methode der operationslosen (unblutigen) Sterilisierung an fortpflanzungsunwürdigen Frauen auszuwerten und nach endgültiger Bewährung [...] laufend anzuwenden", wie er in einem Brief an den Reichsführer SS formuliert.

Himmler entspricht diesem Wunsch. Er lässt Clauberg in Auschwitz einen eigenen Block mit Versuchsräumen, Röntgengerät und Dunkelkammer einrichten. Den von ihm *behandelten* Frauen wird anschließend ein Kontrastmittel injiziert, um mit Röntgenaufnahmen feststellen zu können, ob die Eileiter bereits blockiert sind. Über den Abschluss der Experimente lässt der Arzt seine Patientinnen nicht im Zweifel: Bei einem Teil von ihnen soll anschließend der Versuch einer künstlichen Befruchtung unternommen, bei den anderen die Unfruchtbarkeit mit *ausgesuchten Männern* auf natürlichem Weg erprobt werden. Himmler selbst hat angeregt, „dass man eine Jüdin mit einem Juden für gewisse Zeit zusammensperrt und dann sieht, welcher Erfolg dabei auftritt".[364]

Trotz dieser Aussichten sehen viele Frauen im *Clauberg-Block* eine Chance, dem Tod zu entkommen. Der Arzt bestärkt sie darin. Nach geglücktem Experiment werde er die Versuchspersonen mit in seine Privatklinik nehmen, die in Königshütte, nur wenige Kilometer von Auschwitz entfernt, liegt. Gleichzeitig erleben die Frauen, wie Widerwillige spurlos verschwinden. Sie werden nach Birkenau überstellt, wo sie in der Gaskammer enden.

In Auschwitz nimmt Clauberg eine Sonderstellung ein. Seine Experimente werden von Geldgebern aus Himmlers Freundeskreis finanziert, die von den Plänen zur Gründung eines *Forschungsinstituts für Fortpflanzungsbiologie* begeistert sind. Für die Nutzung der Anlagen samt Häftlingsärzten wird ihm von der SS Miete verrechnet. Für Versuchspersonen zahlt er eine Reichsmark pro Woche. In seinem Reich auf Block 10 ist Rudolf Höß, der sich für die Experimente sehr interessiert, als Besuch gerne gesehen. Seine Befehlsgewalt als Lagerkommandant aber endet vor den Toren der medizinischen Versuchsstation.[365]

Aus der Buchhaltung des Konzentrationslagers geht hervor, dass Clauberg 498 „Häftlinge für Versuchszwecke" in Rechnung gestellt werden. Die Zahl der von ihm tatsächlich *behandelten* dürfte jedoch wesentlich größer gewesen sein. Zumindest bei sieben Frauen lässt sich dokumentarisch belegen, dass sie an den Folgen seiner Experimente sterben. Wie viele es tatsächlich sind, ist ebenso unbekannt wie die Zahl derer, die an den Spätfolgen zugrunde gehen oder nach Abschluss der Versuche in den Gaskammern ermordet werden.

Von Anfang an steht Clauberg unter Erfolgsdruck. Der Reichsführer SS will von ihm wissen, „welche Zeit etwa für die Sterilisierung von 1000 Jüdinnen in Frage käme", wie es in einem durch Himmlers Assistenten Rudolf Brandt übermittelten Schreiben heißt.[366]

Es dauert fast ein Jahr, bis Clauberg im Juni 1943 antwortet, dass man „mit vielleicht 10 Mann Hilfspersonal […] höchstwahrscheinlich mehrere hundert – wenn nicht gar 1000 – an einem Tage" sterilisieren könnte.

In Auschwitz ist Clauberg isoliert. Die SS-Ärzte ärgern sich über seine Privilegien, die Wachmannschaften über das arrogante Benehmen des „ekeligen Zwerges" (Clauberg ist nur 1,53 Meter groß). Standortarzt Eduard Wirths beschreibt ihn als „vor die Hunde gekommenen […] schweren Trinker" und „charakterlich vollkommen skrupellosen Mann", ein anderer SS-Arzt als „einen der übelsten Burschen, die ich je gesehen habe".[367]

Als sich 1944 die Russen Königshütte nähern, flieht Clauberg von Auschwitz nach Ravensbrück, um dort weiterzuarbeiten. 1945 wird er von der Roten Armee verhaftet und in der Sowjetunion zu 25 Jahren Haft verurteilt. Nach seiner Begnadigung trifft er 1955 in der Bundesrepublik ein, wo die Staatsanwaltschaft Kiel Anklage gegen ihn erhebt. Clauberg ist ohne Reue. Auf seinen Visitenkarten schmückt er sich mit Titeln und Funktionen, die ihm alle möglichen Nazi-Organisationen verliehen haben. In einem Zeitungsinterview rühmt er seine Arbeit in Auschwitz. Die von ihm dort entwickelte Sterilisierungsmethode könne „auch heutzutage in gewissen Fällen sehr nützlich" sein.[368] Er stirbt vor Prozessbeginn im August 1957 in Untersuchungshaft.

Hygiene-Institut: Suche nach der Wahrheitsdroge

Auch das in Claubergs Block 10 untergebrachte *Hygiene-Institut* fungiert als Versuchsstation. Bruno Weber, ein ehrgeiziger Allgemeinmediziner, arbeitet als Leiter der Abteilung eng mit Joachim Mrugowsky vom *Hygiene-Institut der Waffen-SS* zusammen. Die Gestapo ist mit den Ergebnissen ihrer Verhöre nicht zufrieden. Viele politische Häftlinge geben selbst unter Folter die Namen ihrer Verbündeten nicht preis. Auf Anregung Mrugowskys beginnt Weber daraufhin, mit *Wahrheitsdrogen* zu experimentieren, die den Widerstand brechen und Geständnisse entlocken sollen – hauptsächlich mit Barbituraten und Morphium-Derivaten, möglicherweise auch mit Mescalin.[369]

Bei einer anderen Versuchsreihe injiziert er Versuchspersonen Blut mit fremden Blutgruppen, um die Zellagglutination (Verklumpung) zu testen. Bei der Blutentnahme zur Herstellung von Seren lässt er Häftlinge in die Halsschlagader stechen. Das spart Zeit, führt jedoch dazu, dass die Häftlinge anschließend verbluten. Ermordeten lässt er „kistenweise Fleischstücke entnehmen, die er als Nährböden für seine Kulturen verwendet."[370]

Hungerforschung. Mord am Seziertisch

Zu den Forschern, deren wissenschaftliche Kompetenz mit ihrem Ehrgeiz nicht Schritt hält, zählt Johann Paul Kremer, ein Anatomieprofessor, der sich mit einer Arbeit *Über die Veränderung des Muskelgewebes im Hungerzustand* habilitiert hat.[371]

Die Universität Münster verweigert dem Außenseiter Lehrstuhl und Labor. Eine Veröffentlichung *Über einen bemerkenswerten Fall zur Frage der Vererbung traumatischer Verstümmelungen* ist derart unsinnig, dass sie ihm Vorhaltungen des Direktors einträgt.[372]

Kremer fühlt sich ungerecht beurteilt. Er ist neunundfünfzig, als er nach Auschwitz kommt, um seine ehrgeizigen Karriereziele doch noch zu erreichen und an seinen gelehrten Kollegen Rache zu nehmen. Er glaubt, Opfer einer orthodoxen Wissenschaft zu sein, die ihn als genialen Außenseiter nicht aufkommen lassen will. Als einziger Universitätsprofessor unter den Lagerärzten beginnt er sofort mit unsinnigen Experimenten.

Sein Interesse gilt immer noch Hungernden. An *menschlichen Versuchskaninchen* dafür herrscht in Auschwitz kein Mangel. Kremer lässt *Muselmänner,* wie die völlig ausgehungerten menschlichen Skelette im Lagerjargon heißen, lebendig auf seinen Seziertisch legen. Nach Eintragung von Name, Alter, Einlieferungszeitpunkt und Gewichtsverlust erfolgt die tödliche Phenol-Injektion direkt ins Herz. Unmittelbar darauf folgt die Obduktion, bei der *lebendfrische* Proben aller möglichen Organe zur Untersuchung entnommen werden.[373]

Berühmt-berüchtigt wird Kremer nicht durch wissenschaftliche Ergebnisse seiner Arbeit, sondern durch die Veröffentlichung seines Tagebuches, das ein makabres Dokument fanatischer NS-Gläubigkeit, krankhaften Ehrgeizes, grenzenloser Verrohung und Abstumpfung ist. In ihm notiert der Arzt seine Versuche neben Speiseplänen: „Lebendfrisches Material von Leber, Milz und Pankreas entnommen und fixiert. […] Zum Mittagessen Hasenbraten – eine ganz dicke Keule – mit Mehlklößen und Rotkohl für 1,25 RM."[374]

Jungarzt als Detektiv. Bekämpfung von Drückebergern

In den medizinischen Abteilungen der Konzentrationslager ist Kremer nicht der exemplarische Dilettant, als der er in der wissenschaftlichen Literatur hingestellt wird. Es gibt viel ärgere. Heinz Kaschub hat sein Medizinstudium noch nicht einmal beendet, als er sich in Block 28, dem Häftlingskrankenbau des Stammlagers Auschwitz, als *Forscher* versuchen darf. Durch Injektionen und Einreibungen bringt er Phlegmone hervor. Seine Experimente mit Blei-Essigsäure hinterlassen Verbrennungen und Verätzungen.

Kaschub ist weniger Arzt als Detektiv. Seine Versuche sollen nicht der Medizin, sondern der *Wehrtüchtigkeit des deutschen Volkes* dienen. Er will Drückebergern auf die Schliche kommen, die sich durch Eigeninfektion dem Militärdienst zu entziehen suchen.[375]

Als Kaschub erfährt, dass an der Front zahlreiche Soldaten an Gelbsucht erkranken, wendet er sich diesem Gebiet zu. Er lässt Häftlinge

ein gelbes Pulver schlucken, das Übelkeit, Appetitverlust, Urinverfärbung und letztlich Gelbsucht hervorbringt.[376]
Auch andere Studenten dürfen Auschwitz als Versuchsstation nützen.[377] Ausgesuchten Universitätsprofessoren steht das Konzentrationslager für ihre Schüler zur Verfügung, die nach Herzenslust operieren dürfen. Systematisch werden die Krankenblätter nach passenden Diagnosen durchforstet. Manchmal zum Glück des Häftlings. Wenn gerade ein Jungarzt seine Operationstechnik verbessern will, wird einem das Leben gerettet, der sonst unbehandelt geblieben wäre. Ist kein passender Fall zur Hand, werden Gesunde operiert. In weißen Kitteln gehen die Professoren und Studenten durch die Stationen, um sich geeignete *Patienten* auszusuchen. Wenn diese aus der Narkose erwachen, haben sie frische Operationsnarben. Eine der überlebenden Frauen erfährt erst nach dem Krieg, dass man ihr Gebärmutter und Eierstöcke entfernt hat.[378]

Auftragsforschung. Tests für die Pharma-Industrie

Es sind nicht nur die in den Konzentrationslagern tätigen Ärzte, die Menschen zu Versuchen missbrauchen. Vielfach stehen die Häftlinge auch wissenschaftlich interessierten Gästen zur Verfügung. SS-Ärzte können hier im Auftrag führender Pharma-Unternehmen neue Medikamente erproben. So pendelt SS-Hauptsturmführer Helmuth Vetter im Auftrag der I.G. Farben zwischen Auschwitz, Mauthausen und anderen Konzentrationslagern hin und her, um *kriegswichtige Versuche* mit allen möglichen Medikamenten und Wirkstoffen (z. B. Rutenol) zu überwachen. Nach Meinung der Häftlingsärzte, die nach Kriegsende darüber berichten, scheinen die erprobten Substanzen und Medikamente keinen therapeutischen Nutzen zu haben. Die so Behandelten sterben oft rascher als die unbehandelten Kontrollpersonen.[379]

Eduard Wirths. Heilen und Töten aus *Pflichtbewusstsein*

Kein anderer macht das Paradoxon von Heilen und Töten so deutlich wie Eduard Wirths. Der Standortarzt von Auschwitz ist Vorbild aus Berufung. Vorzugsschüler, strebsamer Student, erfolgreicher Arzt, Mustersohn, Musterehemann, Musternazi. Immer tut er seine

200

Pflicht, aufrecht in erster Reihe stehend: bei der *Selektion* an der Rampe; bei der Organisation des Massenmordes, bei der Durchführung der Experimente.[380]

Er ist der personifizierte Widerspruch: Als junger Landarzt behandelt er jüdische Patienten noch zu einer Zeit, als das *arischen* Ärzten längst verboten ist – oft sogar Wunden, die ihnen von Nazis zugefügt wurden. Als ideologischer Antisemit aber nimmt er an der Ausrottung der Juden teil. Er beschützt Häftlingsärzte, lässt sie in ihrem Beruf arbeiten, erweitert ihre Befugnisse, um die Sterblichkeit im Lager zu senken und die medizinische Betreuung zu verbessern, schließt mit ihnen Freundschaften. Aber er schickt seinen jüdischen Assistenten ins Gas, als dieser Mitwisser gefährlich zu werden droht. Er nimmt Häftlinge gegen unsinnige Gewalttaten in Schutz – und führt an ihnen qualvolle Experimente durch.[381]

Als für Fleckfieber-Versuche keine Kranken zur Verfügung stehen, lässt er Gesunde infizieren, um Impfstoffe und Behandlungsmethoden erproben zu können. Als für die Forschung zur Früherkennung von Gebärmutterhalskrebs, an der er gemeinsam mit seinem Bruder Helmut arbeitet, kein ausreichendes *Patientengut* zur Verfügung steht, appliziert er Versuchsopfern Essigsäure und Jodmittel. Dann lässt er den angegriffenen Gebärmutterhals chirurgisch entfernen und an das Labor seines Bruders nach Hamburg-Altona senden.[382]

Wirths ist korrekt zu den Häftlingen, fürsorglich zu seinen Patienten, freundschaftlich zu Gefangenen wie Hermann Langbein, der dieses schwierige persönliche Verhältnis ausführlich beschrieben hat.[383] Häftlingen wie ihm nötigt der Standortarzt Respekt ab, weil er sich als einziger nicht an der allgemeinen Lagerkorruption beteiligt, weil er bei der Ernährung als einziger mit den ihm zugeteilten Lebensmittelmarken auskommt.[384]

Beim Dienst an der Rampe ist Wirths, der „seine eigene Perfektion im Gegensatz zu dem Gesindel da unten" demonstriert[385], „der Bestaussehende in Uniform", wie ein Überlebender es nach Kriegsende beschreibt.[386] Sein würdevolles, autoritäres Benehmen habe der *Selektion* „eine gewisse Legitimität, ja sogar *Grandeur* " verliehen, schreibt Robert Jay Lifton, nachdem er zahlreiche Zeitzeugen interviewt hat, in *The Nazi Doctors*. Nie tut Wirths etwas mit eigenen Händen. Von seinen SS-Kameraden im Konzentrationslager wird er – durchaus respektvoll – „Dr. Unblutig" genannt.[387]

Als Wirths sich nach der Kapitulation versteckt hält, schreibt er seiner Frau, er habe immer nur seine Pflicht getan. In englische Haft geraten, erhängt er sich in seiner Zelle, bevor er verhört wird. Er hinterlässt ein Rechtfertigungsschreiben, in dem er auf der einen Seite seine Beteiligung an den Verbrechen reuig eingesteht, auf der anderen rechthaberisch die *guten Seiten des Nationalsozialismus* verteidigt.[388]

Josef Mengele. Die Karriere eines *ganz normalen Arztes*

Bücher und Filme machen den Namen Josef Mengele zum Synonym für die menschenverachtenden Auswüchse der NS-Medizin. Kein anderer repräsentiert wie er die Kälte eines Systems, das *Minderwertige* und *Andersrassige* nicht als Menschen, sondern als *Menschenmaterial* sieht. Bei keinem anderen zeigt sich so deutlich die Verknüpfung zwischen Normalität und medizinischer Perversion.

Erleichtert lassen sich die verstörten Neuankömmlinge in Auschwitz von einem höflichen jungen SS-Arzt beruhigen. Manchmal fragt er nach dem Befinden, hört sich Klagen über Krankheitssymptome voller Anteilnahme an, bevor er mit freundlichem Kopfnicken den Weg Richtung Gas weist. Zu spät erkennen die Opfer ihren Mörder. Die Zwillinge, Kinder, an denen Mengele Erbgesetzlichkeiten zu erforschen sucht, erleben ihn als liebevoll und fürsorglich, erhalten Süßigkeiten zur Beruhigung, bevor er an ihnen die grauenvollsten Experimente vornimmt.[389]

Niemand in seinem Freundes- und Bekanntenkreis erlebt ihn als Sadisten oder *Bestie in Menschengestalt*. Mengele ist ein gut aussehender, wohlerzogener, stets korrekt gekleideter junger Mann, ein ganz normaler Arzt mit großem wissenschaftlichem Ehrgeiz. Nichts in seiner Kindheit oder Jugend weist auf charakterliche Besonderheiten hin: ein hübscher, aufgeweckter Schlingel, ein verwöhntes Muttersöhnchen, ein mäßiger Schüler, aber bei allen Lehrern beliebt, katholisch erzogen, Mitglied der Stahlhelm-Organisation *Großdeutscher Jugendbund,* aber politisch kaum interessiert. Vor allem kein Nazi.

Während des Studiums erfolgt Mengeles Wandel vom unbekümmerten Charmeur zum ernsthaften Studenten. Nicht an der Rampe von Auschwitz, sondern in den Hörsälen der Münchener Universität beginnt seine Ausbildung zum Massenmörder. Hier stößt er auf jene Sozialdarwinisten, aus deren *Prinzip der natürlichen Auslese* der Nationalsozialismus die wissenschaftliche Legitimation des Massenmordes ableitet. Hier lernt er jene *Eugenetiker* kennen, die alle Arten der *Minderwertigkeit* – von geistigen und körperlichen Gebrechen über Alkoholismus bis zu sozialer Unangepasstheit – auf *schlechtes Erbmaterial* zurückführen.

Gemeinsam mit anderen Studenten begeistert er sich für die Idee, dass nur die Besten Kinder zeugen und jene mit *zweifelhaftem genetischem Material* kinderlos bleiben sollen. Wie visionäre *Eugenetiker* in den USA, Großbritannien oder der Schweiz träumt er von einer durch Auslese ermöglichten Gesellschaft ohne Krankheit, Schwäche und Armut. Wie die nationalsozialistische Propaganda stuft er jüdische Abstammung als *Minderwertigkeit* ein.[390] Seine erste wissenschaftliche Arbeit ist eine *Rassenmorphologische Untersuchung des vorderen Unterkieferabschnittes bei vier rassischen Gruppen,* die verlässliche *Rassenunterscheidungen* ermöglichen soll – vor allem zwischen nordischen, langschädeligen Europäern und kurzschädeligen *Ostrassen.* Seine Doktorarbeit trägt den Titel *Sippenuntersuchungen bei Lippen-Kiefer-Gaumenspalten* – ein Vorgriff auf seine Arbeit in Auschwitz.[391]

Nach seinem mit *summa cum laude* abgeschlossenen Studium bewirbt sich Mengele bei Professor Otmar Freiherr von Verschuer, dem aufgehenden Stern am Himmel der deutschen *Eugenetik,* um eine Assistentenstelle am *Institut für Erbbiologie und Rassenhygiene* der Universität Frankfurt. Mengeles dritte wissenschaftliche Arbeit über die *Vererbung von Ohrfisteln* erscheint an Verschuers Institut und wird in der Zeitschrift *Der Erbarzt* abgedruckt, die Mengele vorübergehend leitet. Alle drei Arbeiten dienen demselben Ziel: die Wissenschaft in den Dienst der nationalsozialistischen *Rassen- und Vererbungslehre* zu stellen.[392]

Das Frankfurt der dreißiger Jahre spielt eine Vorreiterrolle im nationalsozialistischen System der *Auslese* und *Ausmerze.* Eine eigene Abteilung des Gesundheitsamtes beschäftigt sich mit der Erfassung von *Erbkrankheiten* und der *Verseuchung mit jüdischem Blut.* Zu Mengeles ersten Aufgaben gehört es, die rassische Gesundheit der Bevölkerung zu untersuchen und Gutachten für Gerichte anzufertigen, die über die Einhaltung der *Nürnberger Rassengesetze* wachen.

Als die Nationalsozialisten einige Jahre später die Deportationslisten für den fabriksmäßigen Massenmord zusammenstellen, können sie sich auf Mengeles Gutachten stützen.

In der wissenschaftlichen Arbeit eifert Mengele seinem großen Vorbild Verschuer nach, dem er auch privat nahe kommt. Dieser hat sich schon am Berliner *Kaiser-Wilhelm-Institut für Anthropologie, menschliche Erblehre und Eugenetik* – Deutschlands führender Forschungsstätte auf dem Gebiet der *Vererbungslehre* – mit der Zwillingsforschung befasst. Von ihm übernimmt Mengele die fixe Idee, in Zwillingen liege der Schlüssel zu allen Geheimnissen der Genetik verborgen.

Im Fronteinsatz in Russland als Bataillonsarzt der *SS-Division Wiking* erlernt Mengele die *Selektion*. Angesichts der knappen medizinischen Ressourcen ist oft in Minutenschnelle die Entscheidung zu treffen, welchem Kameraden geholfen werden kann und welche man dem Tod überlässt.[393]

Als tapferer Soldat wird Mengele mehrfach ausgezeichnet und zum Hauptsturmführer befördert. Seine Vorgesetzten bescheinigen ihm in ihren Beurteilungen einen „offenen, ehrlichen Charakter" und „weltanschaulich absolute Festigkeit und Reife". Als er nach einer Verwundung frontuntauglich erklärt und an das *Rasse- und Siedlungshauptamt* nach Berlin versetzt wird, trifft er Verschuer wieder. Dieser ist zum Direktor des Kaiser-Wilhelm-Instituts aufgestiegen und bekleidet damit eine der bedeutendsten wissenschaftlichen Positionen, die das nationalsozialistische Deutschland zu vergeben hat. Verschuer besorgt dem mittlerweile 32-jährigen Mengele die Stelle in Auschwitz und Fördermittel für zwei Forschungsprojekte im Lager. Im größten Konzentrationslager finden sich zahlreiche Zwillinge, an denen sich sein Forscherdrang rücksichtslos austoben kann.[394]

Zwillings-Experimente. Medizin und Perversion

Als Lagerarzt hat Mengele die gleichen Verpflichtungen wie seine Kollegen: Er leitet den Krankenblock und selektiert an der Rampe. Einen besonderen Status hat er nicht nur aufgrund der wissenschaftlichen Arbeit, die die Unterstützung höchster SS-Stellen und führender wissenschaftlicher Einrichtungen genießt. Auch seine beeindruckende militärische Karriere, seine Bewährung im Fronteinsatz, seine Verwundung und seine vier militärischen Auszeichnungen – darunter das Eiserne Kreuz I. und II. Klasse – verleihen ihm eine Ausnahmestellung, die er sorgsam pflegt.[395]

Von den Wärtern an der Rampe lässt er *auffälliges genetisches Material* aussondern: Riesen, Zwerge, Verwachsene – und Zwillinge, auf die sich sein Interesse besonders konzentriert. Ziel seiner Arbeit ist die Züchtung einer zur Weltherrschaft befähigten, überlegenen *Rasse arischer Frauen und Männer.* Im Interesse dieser Vision versucht er, in Auschwitz Bedingungen zu schaffen, die den wissenschaftlichen Aussagewert seiner Arbeit nicht beeinträchtigen.

Neben seinem Block im Vernichtungslager Birkenau verfügt Mengele über eigene Behandlungsräume im Männerlager, im Frauenlager und im Zigeunerlager. Überall genießen seine Zwillinge Sonderstatus. In allen Abteilungen, die ihm unterstellt sind, herrscht peinlichste Ordnung, Sauberkeit und Disziplin.[396]

Die Versorgung seiner Versuchspersonen ist besser als die der übrigen Häftlinge. Im Gegensatz zu anderen Gefangenen dürfen Mengeles Kinder ihre privaten Kleider und ihr Kopfhaar behalten: So sind sie für jedermann als sein *Eigentum* erkennbar. Kein Wärter schlägt sie, kein SS-Mann traut sich an sie heran.[397]

Die Fragebögen, die bei der Einlieferung ausgefüllt werden, stammen vom Kaiser-Wilhelm-Institut in Berlin. Mengele schickt sie seinem Förderer Verschuer gemeinsam mit den Versuchsergebnissen zurück. Penibel werden Alter, Größe, Gewicht, Augen- und Haarfarbe, äußerliche Merkmale, Gesundheitszustand und das soziale Umfeld der Familie erhoben.

Blutversuche sind obligatorisch, weil sie der Finanzierung der Arbeit dienen. Über Vermittlung Verschuers hat Mengele einen gut dotierten Forschungsauftrag über *spezifische Proteine* von der renommierten *Deutschen Forschungsgesellschaft* erhalten.[398] Die Blutproben werden in einem Speziallabor unweit von Birkenau analysiert, Obduktionen nach den Versuchen in einem Raum durchgeführt, der unmittelbar neben dem Krematorium liegt.

Über die Art der Experimente ist wenig bekannt. Die meisten Unterlagen sind verloren gegangen. Mengele arbeitet unter größter Geheimhaltung. Er tut alles, um die Kinder nicht in Panik geraten zu lassen. Keines seiner Opfer weiß, dass sich neben dem Krematorium ein Obduktionsraum befindet, in dem ein Häftlingsarzt nach Abschluss von Mengeles Experimenten die kleinen Körper fachgerecht seziert.[399]

Von den dreitausend Zwillingspaaren, die bei ihm eingeliefert werden, überleben knapp hundert. Jene, die bei Kriegsende gerettet werden, können wenigstens aus zweiter Hand berichten: von Kindern, die im Rotkreuz-Wagen weggebracht werden und nie wieder auftauchen; von entsetzlichen Schreien, die durch alle Wände dringen; von der Krankenstation, auf der vorher gesunde Kinder in tiefer Bewusstlosigkeit oder mit riesigen Verbänden liegen. Von Gerüchten, die im Lager die Runde machen. Von den höhnischen Warnungen ihrer Wärter, Mengele würde ihnen „alles Blut aus den Adern lassen" oder ihnen „die Augen herausnehmen".

Von besonderer Grausamkeit sind die Augenversuche. Der Zwillingsdoktor will ergründen, ob sich blondhaarige und blauäugige Kinder züchten lassen. Mit zahlreichen Experimenten versucht er, Haar- und Augenfarbe zu beeinflussen. Kindern mit blonden Haaren und braunen Augen spritzt er Methylenblau und andere Substanzen in die Iris, tropft ihnen alle möglichen Chemikalien ein, was zu schweren Entzündungen, zu Erblindung und in Einzelfällen zum Tod führt.

In der Augenforschung arbeitet er mit Verschuers Assistentin Karin Magnussen zusammen, die für eine wissenschaftliche Publikation, an der sie gerade arbeitet, spezielle Experimente in Auftrag gibt. Als Mengele bei sechs von acht Zigeunerzwillingen Heterochromie (unterschiedliche Augenfarbe) entdeckt, beginnt er, Zigeuneraugen in speziell präparierten Behältern an das Berliner Institut zu schicken. Vergeblich versucht er, Augäpfel von einem Zwilling auf den anderen zu verpflanzen.[400]

Als der Auschwitz-Überlebende Hermann Langbein Ende der vierziger Jahre mit Professor Verschuer zusammentrifft, berichtet dieser von „ungemein interessanten" Augenpräparaten, die Mengele ihm gesandt habe. Als Langbein den Wissenschaftler mit deren Herkunft konfrontiert, gibt sich dieser „überrascht und bestürzt" – ein charakteristischer Fall der für die Nachkriegszeit typischen akademischen Heuchelei.[401]

Auch Mengeles Blutversuche sind von beispiellosem Sadismus. Er begnügt sich nicht damit, einem Kind Blut abzuzapfen, um es dem anderen zu injizieren. Er entfernt Zwillingen Teile der Haut und näht sie Rücken an Rücken aneinander, um einen *organischen Blutaustausch* zu ermöglichen. Bei Zwillingen mit unterschiedlicher Stimme entfernt er den Kehlkopf des einen, behandelt den des anderen mit allen möglichen Chemikalien. Er explantiert und implantiert Organe und Gliedmaßen, sterilisiert Mädchen, kastriert Jungen, versucht sich an Geschlechtsumwandlungen, infiziert seine Opfer mit tödlichen Krankheitserregern.

Mengele will die Ursache von Zwillingsschwangerschaften ergründen, „um Deutschland, das große Verluste erlitten hatte, wieder zu bevölkern", wie ein Häftlingsarzt nach Kriegsende erzählt.[402] Einige der Überlebenden vermuten, der Arzt habe Zwillingspaare zum Geschlechtsverkehr miteinander gezwungen, um festzustellen, ob Zwillinge Zwillinge zeugen. Beweisen wird sich das nie lassen. Selbst in der Welt von Auschwitz gibt es Tabus. Die Sexualität, die hier die perversesten Auswüchse hervorbringt, zählt zu den größten.

Viele Experimente erfolgen ohne Betäubung. Auch das ist Teil von Mengeles *wissenschaftlicher Arbeit*. Offenbar versucht er, ein Verfahren zur Messung der Leidensfähigkeit zu entwickeln. Absurde *psychologische Tests* ergänzen die Schmerzversuche. Die Kinder werden in winzigen Räumen isoliert, tagelang in Dunkelheit gesperrt, mit unterschiedlichen Drogen behandelt, dilettantisch durchgeführten Kopf-, Rückenmarks- und Nervenoperationen unterzogen.

Im August 1944 bestätigt Standortarzt Wirths seinem Kollegen Mengele in einer Beurteilung zur Beförderung, er habe „die kurze ihm verbliebene dienstfreie Zeit dazu benützt, sich selbst weiterzubilden" und „durch Auswertung des ihm aufgrund seiner Dienststellung zur Verfügung stehenden Materials Außerordentliches auf dem Gebiet der Anthropologie geleistet."[403] Häftlinge, die im Zwillingsblock gearbeitet haben, erzählen nach dem Krieg von Mengeles Ehrgeiz, sich mit einer Arbeit über Mehrlingsschwangerschaften zu habilitieren. Ein ehemaliger Häftlingsarzt sieht das anders: „Er wollte Gott sein – und eine neue Rasse schaffen."[404] Die meisten Häftlingsärzte glauben nicht an die wissenschaftliche Qualifikation des Arztes. „Ich war nie der Meinung, dass Mengele selbst sein Treiben für seriöse medizinische Forschung gehalten hat", berichtet ein Überlebender. „Er hat nur seine Macht ausgekostet."[405]

Ab Sommer 1944 überstehen in Auschwitz nur noch wenige die *Selektion*. Der Zusammenbruch naht. Hitlers Armeen sind im Osten und Westen eingekesselt oder auf dem Rückzug. Russische und amerikanische Bomber fliegen über das Lager. Den Nazis scheint das Ansporn zu sein, die *Endlösung* zu vollenden. Wie besessen beschleunigen sie das Tempo der Transporte, die aus Österreich, Holland, Griechenland, Italien, Frankreich, Rumänien, der Tschechoslowakei und Ungarn anrollen. Vor allem in Ungarn versuchen sie wettzumachen, was die mit Hitler ursprünglich verbündete ungarische Regierung hinausgezögert und verhindert hat.

Adolf Eichmann leistet ganze Arbeit. Selbst der militärische Nachschub an die Front muss zurückstehen, wenn Transportkapazität gebraucht wird, Juden ins Gas zu schicken. Neue Arbeitskräfte für die Nebenlager werden kaum mehr benötigt. Dafür brennen Tag und Nacht die Öfen der Krematorien. Mengele steht an der Rampe. Sein Arm weist nur noch in eine Richtung: Ins Gas – außer, wenn Zwillinge ankommen.

Besessen arbeitet er Tag und Nacht. Als leitender Arzt des Frauenlagers dehnt er die Zahl seiner Versuche aus. Vor allem Schwangere bekommen seinen Sadismus zu spüren. Er ist am Gipfel seiner Macht. Er kann sich jede Frau nehmen, die ihm gefällt – als nächstes Opfer.

KZ-Ärzte. Die Liste der Namen

Der Journalist Ernst Klee ist der erste, der eine Liste mit 266 Namen von KZ-Ärzten veröffentlicht. Er versieht sie mit dem Zusatz: „Die Namensnennung sagt nichts über strafbare Handlungen aus." Soweit er die Nachkriegs-Schicksale eruieren konnte, hält er sie in Fußnoten fest:

Karl *Abraham*, Buchenwald; Otto *Adam*, Sachsenhausen, Flossenbürg (1962 Freispruch); Benno *Adolph*, Auschwitz, Flossenbürg, Buchenwald, Belsen, Neuengamme; Karl *App*, Dachau; Kurt *Aus dem Bruch*, Mauthausen, Natzweiler; Fritz *Baader*, Standortarzt Flossenbürg; Karl *Babor*, Groß-Rosen, Natzweiler, Dachau; Heinz *Baumkötter*, Mauthausen, Natzweiler, Sachsenhausen (1962 acht Jahre); Karl *Bause*, Buchenwald; Karl *Becker*, Buchenwald, Dachau; August *Bender*, Buchenwald; Arno *Berger*, Ravensbrück; Hermann *Bernges*, Dachau; Max *Blancke*, Buchenwald, Dachau,

Natzweiler, Lublin; Otto *Blaschke,* Auschwitz, Flossenbürg, Ravensbrück, Mauthausen; Ludwig *Blies,* Buchenwald; Franz von *Bodmann,* Neuengamme, Lublin, Auschwitz (Selbstmord 1945); Karl *Böhmichen,* Sachsenhausen, Neuengamme, Mauthausen, Flossenbürg; Rudolf *Brachtel,* Dachau; Olf *Brandt,* Mauthausen; Walter *Bremmer,* Buchenwald, Flossenbürg; *Bublitz,* Zahnstation Buchenwald; Gustav *Busse,* Buchenwald; Heinrich *Calligaro,* Dachau; Carl *Clauberg,* Auschwitz (Sterilisierungsversuche); Georg *Coldewey,* Buchenwald; Ladislaus *Conrad,* Mauthausen; *Dehnel,* Groß-Rosen; Hellmut *Delitz,* Sachsenhausen; Hans *Delmotte,* Auschwitz (1945 Selbstmord); Oskar *Dienstbach,* Sachsenhausen, Mauthausen, Auschwitz; Hans *Dietz,* Dachau, Flossenbürg, Oranienburg; Erwin *Ding-Schuler,* Buchenwald (Fleckfieber-Versuche, Versuche mit Akonitinnitrat-Geschossen an Kriegsgefangenen); Josef *Donaubauer,* Dachau; Gerhard *Ehrlich,* Flossenbürg; Ludwig *Ehrsam,* Sachsenhausen; Hans Kurt *Eisele,* Mauthausen, Buchenwald, Natzweiler, Dachau; Carl *Eisen,* Buchenwald; Hans-Dieter *Ellenbeck,* Buchenwald (Ernährungsphysiologische Versuche, nach Kriegsende angeblich Praxis in Niedersachsen); Friedrich *Entress,* Groß-Rosen, Auschwitz, Mauthausen (1947 hingerichtet); Karl *Fahrenkamp,* Standortarzt Dachau; Erich *Finke,* Dachau (Kältetod-Versuche); Fritz *Fischer,* Ravensbrück (Sulfonamidversuche und Organverpflanzungen); Hanns *Fischer,* Buchenwald; Hermann *Fischer,* Standortarzt Flossenbürg; Horst *Fischer,* Auschwitz (hingerichtet 1946); Karl Josef *Fischer,* Sachsenhausen, Auschwitz; Karl *Flach,* Dachau; Erika *Flocken,* Dachau-Nebenlager Mühldorf (1947 zum Tode verurteilt, begnadigt, vorzeitig entlassen); Willi *Frank,* Auschwitz, Dachau (1965 sieben Jahre); Herbert *Friedl,* Mauthausen; Ernst *Frowein,* Sachsenhausen, Fürstenberg, Auschwitz; Alois *Gaberle,* Sachsenhausen (1962 drei Jahre, drei Monate); Hans-Joachim *Geiger,* Mauthausen, Flossenbürg (niedergelassen als praktischer Arzt in Bayern); *Gerhardt,* Gusen; Richard von *Gernet,* Dachau; *Geyer,* Flossenbürg; *Ginsbach,* Standortarzt Auschwitz, Heinrich *Görz,* Jugendschutzlager Uckermark (1946 Gastarzt an der Universitäts-Frauenklinik Marburg, 1950 wissenschaftlicher Mitarbeiter der Asta-Werke, 1972 wegen Ermordung behinderter Kinder im sowjetischen Jejsk verurteilt); *Golla,* Dachau; Herbert *Gräff,* Buchenwald; Werner *Greunuß,* Buchenwald (1947 lebenslang); *Günther,* Sachsenhausen; Hans-Joachim *Güssow,* Sachsenhausen; Heinz *Gudacker,* Buchenwald; Eberhard *Haas,* Mauthausen; Hans *Haferkamp,* Dachau; Josef *Hattler,* Sachsenhausen; Erich *Hausamen,* Buchenwald; Aribert *Heim,* Mauthausen; *Helbling,* Mauthausen; Joseph *Heller,* Kaufering; Martin *Hellinger,* Zahnarzt Ravensbrück (1947 zehn Jahre, 1955 entlassen); Erwin *Helmersen,* Auschwitz (1949 in Polen hingerichtet); *Hempel,* Sachsenhausen, Wilhelm *Henkel,* Mauthausen (1947 hingerichtet); Rolf *Henrychowski,* Dachau; Wolfgang *Herrmann,* Sachsenhausen, *Herrum,* Groß-Rosen; Klaus *Hertling,* Dachau; Erwin *Heschi,* Auschwitz; Fritz *Hintermayer,* Dachau (1946 hingerichtet); Walter *Höhler,* Mauthausen; Rudolf Max *Höhne,* Kaufering; Peter *Hofer,* Buchenwald; Erich *von den Hoff,* Gusen; *Hofmann,* Flossenbürg; Ernst *Holzlöhner,* Dachau (Kältetod-Versuche); Rudolf *Horstmann,* Sachsenhausen, Auschwitz; Waldemar *Hoven,* Standortarzt Buchenwald, (Fleckfieber-Versuche, 1948 hingerichtet); Otto *Hübner,* Buchenwald (Pathologe am Institut für Gerichtliche Medizin in Jena, danach eigenes pathologisches Institut in Celle); Ludwig Wilhelm *Jäger,* Dachau, Neuengamme, Auschwitz; Erika *Jansen,* Ravensbrück; *Jeiken,* Standortarzt Mauthausen; Horst *Jencio,* Dachau; Willi *Jobst,* Groß-Rosen, Sachsenhausen, Mauthausen (1947 hingerichtet); Helmut *Johannsen,* Buchenwald, Sachsenhausen; Edwin *Jung,* Dachau; Julius Wilhelm *Jung,* Sachsenhausen, Auschwitz; Karl *Kahr,* Dachau; Alfred *Kaiser,* Buchenwald; Julius *Kappe,* Mauthausen; *Karger,* Dachau; Othmar *Karschulin,* Buchenwald (niedergelassen als Urologe in Bayern); Heinz *Kaschub,* Auschwitz (Phlegmone-Versuche); Herrman *Kast,* Ravensbrück; Erich *Kather,* Buchenwald; *Kegler,* Flossenbürg; Hermann *Kiesewetter,* Dachau, Mauthausen; Rudolf *Kießwetter,* Dachau; Werner *Kirchert,* leitender Arzt beim Inspekteur in Buchenwald (viereinhalb Jahre Zuchthaus, danach Geschäftsführer eines Chemiebetriebes); Bruno *Kitt,* Auschwitz, Neuengamme; Fritz *Klein,* Auschwitz, Neuengamme, Bergen-Belsen (1945 hingerichtet); Wilhelm *Klimek,* Buchenwald, Mauthausen; Eduard *Klug,* Sachsenhausen (praktischer Arzt in Nordrhein-Westfalen); Karl-Heinz *Knapp,* Mauthausen; Konrad *Köbrich,* Buchenwald; Walter *Köhler,* Mauthausen (1946 durch US-Militärgericht lebenslänglich, 1950 entlassen); Paul *Kölsch,* Buchenwald; Hans Wilhelm *König,* Auschwitz; Rolf *König,* Neuengamme (1945 Selbstmord); Georg *Körber,* Standortarzt Sachenshausen; Eduard *Krebsbach,* Mauthausen (1947 hingerichtet); Eduard *Kreibich,* Sachsenhausen (Arzt in Kiel); Johann Paul *Kremer,* Auschwitz (Hungerversuche); Richard *Krieger,* Bergen-Belsen, Sachsenhausen, Mauthausen, Natzweiler; Wilhelm *Krüger,* Standortarzt Mauthausen; Rudolf *Kunze,* Sachsenhausen; Alfred *Kurzke,* Sachsenhausen; *Kutscha,* Dachau; *Lang,* Dachau; *Lauck,* Dachau; Rudolf *Laule,* Sachsenhausen; Viktor *Lewe,* Buchenwald, Sachsenhausen; Gustav *Litschel,* Sachsenhausen; Enno *Lolling,* Chefarzt aller Konzentrationslager im SS-Wirtschaftsverwaltungshauptamt (1945 Selbstmord); Herbert *Louis,* Flossenbürg; Franz *Lucas,* Auschwitz, Mauthausen, Stutthof, Ravensbrück, Sachsenhausen (Leiter der gynäkologischen Abteilung Krankenhaus Elmshorn, 1965 drei Jahre und drei Monate Haft); Walter *Lückert,* Mauthausen; Karl-Werner *Maaßen,* Buchenwald (Arzt in Kiel); Franz *Mang,* Kiviöli/Estland; Walter *Mattner,* Mauthausen (Arzt in Mürzzuschlag); Karl *Matz,* Standortarzt Mauthausen, Neuengamme (Arzt in Kiel); Hans *Mayr,* Flossenbürg; Karl *Meier,* Sachsenhausen; Hans *Meixner,* Dachau; Josef *Menge-*

le, Auschwitz (Zwillingsversuche); Franz *Metzger,* Neuengamme; Georg *Meyer,* Auschwitz-Birkenau (Arzt in Wien); Wilhelm *Michaelsen,* Außenkommando Dora; *Moensen,* Frauen-KZ Ravensbrück; Alfred *Mücke,* Ravensbrück (Arzt in Gelnhausen); Gerhard *Müller,* Buchenwald; Hans *Müller,* Buchenwald; Helmut *Müllmerstaedt,* Dachau (Arzt in Hamburg); Hans *Münch,* Auschwitz (in Krakau freigesprochen, Arzt im Allgäu); Hellmuth *Mussner,* Dachau; Julius *Muthig,* Dachau, Sachsenhausen; *Mutsch,* Sachsenhausen; *Neubauer,* Auschwitz; Heinz *Neumann,* Sachsenhausen, Buchenwald; Robert *Neumann,* Buchenwald, Auschwitz; Heinrich *Nevermann,* Sachsenhausen; Johannes *Nommensen,* Sachsenhausen, Ravensbrück, Dachau; Herbert *Nordhauss,* Sachsenhausen; Hertha *Oberheuser,* Ravensbrück (Sulfonamid- und Organverpflanzungs-Experimente); Benno *Orendi,* Sachsenhausen (1948 hingerichtet); Heinz *Orth,* Zigeunerlager Auschwitz; Gustav *Ortmann,* Sachsenhausen, Dachau; Karl *Osenbrügge,* Flossenbürg; Max *Ostermaier,* Dachau; Gerhard *Palfner,* Buchenwald; Hermann *Pape,* Dachau; Rudolf *Pekar,* Ebensee; Max *Peters,* Sachsenhausen; *Pfister,* Dachau; Walter *Pfitzner,* Sachsenhausen, Dachau (1946 Selbstmord); Josef *Pfleger,* Flossenbürg; Richard *Plaettig,* Ravensbrück; Heinrich *Plaza,* Buchenwald, Dachau, Natzweiler, Auschwitz; Kurt *Plötner,* Dachau; Walter *Pongs,* Buchenwald; Hermann *Pook,* Mauthausen, Chef der KZ-Zahnärzte (Zahnarzt in Holstein); Max *Popiersch,* Auschwitz, Lublin; Elimar *Precht,* Natzweiler, Dachau, leitender Zahnarzt Auschwitz (nach Kriegsende als Zahnarzt tätig); Rolf *Preissel,* Dachau; Heinrich *Pütz,* Flossenbürg; Fridolin *Puhr,* Dachau (1945 Todesurteil, begnadigt, Praxis in Mannheim); Albert *Rachel,* Mauthausen (Arzt in Karlsruhe); Siegfried *Ramsauer,* Dachau, Mauthausen; Sigmund *Rascher,* Dachau (Unterdruck- und Unterkühlungs-Experimente); *Reichelt,* Buchenwald; Paul *Reutter,* Buchenwald; Johann *Richartz,* Buchenwald; Hermann *Richter,* Mauthausen, Sachsenhausen, Ravensbrück, Groß-Rosen (1945 Selbstmord); Heinrich *Rindfleisch,* Groß-Rosen, Sachsenhausen, Ravensbrück, Lublin; Karl *Ripps,* Standortarzt Dachau; *Roche,* Dachau; Ralf *Rogge,* Auschwitz, Buchenwald (Arzt in Bremerhaven); Werner *Rohde,* Buchenwald, Auschwitz, Lagerarzt Natzweiler (1946 hingerichtet); Wolfgang *Romberg,* Dachau (Unterdruck-Experimente); August *Roschmann,* Lagerarzt Sachsenhausen; Rolf *Rosenthal,* Ravensbrück (1947 hingerichtet); Otto *Rossmann,* Chefarzt im Standortlazarett Dachau; Hans *Royer,* Dachau; Helmut *Rühl,* Natzweiler; Erich *Sautter,* Auschwitz; Willi *Schatz,* Auschwitz, Neuengamme (Freispruch im Auschwitz-Prozess 1965 in Frankfurt, Wiederzulassung als Zahnarzt); Theodor *Scheidtmann,* Sachsenhausen; Gerhard *Schiedlauski,* Mauthausen, Sachsenhausen, Standortarzt Ravensbrück, Natzweiler, Buchenwald (Sulfonamid-Versuche, 1947 hingerichtet); Fritz *Schildbach,* Lagerarzt Dachau; Claus *Schilling,* Dachau (Malaria-Versuche); Hans

Schlosser, Standortarzt Buchenwald; Hugo *Schmick,* Sachsenhausen; Heinrich *Schmidt,* Groß-Rosen, Buchenwald, Dachau; Karl *Schmidt,* Auschwitz, Groß-Rosen; Adolf *Schmitt,* Dachau-Nebenlager Mühldorf; Emil Christian *Schmitz,* Sachsenhausen; Heinrich *Schmitz,* Flossenbürg (Operations-Experimente, 1948 hingerichtet); Alfred *Schnabel,* Standortarzt Flossenbürg; Roman *Scholz,* Buchenwald; Günther *Schorsten,* Dachau; Richard *Schröder,* Lagerarzt Dachau; Heinrich *Schütz,* Dachau; Erich *Schultz,* Neuengamme, Sachsenhausen, Dachau; Horst *Schumann,* Auschwitz (Sterilisierungs- und Kastrations-Experimente); Hugo *Schwarz,* Lagerarzt Sachsenhausen; Siegfried *Schwela,* Lagerarzt Auschwitz; Otto *Seibert,* Flossenbürg; *Seifert,* Mauthausen; Franz *Silbernagel,* Dachau; Helmut *Sinz,* Lagerarzt Ravensbrück; *Sommer,* Lagerarzt Neuengamme; Gerda *Sonntag,* Ravensbrück; Walter *Sonntag,* Sachsenhausen, Ravensbrück, Dachau, Natzweiler (1948 hingerichtet); *Sora,* Melk; Hans-Hermann *Sorge,* Lagerarzt Sachsenhausen; Werner *Stephan,* Lagerarzt Buchenwald; *Sturm,* Dachau; Karl-Heinz *Täuber,* Dachau, Auschwitz; Heinz *Thilo,* Auschwitz, Groß-Rosen; Viktor *Thurnher,* Lagerarzt Sachsenhausen; Percy *Treite,* Ravensbrück (1947 Selbstmord vor der Hinrichtung); Ernst *Triendl,* Dachau; Richard *Trommer,* Flossenbürg, Neuengamme, Ravensbrück; Alfred *Trzebinsky,* Auschwitz, Lublin, Standortarzt Neuengamme (1946 hingerichtet); Kurt *Uhlenbroock,* Auschwitz; Hellmuth *Vetter,* Auschwitz, Gusen; Erich *Wagner,* Buchenwald; *Walter,* Dachau; Bruno *Weber,* Leiter des Hygiene-Instituts in Auschwitz (Blut- und Drogen-Experimente); *Weide,* Lagerarzt Neuengamme; Ernst *Weitkamp,* Mauthausen; *Wellen,* Dachau; Hanno *Weyern,* Dachau; Adolf *Winkelmann,* Ravensbrück, Sachsenhausen; Wilhelm *Witteler,* Lagerarzt Dachau (Todesstrafe, zu 20 Jahren begnadigt, vorzeitig entlassen); Eduard *Wirths,* Standortarzt Auschwitz (Fleckfieber- und gynäkologische Versuche); Robert *Wohlrab,* Dachau; Heinz *Wolanski,* Ravensbrück; Helmut *Wolf,* Lagerarzt Buchenwald; Rolf *Wollenweber,* Dachau; Waldemar *Wolter,* Sachsenhausen, Dachau, Mauthausen (1947 hingerichtet); Herbert *Wuttke,* Lagerarzt Auschwitz; Hans *Zahn,* Sachsenhausen (Tbc-Versuche); Otmar Martin *Zerbes,* Kaufering.

Verantwortlich für die Medizinversuche innerhalb der SS ist die von Ernst Robert Grawitz geleitete Dienststelle *Reichsarzt SS und Polizei,* die Himmler direkt unterstellt ist. Ihr gehören folgende Mediziner an:

Sturmbannführer Albert *Bartels* (Zentralinstitut für optimale Menschenerfassung), Obersturmbannführer Hermann *Barth,* Sturmbannführer Hans *Behmenburg,* Oberführer Hugo *Blaschke* (Oberster Zahnarzt), Brigadeführer Carl *Blumenreuter* (Apotheker), Obersturmführer Otto *Boese,* Hauptsturmführer Kurt *Dietz,* Sturmbannführer Erwin *Ding-Schuler,* Hauptsturmführer Heinz *Fritsche,* Hauptsturmführer Barthel *Garding,* Gruppenführer Karl *Gebhardt* (Oberster Kliniker), Sturmbannführer Hans *Gottlieb,* Obersturmbannführer Hans *Grönlund,* Sturmbannführer Herbert *Groh,* Obersturmführer Kurt *Haack,* Obersturmführer Erich *Hussmann,* Obersturmbannführer Wilhelm *Kessler,* Hauptsturmführer Johannes *Krey,* Sturmbannführer Franz *Krieglstein,* Sturmbannführer Helmut *Kunz,* Hauptsturmführer Walter *Michl,* Sturmbannführer Christian *Mohr,* Oberführer Joachim *Mrugowsky* (Oberster Hygieniker), Obersturmbannführer Max *Ostermaier,* Standartenführer Johannes *Peltret,* Standartenführer Helmuth *Poppendick,* Standartenführer Günther *Reil,* Sturmbannführer Bernhard *Rudolphi* (Apotheker), Sturmbannführer Hermann *Schlüter,* Obersturmführer Walter *Schmidt,* Hauptsturmführer Kurt-Joachim *Schnitt,* Hauptsturmführer Hubert *Schopper,* Obersturmführer Otto *Sitzberger,* Oberführer Otto *Stahl,* Hauptsturmführer Karl *Stenger,* Hauptsturmführer Gerhard *Stridde,* Obersturmbannführer Harald *Strohschneider,* Obersturmbannführer Karl *Thon,* Hauptsturmführer Hans *Trischkat,* Sturmbannführer Waldemar *Ültzhöffer,* Sturmbannführer Josef *Vonkennel,* Obersturmbannführer Harald *Waegner,* Sturmbannführer Eugen *Wannemacher,* Obersturmbannführer Ernst *Wille,* Obersturmführer Hans *Woelke,* Untersturmführer Josef Wörner.

Mörder und Mitwisser. Das System des Tötens

Die in diesem Buch geschilderten exemplarischen Fälle geben nur einen kleinen Teil dessen wieder, was in den Konzentrationslagern geschehen ist. Männer wie Mengele, Rascher oder Ding-Schuler sind nicht typisch für den Ärztestand im Nationalsozialismus. Sie zählen zu den wenigen, die sich nach vorne drängen, als das System es ermöglicht, Menschen zu *Versuchskaninchen* zu machen.
Die typischen Vertreter der Ärzteschaft drängen sich nicht vor. Aber sie machen mit, wenn sie an die Reihe kommen. Wenn das, was sie für *Pflicht an Partei und Vaterland* halten, ihnen die Teilnahme an Verbrechen abverlangt, sagen sie nicht Nein. Wenn es ihrem beruflichen Aufstieg dient, lassen sie sich widerspruchslos zum Rädchen jener medizinischen Vernichtungsmaschinerie machen, die zu den wirkungsvollsten Instrumenten nationalsozialistischer Terror-Herrschaft zählt.[406]
An die 350 medizinische Verbrecher, die Experimente an Menschen in Auschwitz, Buchenwald, Dachau, Mauthausen, Natzweiler/ Schirmeck, Neuengamme, Ravensbrück und Sachsenhausen durchgeführt haben, sind namentlich bekannt. Aber sie handeln nicht iso-

liert. Diese Exekutoren der mörderischen Wissenschaft halten Kontakt zu den führenden Universitäten und Forschungsanstalten des Reiches, von denen sie Aufträge erhalten. Die Ergebnisse der menschenverachtenden Experimente werden in Fachzeitschriften publiziert, bei Fachtagungen vorgetragen und erörtert.

Bei den verbrecherischen Versuchen an KZ-Häftlingen und Kriegsgefangenen, die militärischen Zwecken dienen, arbeiten SS-Mediziner und Wehrmachtsärzte Hand in Hand. Nirgends regt sich Widerstand. Schon „aus Gründen des militärischen Taktes" sei eine Kritik unterblieben, erzählt ein Teilnehmer der Tagung im Mai 1943, bei der führende Wehrmachtsärzte und Wissenschaftler über Sulfonamidversuche an Menschen informiert werden. Treffender lässt sich die Korrumpierung des Berufsstandes nicht beschreiben.

Drei Motive für die mörderischen Menschenversuche stehen im Vordergrund:

- der Krieg gegen jene *äußeren Feinde,* von denen sich das nationalsozialistische Deutschland umstellt sieht,

- der Krieg gegen *Andersrassige, Andersartige und Andersdenkende,* die zu *inneren Feinden* stilisiert werden,

- und nicht zuletzt der Forscherdrang medizinischer Fanatiker und Karrieristen, die die einmalige Gelegenheit nützen, die sich ihnen bietet. Die Medizin im Nationalsozialismus kann auf Laborratten und Meerschweinchen verzichten, weil menschliches Versuchsmaterial zur Verfügung steht, dessen Verwendung sich allen medizinischen und rechtlichen Regeln entzieht.

Die politischen Träger des Systems sind es, die Konzentrationslager entstehen lassen, in denen alles möglich ist. Aber es ist die Ärzteschaft, die diese Möglichkeit bis zur perversesten Konsequenz ausschöpft.

Zu den erschütterndsten Ergebnissen der Ärzteprozesse zählt die Erkenntnis, dass es sich bei der Mehrzahl der medizinischen Mörder und Folterknechte nicht um Männer mit großer krimineller Energie, nicht um Einzelgänger oder Einzeltäter, nicht um krankhafte Sonderfälle handelt. Die Grenze zwischen jenen, die den Nationalsozialismus unschuldig und unpolitisch überdauern und den anderen, die sich in Konzentrationslagern und Forschungsanstalten unmenschlicher Verbrechen schuldig machen, sind weniger durch Charakter oder politische Einstellung als durch Zufall und beruflichen Werdegang gezogen. Die Mehrheit der Ärzte funktioniert, was immer das NS-System von ihnen verlangt, wo immer sie hingestellt werden. Im aufopferungsvollen Dienst an der Front bei der Betreuung Verwundeter leisten sie ebenso *professionelle Arbeit* wie an der Rampe der Konzentrationslager bei der Selektion für die Gaskammer. Als fürsorgliche Heiler sind sie ebenso verlässlich wie als sadistische Experimentatoren, politische Folterknechte und skrupellose Vernichter menschlichen Lebens.

Nach dem Krieg werden viele in juristischem Sinn freigesprochen, obwohl sie im medizinischen und moralischen Sinn schuldig sind. Der Fall des volksdeutschen Militärarztes Adolf Pokorny steht exemplarisch für eine ideologisch orientierte Ärzteschaft, die nicht nur bereit ist zu exekutieren, was der Nationalsozialismus Gesundheitspolitik nennt, sondern sich zum geistigen Wegbereiter medizinischer Verbrechen macht.

Im Oktober 1941 schreibt der Facharzt für Haut- und Geschlechtskrankheiten an Himmler, dass „der Feind nicht nur besiegt, sondern vernichtet werden muss". Als eigenen Beitrag dazu preist er ein Mittel an, das bei Tierversuchen zu „dauernder Sterilität" geführt habe, und spricht sich für „sofortige Versuche an Menschen (Verbrecher!)" aus: „Allein der Gedanke, dass die drei Millionen momentan in deutscher Gefangenschaft befindlichen Bolschewisten sterilisiert werden könnten, sodass sie als Arbeiter zur Verfügung stünden, aber von der Fortpflanzung ausgeschlossen wären, eröffnet weitgehendste Perspektiven."[407]

Im Nürnberger Ärzteprozess wird Pokorny freigesprochen. Im medizinischen und moralischen Sinn aber haben sich alle, die wie er dachten und wie er zur Mitwirkung bereit waren, schuldig gemacht – auch wenn sie das Glück hatten, bei Himmler kein Gehör zu finden oder vom Schicksal an einen Platz gestellt zu werden, an dem die Beteiligung an Verbrechen nicht möglich war.

14. Nachkriegs-Farce.
Tausende Täter, wenige Urteile

Nürnberger Ärzteprozess. Viermal Todesstrafe

Am 20. August 1947 fällt der I. Amerikanische Militärgerichtshof die Urteile gegen führende Nazi-Ärzte. Viermal Tod durch den Strang, fünfmal Lebenslänglich. Daneben werden eine Reihe langjähriger Freiheitsstrafen verhängt:

Tod durch den Strang für die vier führenden Nazi-Ärzte, SS-Generalleutnant Karl *Brandt,* Reichskommissar für das Sanitäts- und Gesundheitswesen und Begleitarzt Hitlers; Karl *Gebhardt,* Chefarzt der Heilanstalt Hohenlychen, Oberster Kliniker beim Reichsarzt SS und Leibarzt Himmlers; SS-Hauptsturmführer Waldemar *Hoven,* Lagerarzt im KZ Buchenwald; und SS-Oberführer Joachim *Mrugowsky,* Chef des Hygiene-Instituts der Waffen SS.

Lebenslängliche Freiheitsstrafen erhalten: Gebhardts Assistent in Hohenlychen, SS-Sturmbannführer Fritz *Fischer;* SS-Generalleutnant Karl *Grenzken,* Chef des Sanitätswesens der Waffen-SS; Generaloberstabsarzt Siegfried *Handloser,* Chef des Wehrmachts-Sanitätswesens; Generalarzt Gerhard *Rose,* Chef der Abteilung für tropische Medizin am Robert-Koch-Institut, Beratender Hygieniker und Tropenmediziner beim Chef des Sanitätswesens der Luftwaffe; Generaloberstabsarzt Oskar *Schröder,* Inspekteur des Luftwaffen-Sanitätswesens.

Langjährige Freiheitsstrafen erhalten: Stabsarzt Hermann *Becker-Freyseng,* Referent für Luftfahrtmedizin beim Sanitätsinspekteur der Luftwaffe; Hertha *Oberheuser,* Lagerärztin im KZ Ravensbrück; Stabsarzt Wilhelm *Beiglböck,* Oberarzt der I. Medizinischen Universitätsklinik in Wien; SS-Oberführer Helmuth *Poppendick,* Leitender Arzt im SS-Rasse- und Siedlungs-Hauptamt.

Freisprüche gibt es für eine Reihe von Ärzten, gegen die das vorliegende Beweismaterial zum Nachweis einer persönlichen Schuld nicht reicht, obwohl die Verwicklung ihrer Arbeitgeber und Dienststellen in medizinische Verbrechen belegt ist: Kurt *Blome,* Stellvertreter des Reichsgesundheitsführers; Hans Wolfgang *Romberg,* Abteilungsleiter an der Deutschen Versuchsanstalt für Luftfahrt; Generalarzt Paul *Rostock,* Amtschef der Dienststelle Medizinische Wissenschaft in der Wehrmacht; Siegfried *Ruff,* Direktor des Fliegermedizinischen Instituts der Deutschen Versuchsanstalt für Luftfahrt; Konrad *Schäfer,* Unterarzt im Stab des Forschungsinstituts für Luftfahrtmedizin und Laborarzt der Schering AG; Oberfeldarzt Georg August *Weltz,* Chef des Instituts für Luftfahrtmedizin; und Adolf *Pokorny,* Facharzt für Haut- und Geschlechtskrankheiten, der Himmler die Erprobung seines Sterilisierungsmittels anbot.

Zum Tod verurteilt werden auch zwei der Hauptverantwortlichen für medizinische Verbrechen, die selbst nicht Ärzte sind: SS-Standartenführer Rudolf Brandt, persönlicher Referent des Reichsführers SS, und SS-Standartenführer Wolfram Sievers, Generalsekretär der Gesellschaft *Ahnenerbe* und des Instituts für wehrwissenschaftliche Zweckforschung.

Die weitere Strafverfolgung bleibt deutschen und österreichischen Gerichten überlassen. In den ersten Nachkriegsjahren werden, unter dem Druck der Alliierten, Todesurteile und langjährige Freiheitsstrafen gegen Rädelsführer und Exekutoren des medizinischen Massenmordes ausgesprochen.[408]

Weitere Verfahren folgen. Die Beweissicherung aber ist schwierig. Die meisten Unterlagen sind vernichtet.[409] Vor Gericht gestellt wird nur ein kleiner Teil der Schuldigen. Einige werden mangels eindeutiger Beweise freigesprochen, andere nie angeklagt. Einzelnen gelingt die Flucht. Josef Mengele dürfte, nach einer Odyssee durch zahlreiche Länder, in Brasilien gestorben sein.

Nestbeschmutzer. Ärzte gegen Aufdecker

Erfolgreich verhindert eine NS-korrumpierte Ärzteschaft nach Kriegsende die selbstkritische Bestandsaufnahme ihrer Vergangenheit. Als die *Arbeitsgemeinschaft der Westdeutschen Ärztekammern* einen renommierten Mann aus ihren Reihen mit der Dokumentation des Nürnberger Ärzteprozesses betrauen will, sagen prominente Wissenschaftler ab. Nach einigem Suchen findet sich mit Alexander Mitscherlich, der soeben Privatdozent geworden ist, ein ambitionierter, wenn auch noch wenig bekannter Mediziner, der bereit ist, die undankbare Aufgabe gemeinsam mit seinem jungen Mitarbeiter Fred Mielke zu übernehmen.

Die beiden offiziellen Beobachter der deutschen Ärzteschaft leisten gründliche Arbeit. Anhand von Originaldokumenten und Zeugenaussagen rekonstruieren sie die Verbrechen von Auschwitz, dokumentieren den Prozessverlauf und geben auch den Aussagen der Angeklagten breiten Raum: Niemand soll ihnen vorwerfen, einseitig oder gar tendenziös zu berichten. 1948 liegt der Bericht vor. Im Vorwort der ersten Auflage verbindet die Arbeitsgemeinschaft der Ärztekammern ihren Dank an die Verfasser „für die objektive, gewissenhafte und verdienstvolle Erfüllung ihrer Aufgabe" mit dem Wunsch, das Ergebnis ihrer Arbeit möge „dazu beitragen, die Gesinnung reiner Menschlichkeit und wahren Arzttums zu befestigen und [...] die schwere Schuld einzelner entarteter Glieder ihres Standes zu tilgen".

Unter dem Titel *Das Diktat der Menschenverachtung* (danach: *Medizin ohne Menschlichkeit*) wird die Arbeit zu einem Standardwerk der medizinischen Zeitgeschichte. Allerdings erst mit großer Verzögerung. Vorerst kaufen die Auftraggeber die gesamte Auflage auf – um sie verschwinden zu lassen. Die Verfasser wundern sich: Keine Berichte in den Massenmedien, keine Resonanz in ärztlichen Fachzeitschriften. Anerkennung gibt es von einer einzigen Stelle: Der Weltärztebund erblickt in dem Bericht einen Beweis dafür, dass die deutsche Ärzteschaft „von den Ereignissen der verbrecherischen Diktatur abgerückt" ist. Auf die Idee, dass die Verbreitung der Studie von den eigenen Auftraggebern verhindert wird, kommt keiner. Der Wiederaufnahme der deutschen Ärzteschaft in die Weltorganisation steht damit nichts mehr im Weg.

Intern werden einzelne Exemplare des Berichts von Hand zu Hand gereicht – vor allem von jenen, die in seinem Inhalt einen Anschlag auf den Ruf der Ärzteschaft sehen. Die Verfasser der Studie werden von Teilen der Kollegenschaft wie Aussätzige behandelt. Der Dekan der medizinischen Fakultät und Rektor der Universität Göttingen nennt die Faktensammlung „geradezu unverantwortlich", weil sie „Ruf und Ehre" der deutschen Naturforscher schade.

Ärzte, die sich an der wissenschaftlichen Aufarbeitung der NS-Medizin beteiligen wollen, werden von Kollegen wie Verräter behandelt und öffentlich als Nestbeschmutzer diffamiert. Der Druck zeigt Wirkung: Kein Mediziner will sich durch historischen Übereifer in der Kollegenschaft isolieren. Schließlich findet sich ein Journalist, der ihnen die Arbeit abnimmt: Ernst Klee, Theologe und Sozialpädagoge, der unter anderem in der Wochenzeitung *Die Zeit* publiziert, beschreibt nicht nur die Verbrechen der NS-Medizin. Er belegt auch, wie sich die Ärzteschaft nach Kriegsende der Aufarbeitung der Geschichte widersetzt.

Nachkriegskarrieren. Am Beispiel Werner Heyde

Zahlreiche Ärzte, die sich im Dritten Reich schwerer Verbrechen schuldig gemacht haben, beginnen nach Kriegsende eine zweite Karriere. Manche werden nie ausgeforscht, andere nur zu kurzen Haftstrafen verurteilt oder begnadigt. Gerichte halten den Massenmord in den Gaskammern für „eine der humansten Tötungsarten". Ärztekammern vermögen in der Teilnahme an der *Euthanasie* oder an Menschenversuchen kein standeswidriges Verhalten zu erkennen. Ärzte, die in den Konzentrationslagern an der Rampe standen, dürfen wieder praktizieren. Professoren, die unwertes Leben *selektierten,* bilden akademischen Nachwuchs aus. Legitimationstheoretiker der nationalsozialistischen Rassen- und Vererbungslehre fahren in ihren wissenschaftlichen Publikationen dort fort, wo sie nach Kriegsende verunsichert innegehalten hatten.[410]

Viktor von Weizsäcker, der Onkel des späteren Bundespräsidenten, darf zwei Jahre nach Kriegsende wieder schreiben: „So wie die Amputation eines brandigen Fußes den ganzen Organismus rettet, so [rettet] die Ausmerzung der kranken Volksteile das ganze Volk."[411] Er fühlt sich im Recht: „Wenn das ganze Volk in Lebensgefahr schwebt und durch Beseitigung einzelner Individuen gerettet werden kann, müssen diese Individuen geopfert werden." Er habe sich „berechtigt und verpflichtet" gefühlt, „diese Opfer zu erzwingen, also zu töten."[412]

1942 hat sich Weizsäckers Neurologisches Forschungsinstitut an der Universität Breslau von der oberschlesischen Kinderfachabteilung Loben mit Gehirnen getöteter Schwachsinniger beliefern lassen.[413] Nach 1945 wird der uneinsichtige Neurologe zum Vorbild jener Medizin-Verbrecher, die sich in den Prozessen auf die *Wissenschaftlichkeit* ihrer Arbeit berufen.

Otfrid Foerster, Weizsäckers Vorgänger in Breslau, der die entsetzlichsten Versuche an lebenden Menschen ausführte, wird von der Kollegenschaft postum verherrlicht. Die Deutsche Gesellschaft für Neurochirurgie verleiht 1953 zum ersten Mal eine Otfrid-Foerster-Medaille.

Foersters Lehrmeister Robert Gaupp, Legitimationstheoretiker der *Euthanasie,* der auf der Jahresversammlung des Deutschen Vereins für Psychiatrie 1925 für die „Unfruchtbarmachung geistig und sittlich Kranker und Minderwertiger" votiert hat, wird in dem 1959 erschienenen dreibändigen Werk *Große Nervenärzte*[414] als „vorbildlicher Wissenschaftler" beschrieben. Herausgeber Kurt Kolle glorifiziert Väter der *Euthanasie* wie Max de Crinis oder Carl Schneider ebenso überschwänglich wie jene Wissenschaftler, die mit den Organen Ermordeter experimentierten. Sein Lob für *Euthanasie*-Befürworter und „Irrenanstalten alten Stils" gipfelt in der Aufforderung an junge Kollegen, „den großen Vorbildern nachzueifern".

Als die Sterilisation geistig Behinderter Mitte der siebziger Jahre in Deutschland wieder zum Thema wird, betont eine Drucksache des Deutschen Bundestages die Einwilligung der Bundesvereinigung Lebenshilfe für geistig Behinderte. Deren Vorsitzender: Professor Werner Villinger, *Euthanasie*-Gutachter des NS-Regimes, der nach Kriegsende eine zweite Karriere gestartet hat.[415]

Professor Hermann Muckermann, der sich schon 1926 für seine Erbgesundheitsforschung vom Jesuitenorden hat freistellen lassen, publiziert nach dem Krieg so weiter, als hätte es die Politik der Ausrottung nie gegeben. In der Diktion nationalsozialistischer Propagandapamphlete wettert er dagegen, dass man „schwer belastete Geisteskranke" mit großem Aufwand unterbringe, während „gesunde Mütter vieler Kinder in Kellerlöcher verelenden". Angesichts der Tatsache, dass Menschen in Heil- und Pflegeanstalten ein hohes Alter erreichten, könne man sich ausrechnen, „wie viel wir für erbgesunde Familien gewinnen würden, wenn die Fürsorgebedürftigkeit eingeschränkt werden könnte".[416]

Zwei Jahre nach Kriegsende wird sein Buch *Der Sinn der Ehe* neu verlegt, dessen Erstfassung 1938 erschienen war. So liest es sich auch. Muckermann mahnt zur national orientierten Gattenwahl: „Wer das ureigene Gesicht eines Volkes bewahren will, wird sich [...] für Ehen innerhalb des gleichen Volkes einsetzen. Ehen von Menschen, deren Prägung so große Verschiedenheit aufweist, wie sie zwischen europiden und negriden Völkern stehen, sind abzulehnen."[417]

Zu seinem 75. Geburtstag erhält der Mann, der der Ausmerzung Minderwertiger so beredt Vorschub geleistet hat, das Große Verdienstkreuz des Verdienstordens der Bundesrepublik, 1957 ehrt man ihn anlässlich seines achtzigsten Geburtstags als „eine der ehrwürdigsten Erscheinungen des deutschen Geisteslebens".

In dem 1940 erschienenen Buch *Erbpflege und Christentum*[418] wird als Pendant zu Muckermann auf katholischer Seite Professor Hans Harmsen als „Wegbereiter der Erbpflege in der evangelischen Kirche" gewürdigt. Der Legitimationstheoretiker des NS-Regimes setzt nach Kriegsende seine Agitation im Sinne des nationalsozialistischen Erbgesundheitswahns ungerührt fort. Einige Monate nach der Kapitulation wird ihm die Leitung der Hamburger Akademie für Staatsmedizin anvertraut. Dort darf er angehende Amtsärzte davon überzeugen, dass es falsch sei, dem Sterilisationsgesetz „eine typisch nationalsozialistische Ideologie unterzuschieben", weil sich dieses „schon vor 1933 organisch entwickelt hat". An der Hamburger Universität gründet Harmsen die Deutsche Akademie für Bevölkerungswissenschaft, an der Kollegen wie Hermann Arnhold tätig werden, der im Dritten Reich dem Reichssicherheitshauptamt als Zigeunerexperte dienstbar war.

Harmsen sammelt Titel und Ämter wie andere Briefmarken. Er gehört in führender Position der Ernst-Barlach-Gesellschaft, der Deutschen Gesellschaft für Hygiene und Mikrobiologie und der Weltgesundheitsorganisation an. 1952 avanciert er zum Vorsitzenden von Pro Familia, Deutsche Gesellschaft für Ehe und Familie e. V. In dieser Funktion rückt Harmsen in den Beirat des Bonner Familienministeriums auf, das sich auch dann nicht von ihm trennt, als seine Fixiertheit auf die erbbiologischen Vorstellungen des Nationalsozialismus öffentlich thematisiert wird. „Es gibt Menschen, die immer auf der richtigen Seite stehen: dort, wo Karrieren vergeben werden", schreibt Ernst Klee über ihn.[419]

Ohne Sensibilität für die Nöte der Opfer bestärken selbst höchste Repräsentanten der Politik die Öffentlichkeit in ihrer Haltung, die Selbstreinigung von einer verbrecherischen Ideologie zu verweigern. Als ein ehemaliger NS-Mediziner aus dem Mitarbeiterstab von Propagandaminister Joseph Goebbels vor der Deutschen Bundespräsidentenwahl 1954 wissen will, ob das „entsetzliche Gerücht" stimme, dass Theodor Heuss „Judenmischling" sei, antwortet dessen persönlicher Referent ungerührt: Bereits im Jahr 1932 habe eine gerichtliche Auseinandersetzung mit einer nationalsozialistischen Tageszeitung die „reine Rasse" seines Chefs dokumentiert.[420]

Mehr als vierzig Jahre später ist die Sensibilität kaum größer. Als Hannelore Kohl von der Medizinischen Fakultät der Greifswalder Universität zum 50. Jahrestag des Kriegsendes den Doktortitel honoris causa entgegennimmt, bleibt unerwähnt, dass diese Bildungsstätte mit ihrem Institut für Vererbungswissenschaft Vorreiter nationalsozialistischer Vernichtungspolitik und Tatort zahlloser medizinischer Verbrechen war. Arthur Gütt, Mitautor des Gesetzes zur Verhütung erbkranken Nachwuchses, hat hier sein Medizinstudium absolviert.[421] Politiker scheint das ebenso wenig zu interessieren wie die auf Vertuschung und Verdrängung eingeschworene Ärzteschaft.

Heimliche Helfer. Verständnis für die Täter

Nicht nur die wissenschaftlichen Wegbereiter und medizinischen Mitläufer, auch die Rädelsführer und Täter stoßen auf Verständnis und finden Helfer. SS-Standartenführer Werner Heyde, Zentralfigur bei der Planung des Massenmordes an Kranken und Behinderten, gelingt nach seiner Festnahme die Flucht. Die Wachmannschaft lässt den berüchtigten *Euthanasie*-Arzt von der Ladefläche eines Lastkraftwagens entkommen.[422] Der Oberbürgermeister von Flensburg verschafft dem mit falschen Papieren Ausgestatteten eine Anstellung als Sportarzt. Ein Internist, dem Heyde sich anvertraut, bringt ihn als Gutachter und Gerichtsarzt beim Oberversicherungsamt in Schleswig unter.[423] Alle wissen, wer sich unter dem Pseudonym Dr. Sawade verbirgt: Kollegen, Beamte, führende Mitarbeiter des Oberversicherungsamtes und der Landesversicherungsanstalt decken den Naziverbrecher.

Auch Ernst-Siegfried Buresch, Präsident des Sozialgerichts Schleswig, schützt den ehemaligen NS-Mediziner. Als eine Anzeige bei ihm eingeht, bespricht er den Fall mit seinem Senatspräsidenten und dem Direktor des Sozialgerichts, die beide ebenfalls eingeweiht sind. Schließlich antwortet er schriftlich, „dass ich es nicht als meine Aufgabe ansehen kann, einen für das Ansehen des Ärztestandes und besonders der Vertreter des psychiatrischen Faches möglicherweise recht folgenschweren Schritt zu tun, ohne dazu von Amts wegen verpflichtet zu sein."[424] Vor dem Untersuchungsausschuss des Landtags verantwortet sich der Richter später damit, dass Professor Werner Catel im gleichen Jahr von der Landesregierung Schleswig-Holsteins angestellt wurde, obwohl seine Tätigkeit als *Euthanasie*-Arzt bekannt war. Die „allgemeine Stimmung" sei damals eben so gewesen, „die Dinge auf sich beruhen zu lassen"[425].

Ein anderes Motiv für die „allgemeine Stimmung" nennt der Jurist nicht, obwohl es offensichtlich ist: die von Staatsanwälten während der NS-Zeit am Fließband beantragten und von Richtern am Fließband gefällten Todesurteile während der NS-Zeit. In der Justiz hat die Selbstreinigung genauso wenig stattgefunden wie in der Medizin. Die Kollegen sind nach Kriegsende ihn ihren Ämtern verblieben. Warum sich gegenseitig weh tun?

Als Professor Reinwein, Direktor der medizinischen Universitätsklinik Kiel, nach einem Streit die Identität des Untergetauchten öffentlich macht, versuchen Dekan und Rektor ihn „von unbedachten Schritten abzuhalten".[426] Zu spät: Die Fahndung läuft bereits. Ein Untersuchungsausschuss des Schleswig-Holsteinischen Landtags hält die Namen derer fest, die den Naziverbrecher gedeckt und ihm geholfen haben. Obwohl „der Personenkreis namentlich nicht voll erfasst" werden kann, enthält die Liste Namen von fünf Richtern, sechs Professoren und vier Spitzenbeamten der Landesverwaltung. Keiner von ihnen wird zur Rechenschaft gezogen.[427]

Heyde wird angeklagt, „heimtückisch, grausam und mit Überlegung mindestens 100.000 Menschen getötet zu haben". Zum Prozess kommt es nicht. Nachdem ein mit zahlreichen Helfern vorbereiteter Fluchtversuch scheitert, begeht er in seiner Zelle Selbstmord. In seinem Abschiedsbrief behauptet er, sich „weder juristisch noch moralisch schuldig gemacht" zu haben.[428] Seine Angehörigen ersetzen den üblichen Bibelspruch auf der Todesanzeige durch den Schluss seiner pathetischen Selbstreinwaschung: „Vor Gott trete ich gefasst und unterwerfe mich seinem Spruch. Ich habe nichts Böses gewollt, soweit ich das nach ehrlicher Selbstprüfung als Mensch zu beurteilen vermag. Er wird entscheiden."

Die Medien vermerken, die Verhinderung des Prozesses habe „zahlreichen Prominenten den Kopf gerettet". So mancher Universitätsprofessor, der in Schwierigkeiten geraten wäre, könne jetzt „ungestört auf die Altersgrenze zumarschieren".[429]

Vergasungs-Ärzte. Dienstbare Kollegen, blinde Justiz

Von den mehreren hunderttausend Menschen, die von NS-Medizinern als *lebensunwert* eingestuft und in klinischen Einrichtungen (nicht in Konzentrationslagern) ermordet wurden, kamen mehr als

70.000 im Rahmen der *Euthanasie*-Aktion *T4* durch Gas ums Leben.[430] Von den zwischen Januar 1940 und August 1941 in den Vergasungs-Anstalten tätigen *Euthanasie*-Ärzten sind vierzehn namentlich bekannt. Nur einer von ihnen wird verurteilt. Hans Bodo Gorgass verantwortet sich damit, er habe in Hadamar mit der Begutachtung nichts zu tun gehabt. „Mir oblag lediglich die Durchführung der Tötung."[431] Das Gericht lässt das nicht als mildernd gelten. Wegen Mordes in mindestens 1000 Fällen wird Gorgass 1947 vom Landgericht Frankfurt zum Tod verurteilt. Die danach in „lebenslänglich" umgewandelte Strafe endet 1958 mit der Begnadigung.[432]

Auch gegen den gebürtigen Bregenzer Irmfried Eberl, der als Anstaltsleiter in Brandenburg/Havel die erste Vergasung durchführte und danach als Leiter von Bernburg/Saale und erster Lagerkommandant von Treblinka viele tausend Menschen ins Gas schickte, wird ermittelt. Der damals 37-Jährige hat versucht, sich in Blaubeuren als praktischer Arzt niederzulassen. Rettungsversuche seiner solidarischen Kollegen scheitern. Die amerikanische Militärregierung setzt sich über das ärztliche Attest hinweg, das Eberl Haftunfähigkeit bescheinigt und ignoriert auch eine Intervention des Gesundheitsamtes. Als Eberl sieht, dass es ernst wird, erhängt er sich in seiner Zelle.[433]

Horst Schumann, der die Euthanasie-Einrichtungen in Grafeneck und Sonnenstein leitete, bevor er in Auschwitz mit Sterilisierungversuchen begann[434], kommt nach Kriegsende in Gladbeck als Sportarzt unter und eröffnet 1949 eine eigene Praxis. Obwohl sein Vorleben einem großen Personenkreis bekannt ist, erfolgt seine behördliche Enttarnung erst, als er einen Jagdschein beantragt, für dessen Ausstellung ein Strafregisterauszug notwendig ist. Jetzt wissen auch jene in Ordnungsamt und Kriminalabteilung Bescheid, die bisher vielleicht noch ahnungslos waren. Ganze drei Wochen wird die Festnahme mit alibihaften Erhebungen und Rückfragen verzögert. Als die Polizei schließlich doch zugreifen darf, hat Schumann sich ins Ausland abgesetzt.

Wieder einmal spielt die Polizei bei den Ermittlungen gegen Naziverbrecher eine unrühmliche Rolle. Kein Wunder: NS-Polizisten und Gestapo-Beamte sind nach dem Krieg in den Polizeidienst übernommen worden. Viele stehen den Tätern näher als den Opfern. Durch einen Zufall wird der NS-Mediziner, der sich in Ghana als „Buschdoktor" versteckt hält, 1959 aufgespürt und 1966 ausgeliefert. Der Prozess gegen ihn platzt, weil Ärztekollegen ihm Verhandlungsunfähigkeit bescheinigen. Jeder weiß, dass Schumann simuliert: Er nimmt blutdrucksteigernde Mittel, zapft sich Blut ab und trinkt es, um es auf dem Weg zum Gerichtssaal demonstrativ zu erbrechen.[435] Die jedem Amtsarzt bekannten Ganoventricks werden zu Beweisen der Haftunfähigkeit verfälscht. Der Korpsgeist der Kollegenschaft ermöglicht dem Massenmörder und Menschenschinder, dessen Experimente in Auschwitz zu den abstoßendsten Verbrechen der KZ-Geschichte zählen, einen ruhigen Lebensabend.[436]

Es bleibt nicht der einzige Fall. Georg Renno von der Vergasungsanstalt in Hartheim bei Linz wird nach dem Krieg Pharmavertreter. Das 1962 gegen ihn eingeleitete Verfahren entartet zu einem jener medizinischen Gauklerstücke, die für die Nachkriegszeit typisch sind. Aufgrund immer neuer Zeugnisse von Ärzten, die ihren mörderischen Kollegen für schwer krank, weder haft- noch verhandlungsfähig halten und im entscheidenden Augenblick Operationen an ihm vornehmen, bleibt Renno von der Untersuchungshaft verschont. Mit ärztlicher Hilfe wird der Prozess verschleppt, 1970 unterbrochen, 1975 eingestellt. Danach ist der seit Jahren Schwerkranke plötzlich gesund genug, sich von einem Fernsehteam bei der Gartenarbeit filmen zu lassen.[437]

Aquillin Ullrich, der als Assistent und Stellvertreter Eberls in der Vernichtungsanstalt Brandenburg an Vergasungen mitwirkte, taucht nach dem Krieg unter. Auch ihm helfen Kollegen aus der Klemme: Sein ehemaliger Universitätslehrer vermittelt dem Facharzt für Frauenkrankheiten und Geburtshilfe eine Assistentenstelle in Stuttgart, andere Kollegen helfen ihm bei der Gründung seiner neuen Praxis. 1962 werden Ullrich und seine Kollegen Heinrich Bunke, Klaus Endruweit und Kurt Borm festgenommen. Alle vier waren an der *Euthanasie* beteiligt, alle vier haben mit Hilfe wohlmeinender Kollegen beruflich wieder Fuß gefaßt. Endruweit ist 1956 in den Vorstand der Kassenärztlichen Vereinigung und 1962 in den Vorstand der Ärztekammer gewählt worden.[438]

Bevor der Prozess gegen die *Euthanasie*-Ärzte stattfinden kann, kommt es zur Auseinandersetzung, ob die Angeklagten weiter praktizieren dürfen. Der Chefarzt der Unfallchirurgischen Abteilung des Allgemeinen Krankenhauses in Celle richtet eine von zahlreichen Kollegen unterschriebene Eingabe an den Sozialminister. Der Ärzteverein Celle setzt sich mit all seinem Einfluss für die mörderischen Kollegen ein. Angesehene Mediziner intervenieren bei Abgeordneten des Landtages und des Bundestages. Arztkollegen bestätigen, das Bekanntwerden der Vorwürfe habe „das öffentliche Ansehen der Beschuldigten in keiner Weise beschädigt". Die Solidaritätsbezeugungen zeigen Wirkung: Die *Euthanasie*-Ärzte dürfen weiter praktizieren.[439]

Das Gerichtsurteil erster Instanz ist Teil einer Skandal-Serie, mit der sich dieses Buch nicht beschäftigt: den Serienfreisprüchen mit absurdesten Begründungen. Wie der Ärztestand hat sich auch die Justiz nach Kriegsende einer Selbstreinigung verweigert. Die in ihren Ämtern verbliebenen ehemaligen NS-Juristen sind vor allem bemüht Urteile zu fällen, die ihre eigenen Beiträge zum nationalsozialistischen Terrorsystem relativieren.

In den Fällen Ullrich, Bunke und Endruweit stellt das Gericht als Ergebnis der Beweisaufnahme notgedrungen fest, diese seien der Beihilfe an der Ermordung tausender Geisteskranker überführt. Ullrich habe 210 Menschen persönlich getötet und sich der Beihilfe zur Ermordung von mindestens 1814 Geisteskranken schuldig gemacht. Bunke sei an 4950, Endruweit an 2250 Morden beteiligt. Dieser Einleitung folgt ein Freispruch, weil den ärztlichen Mördern „das Bewusstsein der Rechtswidrigkeit" gefehlt habe.[440] Nach dem Freispruch klatschen die Zuhörer Beifall.

Als der Bundesgerichtshof 1970 die Skandalurteile aufhebt, liegt der Schutz der *Euthanasie*-Ärzte vor Strafverfolgung wieder bei ihren Kollegen. Bunke und Endruweit bekommen rechtzeitig vor Verhandlungsbeginn Herzinfarkte bescheinigt. Ullrich wird in einem Gutachten bestätigt, seine Gesundheit halte der akuten Stress-Situation einer Verhandlung nicht stand. Alle drei Verfahren werden eingestellt.[441]

Der Prozess gegen Borm endet mit Freispruch. Auch diesmal urteilt das Gericht, der *Euthanasie*-Arzt habe „objektiv Beihilfe zur Tötung von mindestens 6652 Geisteskranken geleistet". Als überzeugter Nationalsozialist habe der Angeklagte jedoch das „Unerlaubte" von Massenmorden nicht erkennen können.[442]

Dem ersten Skandal folgt ein zweiter: Mit Urteil des Bundesgerichtshofes vom 20. März 1974 wird das Urteil bestätigt.[443] „Dieses Urteil ist eine der ungeheuerlichsten Entscheidungen, die deutsche

Richter jemals trafen", empört sich die *Süddeutsche Zeitung*.[444] „Ob konservativ oder progressiv, kein Mensch auf Erden würde nicht schaudern vor der Privilegierung des Massenmordes und seiner Gesinnung, wie sie in der Bundesrepublik Deutschland geschehen kann", heißt es in einem von der *Frankfurter Allgemeinen* veröffentlichten „offenen Brief an Bundespräsident Dr. Gustav Heinemann", den führende Intellektuelle unterzeichnen.[445]

Dass Leitartikler und Prominente das Urteil als Schande für Deutschland empfinden, ändert nichts daran, dass die Karlsruher Richter Mord und Folter legitimiert haben: Wer als überzeugter Nationalsozialist an die Ideologie von *Auslese* und *Ausmerze unwerten Lebens* nur fest genug geglaubt hat, kann der neu geschaffenen Rechtsnorm entsprechend nicht schuldig geworden sein. Die Medizinverbrecher der Nazizeit, die bisher nicht erwischt wurden, dürfen aufatmen: Jetzt kann ihnen nichts mehr passieren.[446]

Kinder-*Euthanasie*. Persilscheine durch Richter

Was 1974 durch das Höchstgerichtsurteil festgeschrieben wird, entspricht lange schon der Politik der Standesvertreter. 1949 können sich Hamburger Gesundheitsbehörde und Ärztekammer nicht dazu durchringen, den Mördern behinderter Kinder die Zulassung zu entziehen. Das Problem der *Euthanasie* scheine „noch keineswegs im rechtlichen und berufsethischen Sinne geklärt".[447]

Zwölf Jahre später haben sich die verantwortlichen Vertreter der Ärzteschaft endlich Klarheit verschafft. In einer gemeinsamen Erklärung stellen sie fest, die Tötung kranker Kinder im Rahmen der NS-*Euthanasie* sei „keine schwere sittliche Verfehlung" und könne somit „nicht Anlass zur Entziehung der Approbation sein".[448]

Wann immer Kollegen von der Justiz verfolgt werden, können sie auf die Hilfe medizinischer Gutachter bauen. Das gilt auch für den Jugendpsychiater Hans Heinze, der an der Planung und Durchführung der *Euthanasie* an vorderster Front beteiligt war. Als Obergutachter der Kinder-*Euthanasie* und Gutachter der Erwachsenen-*Euthanasie* hat er tausende in den Tod geschickt. Seine Kinderfachabteilung in Görden-Brandenburg diente als Schulungsanstalt für andere *Euthanasie*-Ärzte wie Ernst Illing (Wien) oder Hermann Wesse (Waldniel, Idstein). Nach dem Krieg wird Heinze Leiter der Jugendpsychiatri-

schen Klinik beim Niedersächsischen Krankenhaus in Wunstorf und arbeitet nebenbei für die Jugendpsychiatrische Beratungsstelle des Städtischen Gesundheitsamtes in Hannover. Als 1962 ein Verfahren gegen ihn eröffnet wird, hält er sich die Ermittler mit einem medizinischen Gutachten vom Leib. Das Städtische Gesundheitsamt für den Landkreis Nienburg-Weser bescheinigt ihm, „überhaupt nicht vernehmungs- und verhandlungsfähig" zu sein. Ein Jahr später bestätigt ein weiteres amtsärztliches Gutachten die Vernehmungsunfähigkeit und begründet diese mit seiner „Überempfindlichkeit gegen den Fragenkomplex Euthanasie". Der dritte Gutachter äußert 1964 seine Hoffnung, Heinze „weitere Belastungen durch gerichtliche Maßnahmen zu ersparen […] Amtsärztlicherseits ist jede weitere Befragung, sei es durch das Gericht oder durch einen ärztlichen Sachverständigen, aus Gesundheitsrücksichten für Prof. Heinze nicht zu verantworten."
Daraufhin wird das Verfahren „vorläufig" eingestellt. Als das Gericht ein Jahr später eine neuerliche Untersuchung anordnet, rügt der mit dem Gutachten betraute Medizinalrat, dass „auf den Schlusssatz der amtsärztlichen Begutachtung […] vom 28. 4. 1964 eine erneute Untersuchungsaufforderung erfolgte." Der Gutachter kommt zu dem Schluss, Heinze sei völlig am Ende, ein „psychisches Wrack" und „auf Dauer als verhandlungsunfähig anzusehen".
Als der Drahtzieher und Exekutor des Mordes an tausenden Behinderten, Kranken, sozial Auffälligen und politisch Missliebigen daraufhin vom Amtsgericht „außer Verfolgung gesetzt" wird, erholt er sich rasch und lebt zwei Jahrzehnte ohne besondere Gesundheitsprobleme und ohne lästige Fragen der Polizei.[449] Nach seinem Ableben versichern Leitung und Personal des Niedersächsischen Landeskrankenhauses Wunstorf dem von seinen Kollegen gerichtlicher Verfolgung entzogenen Schreibtischmörder in einer Todesanzeige, ihm „ein ehrendes Andenken" zu bewahren.[450]
Werner Catel, Direktor der Leipziger Kinderklinik, an der die erste Kinder-*Euthanasie* des Dritten Reiches vorgenommen wird, hat sich das Problem der Bekämpfung von Idiotie durch Auslese und *Ausmerze* zur „Lebensaufgabe" gemacht. Als „Gutachter aus Überzeugung" unterschrieb der Vorreiter der *Euthanasie* und Leiter einer Kinderfachabteilung, wie die Vernichtungszentren im Dritten Reich genannt wurden, medizinische Todesurteile für „etwa 1000 Kinder pro Jahr".[451]

Nach Kriegsende behauptet er, „überzeugter Antifaschist und Vertreter der Humanität im Dritten Reich gewesen" zu sein.[452] Bei der Entnazifizierung wird er von der Spruchkammer Wiesbaden als „entlastet" eingestuft. 1947 übernimmt Catel die Direktion der Landeskinderheilstätte Mammolshain im Taunus, 1954 folgt er dem Ruf der Universität Kiel, wo er – trotz vielfacher öffentlicher Proteste – als Ordinarius für Kinderheilkunde wirken darf.

In Publikationen bekennt sich Catel auch nach Kriegsende zur *Euthanasie,* die er „bei untermenschlich vegetierenden Kindern" als „höchste Erfüllung [...] der Menschlichkeit" betrachtet. In seinen Aussagen vor dem Untersuchungsrichter versucht sich der redegewandte Mediziner als Humanist und christlicher Moralist darzustellen. Die Kinder-*Euthanasie* verstoße nicht gegen das fünfte Gebot: Töten setze „etwas Lebendes" voraus. Er habe als behandelnder Arzt nur „den Weg Gottes nachvollzogen".

Obwohl Catel die Tötungsformulare unterzeichnete, ohne die Patienten je in Augenschein genommen zu haben, obwohl er zugibt, Kinder eigenhändig „todberuhigt" zu haben, obwohl sich unter den Opfern auch Kinder befanden, die ihren Eltern gewaltsam entzogen wurden, setzt ihn das Landgericht Hannover 1964 endgültig außer Strafverfolgung. Deutschlands Ärzte und ihre Standesvertreter reagieren erleichtert. Der medizinischen Wissenschaft scheint ein Stein vom Herzen zu fallen: Endlich darf sie die Lehrbücher des *Euthanasie*-Professors für die Ausbildung junger Ärzte wieder verwenden, ohne öffentliche Kritik befürchten zu müssen. Die Deutsche Gesellschaft für Innere Medizin, die Deutsche Gesellschaft für Rheumatologie und die Nordwestdeutsche Gesellschaft für Kinderheilkunde zählen zu jenen Organisationen, die den durch die Maschen des Gesetzes geschlüpften, vieltausendfachen Kindermörder bei ihren Seminaren referieren lassen. Als 1967 bei einem internationalen Kongress für Ganzheitsmedizin in Igls bei Innsbruck die Ordinarien der Innsbrucker Fakultät ihre Vorträge absagen, weil sie nicht gemeinsam mit Catel auftreten wollen, regt sich Kritik innerhalb der Kollegenschaft – nicht etwa an Catel, sondern an den „uneinsichtigen" Österreichern.

Als Catel stirbt, werden ihm ehrende Nachrufe in Serie zuteil. Die Universität Kiel rühmt den *Euthanasie*-Arzt in einer Todesanzeige, er habe „in vielfältiger Weise zum Wohle kranker Kinder beigetragen".

Der Versuch des *Euthanasie*-Arztes, sich mit einer Werner-Catel-Stiftung ein ewiges Denkmal zu setzen, scheitert. Angesichts der empörten öffentlichen Reaktionen lehnt der Senat der Christian-Albrechts-Universität zu Kiel im Februar 1984 das Erbe einer halben Million Mark ab, aus deren Zinsen die Catel-Förderungspreise hätten vergeben werden sollen.

Zweierlei Recht. Von der Todesstrafe bis zum Freispruch

Die geistigen Väter und wissenschaftlichen Vorbereiter des mörderischen Konzepts, das Menschen nach ihrem wirtschaftlichen Wert einstuft, *Erbunwürdige* sterilisiert, *Minderwertige* selektiert und ausmerzt, fassen nach Kriegsende fast alle wieder Fuß. So schnell sitzen sie wieder an den Schalthebeln von medizinischer Wissenschaft und Gesundheitspolitik, dass an Selbstreinigung oder Reformen nicht zu denken ist.

Die Medizingeschichte des Nationalsozialismus wird nach dem Motto Schweigen und Verdrängen bewältigt. Wer auf seine Vergangenheit angesprochen wird, gibt sich als aufrechter Widerstandskämpfer aus, war nie dabei oder hat nur mitgemacht, um das System von innen zu schwächen. Die Organisatoren der nationalsozialistischen Vernichtungsmaschinerie beteuern ihre Unschuld: Sie haben niemanden persönlich getötet, kein Tötungsdokument unterschrieben. Pathetisch beteuern Männer wie Heinrich Wilhelm Pette, der in der Zeit der medizinischen Massenmorde Stellvertretender Vorsitzender der Gesellschaft Deutscher Neurologen und Psychiater war, von allem nichts gewusst oder insgeheim gegen das mörderische System gearbeitet zu haben.

Das Schicksal der *Euthanasie*-Ärzte hängt vielfach von Zufällen und juristischer Willkür ab: Der an der Wiener Kinderfachabteilung tätige Ernst Illing oder der Kalmenhof-Arzt Hermann Wesse werden wegen des Verbrechens des vollbrachten Meuchelmordes zum Tod verurteilt[453], Hans Heinze hingegen, der als wissenschaftlicher Wegbereiter der *Euthanasie* die beiden für den Kindermord ausgebildet und wesentlich mehr Kinder als diese vom Schreibtisch aus und persönlich getötet hat, bleibt in Freiheit. Vor allem hängen die Urteile gegen medizinische NS-Verbrecher vom Zeitpunkt ihrer Ergreifung ab: Anfangs werden harte Strafen verhängt, Todesurteile gesprochen und vollstreckt. Danach kommt es zu milden Urteilen oder zu Einstellungen der Verfahren.

Wie sehr die Zeit für die Täter arbeitet, zeigt das Beispiel der pommerschen Anstalt Meseritz-Obrawalde. Als 1946 die Ärztin Hilde Wernicke und die Pflegerin Helene Wieczorek zum Tod verurteilt werden, zitiert der *Berliner Telegraf* den Gerichtsvorsitzenden: „Dieser Saal hat in seiner vierzigjährigen Geschichte schon viele Mörder gesehen, aber noch keinen, der des hundertfachen Mordes angeklagt war."[454] Die Verteidigung der Angeklagten, sie hätten in dem Glauben gehandelt, ein geltendes Gesetz zu erfüllen, lässt er nicht gelten.[455]

Neunzehn Jahre später sieht das anders aus. Auch die vierzehn weiteren Schwestern der Tötungsanstalt Meseritz-Obrawalde, die jetzt vor Gericht stehen, verantworten sich mit „gutem Glauben". Diesmal folgt das Gericht ihrer Argumentation, nimmt einen „Verbotsirrtum" an und spricht sie frei. Sie hätten nicht gewusst, dass es Unrecht ist, Patienten zu vergiften.[456]

Von Jahr zu Jahr wird die Beteiligung an der nationalsozialistischen Vernichtungsmedizin milder beurteilt. Richter halten Angeklagten, die sich am Massenmord beteiligt haben, ihren „guten Charakter", ihren „anständigen Lebenswandel" und ihre „jahrelange Tätigkeit im Dienst der Nächstenliebe" zugute. Sie haben keinen Zweifel an der Glaubwürdigkeit von Zeugen, die selbst mitgemacht und mitgemordet haben. Berufsverbote halten sie für nicht angebracht, weil „der Schutz der Allgemeinheit vor weiterer Gefährdung durch die Angeklagten" nicht erforderlich sei.[457]

In den Augen vieler Richter wiegt ein „ziviles" Tötungsdelikt mehr als tausend Morde im NS-Staat. Ungeniert formulieren sie ihre Urteile in Nazi-Diktion: Die kranken Opfer sind für sie „leere Menschenhülsen". Mord nennen sie „Einschläferung" oder gar „Verkürzung lebensunwerten Lebens".[458] Die strengen Strafen der unmittelbaren Nachkriegszeit werden drastisch herabgesetzt, hundertfache Mörder „auf Bewährung" freigelassen. Wo Verurteilungen rechtskräftig sind, erfolgt die Korrektur auf dem Gnadenweg.

Der Psychiater Arthur Schreck, der in Rastatt und Wiesloch etwa 15.000 Patienten ins Gas schickte, und der Arzt Ludwig Sprauer, der als Ministerialrat im Badischen Innenministerium auf Verwaltungsebene für die Durchführung der Massenmorde zuständig war, werden 1948 gemeinsam zu lebenslänglicher Haft verurteilt. In der Revision schmilzt die Strafe auf zwölf Jahre. 1951 sind beide auf freiem Fuß. Im Gnadenweg erlässt Ministerpräsident Gebhard Müller die Gerichtskosten und versorgt die Schreibtischtäter auch noch mit monatlichen Unterhaltszahlungen.

Mit Widerstand aus der Bevölkerung muss er nicht rechnen. Das öffentliche Entsetzen über die NS-Verbrechen klingt ab. Dafür nimmt das Mitleid mit den Tätern zu. Politiker, kirchliche Würdenträger und örtliche Honoratioren setzen sich für ihre Ärzte ein, deren einzige Verfehlung es war, in der Nazizeit ein paar hundert Morde begangen zu haben. Ganze Gemeinden schließen sich zu Solidaritätsaktionen zusammen, schreiben Briefe an Bundes- und Landesregierungen, sammeln Unterschriften.

Als im Oktober 1978 die Heilanstalt Kalmenhof in Idstein neunzig Jahre alt wird, spricht niemand von der verdrängten Vergangenheit. Die Anstaltsleitung verneint in einem Interview guten Glaubens, dass hier während der Nazizeit Kinder gequält und ermordet wurden. Auch die Tatsache, dass auf dem Anstaltsgelände 275 nummerierte Gräber mit je drei bis vier Opfern liegen, ist ihr unbekannt: Der Friedhof ist völlig von Unkraut überwachsen. Die Gemeinde Idstein, die sich mit großem Einsatz für die Freilassung der ortsansässigen Tötungsärzte einsetzte, hat deren Opfern nicht einmal eine Gedenktafel gewidmet.

Nach dem rechtskräftigen Karlsruher Bundesgerichtsurteil vom März 1974, das im *Euthanasie*-Mord kein Verschulden sieht, wenn man zum Zeitpunkt der Tat fanatisch genug an die NS-Ideologie geglaubt hat, definieren Gerichte, um der öffentlichen Empörung keine neue Nahrung zu geben, die *Selektion* Unbrauchbarer und die anschließende Tötung durch Nahrungsentzug und Gift als Totschlag – was Verjährung bedeutet.[459]

Ärztlicher Widerstand. Dichtung und Wahrheit.

Während nach Kriegsende die Verfolgung der medizinischen Verbrecher nach und nach im Sand verläuft, wird die Legende vom medizinischen Widerstand gepflegt. Standesvertreter behaupten, die meisten Ärzte hätten sich während der NS-Zeit „ganz auf den eigentlichen medizinischen Sektor" zurückgezogen und sich „in überwiegender Zahl" strikt an den hippokratischen Eid gehalten. Aus dem Kreis der Ärzteschaft sei „viel mutiger Widerstand" gekommen. Viele hätten „Verfolgten und Bedrohten geholfen".[460]

Die zur Rechtfertigung genannten Beispiele aber belegen eher das Gegenteil. Als der Nationalsozialismus die Medizin zum Terrorinstrument macht, sind es nur Einzelne, die sich zur Wehr setzen. Ihr Widerstand ist meist persönlich oder moralisch, in seltenen Fällen beruflich oder politisch motiviert. Große Teile der Ärzteschaft lassen sich als Vorreiter und Wegbereiter, Legitimationstheoretiker und Exekutoren der NS-Verbrechen vereinnahmen. Weitgehend widerspruchslos folgen die führenden Berufs- und Standesorganisationen – Ärztekammern, *Hartmannbund* und *Deutscher Ärztevereinsbund* – samt ihren Publikationen dem NS-Diktat.[461]

Nur wenige Mediziner zeigen Bereitschaft, sich von der Standesmehrheit abzugrenzen. Vor allem der politisch motivierte Widerstand ist gering. Viele Angehörige des *Vereins Sozialistischer Ärzte* werden sofort nach Hitlers Machtergreifung in Schutzhaft genommen. Wer nicht emigriert, verhält sich unauffällig. Die Namen der Gegner des NS-Systems sind der Gestapo bekannt. Für sie gibt es so gut wie keine Chance, Sand ins Getriebe des medizinischen Terrors zu streuen.[462]

Einzelne versuchen es dennoch. Ärzte wie der Psychiater John Rittmeister, der Zahnmediziner Helmut Himpel oder der Internist Georg Großcurth arbeiten mit linken Gruppierungen wie der *Roten Kapelle,* der *Widerstandsgruppe Uhrig* oder der *Europäischen Union* zusammen, beteiligen sich an der Herstellung oppositioneller Flugblätter, geben Informationen an Ausländer und Oppositionelle weiter, leisten Fluchthilfe – und bezahlen dafür mit dem Leben. Zu den wenigen Überlebenden gehört Elfriede Paul. Das Todesurteil gegen die praktische Ärztin, die ihre Praxis zu einem „Sprechzimmer der *Roten Kapelle*" gemacht hat, wird in eine Haftstrafe umgewandelt.

Auch am Widerstand der *Weißen Rose* beteiligen sich Mediziner. Zu den Gründern zählen neben dem Medizinstudenten Hans Scholl und seiner Schwester, der Philosophie- und Biologiestudentin Sophie Scholl, die Medizinstudenten Alexander Schmorell, Christoph Probst und Willi Graf sowie der Psychologieprofessor Kurt Huber. Ihnen schließt sich eine Hamburger Gruppe an, der ebenfalls Mediziner angehörten: Otto Blumenthal, Ursula de Boor, John Gluck,

Lore Hasselkuss, Eva Heiligtag, Heinz Lord, Baptist Maier, Wolrad Metterhausen, Edmund Müller, Kurt Thesing, Curt Voll, Annemarie Wieczorek und die Medizinstudenten Jürgen Bierich, Frederick Geussenhainer, Traute Lafrenz, Margaretha Rothe, Willi Renner und Albert Suhr.[463]

Engen Kontakt zur *Weißen Rose* hält Rudolf Degkwitz. Der Ordinarius für Pädiatrie in Hamburg, der zu den Nationalsozialisten der ersten Stunde zählt und schon beim Marsch auf die Feldherrenhalle mit dabei war, wendet sich zuerst von Hitler ab und dann gegen ihn. Als Unterstützer des Widerstandes wird er verhaftet – und zu nur sieben Jahren Zuchthaus verurteilt. Wahrscheinlich hält Roland Freisler, Präsident des Volksgerichtshofes, den „alten Kämpfer" immer noch für „besserungsfähig".[464]

Auch zur Gruppe um Anton Saefkow, Franz Jacob und Bernhard Bästlein – der größten Widerstandsbewegung auf deutschem Boden, mit Kontakten ins Ausland und in Konzentrationslager – zählen Mediziner. Wie Degkwitz war auch Johannes Kreislmeier anfangs glühender Anhänger Hitlers. Als Bannarzt der Hitlerjugend, Förderer der SS, Werks- und Betriebsarzt kriegswichtiger Großbetriebe und Leiter mehrerer Reservelazarette wird er 1940 mit der Medaille für deutsche Volkspflege ausgezeichnet. Dann aber wendet er sich vom Nationalsozialismus ab, schließt sich dem Widerstand an, macht seine Praxis zum Versteck und Lazarett für Verfolgte, schreibt Soldaten frontdienstuntauglich und erstellt einen Plan für den Gesundheitsschutz nach dem Krieg, den er für längst verloren hält. Kreislmeier bezahlt seinen Mut mit dem Leben: Er wird von der Gestapo verhaftet und hingerichtet. Sein Kollege, der praktische Arzt Wolfgang Kühn, agiert ebenso mutig, verzichtet jedoch auf schriftliche Aufzeichnungen und kommt nach seiner Festnahme durch die Gestapo, die ihm kaum etwas nachweisen kann, mit einer Freiheitsstrafe davon.[465]

Trotz dieser Beispiele sind Mediziner im Widerstand gegen das NS-System deutlich unterrepräsentiert. Von den 76.000 im Deutschen Reich approbierten Ärzten schließen sich nur ein paar Dutzend organisierten Gruppen an. Selbst im Offizierswiderstand gegen Hitler, in den Kreisen um Claus Graf Schenk von Stauffenberg oder Admiral Wilhelm Canaris, finden sich keine Militärärzte.[466]

Zeitzeugen haben nach Kriegsende von vielen Fällen stillen Heldentums berichtet: von Ärzten, die jüdische Kollegen unter falschem

Namen beschäftigten, Juden behandelten, versteckten, mit Geld, Lebensmitteln oder falschen Papieren versorgten, zur Flucht verhalfen. Öffentlichen Widerstand aber leisten Mediziner nur in Ausnahmefällen. Wo sie sich gegen das NS-System stellen, tun sie das spontan, punktuell und unorganisiert. Manches, was in der Literatur als Widerstand dargestellt wird, verdient diese Bezeichnung nicht: Schulmediziner werden nicht dadurch zu Widerständlern, dass sie sich gegen die NS-Politik der Aufwertung von Heilpraktikern und Naturheilverfahren zur Wehr setzen. Das Gleiche gilt für medizinische Wissenschaftler, die sich gegen Eingriffe in die Freiheit von Forschung und Lehre verwahren.

So bleibt es bei Taten, die für den Mut Einzelner, aber nicht für die Integrität des Berufsstandes stehen: Ärzte wie Franz Büchner, Ordinarius für Pathologie in Freiburg, Gottfried Ewald, Direktor der Uniklinik in Göttingen, oder Ferdinand Sauerbruch üben öffentliche Kritik an der Euthanasie. Die SS-Ärzte Peter Hofer (Buchenwald) und Hans Münch (Auschwitz) lassen sich an die Front versetzen, um nicht als Lagerärzte Dienst tun zu müssen. Ärzte wie Frank Mathis, Rainer Fetscher, Georg Fritz Gietzelt oder Johannes Kreislmeier bewahren Wehrtaugliche vor dem Fronteinsatz und – in den letzten Kriegstagen – Zivilisten vor dem Einsatz im Volkssturm, indem sie falsche Atteste ausstellen oder Mittel verabreichen, die schwere Krankheiten vortäuschen.[467]

Typischer Repräsentant jener deutschen und österreichischen Ärzteschaft, die bis zuletzt dabei bleibt und gleichzeitig vorgibt, immer schon dagegen gewesen zu sein, ist Ferdinand Sauerbruch. Der berühmte Chirurg, der Hitler und Goebbels zu seinen Patienten zählt, mutiert vom glühenden Anhänger zum Kritiker der NS-Politik: Er verabscheut den Antisemitismus, protestiert gegen die *Euthanasie,* bekämpft NS-Eingriffe in die Freiheit von Forschung und Lehre, empört sich in privatem Kreis über die Menschenversuche in den Konzentrationslagern, hält mit Offizieren des Widerstandes wie Generaloberst Ludwig Beck freundschaftlichen Kontakt und weiß, dass auch sein Sohn Peter Sauerbruch, Oberst im Generalstab und Freund Stauffenbergs, dem Widerstand eng verbunden ist. Aber er bleibt gleichzeitig verlässlicher Bestandteil des NS-Systems, dem er sich in höchsten Funktionen – als Generalarzt der Wehrmacht und Chefarzt der Berliner Charité – zur Verfügung stellt und es dadurch öffentlich stützt.[468]

Statt eines Nachwortes
Nikolaus Lehner: Der Fall Gross aus der Sicht des Verteidigers

Mit dem Verfahren gegen Heinrich Gross findet das blamabelste Kapitel deutscher und österreichischer Justizgeschichte einen unwürdigen Abschluss. Unter politischem Druck wird ein viel zu später und damit untauglicher Versuch unternommen, die Serienskandale konspirativer Rechtsbeugung und juristischer Willkür zu korrigieren, an denen die Aufarbeitung der NS-Verbrechen vielfach gescheitert ist.

In einem verzweifelten Akt politisch motivierter Selbstbesinnung wird heute versucht, die von der Nachkriegsjustiz Jahrzehnte hindurch verweigerte und verratene Gerechtigkeit von Vertretern der Enkelgeneration einzufordern. Diese aber sind überfordert. Die Erwartungen in das Verfahren gegen Gross lassen sich nicht erfüllen, ohne entscheidende Spielregeln demokratischer Rechtskultur außer Kraft zu setzen:

- Das wichtigste Recht des Angeklagten, alle Möglichkeiten seiner Verteidigung nützen zu können, bleibt Heinrich Gross verwehrt. Er ist über 80 Jahre alt und hat wie jeder andere Mensch nur noch schemenhafte Erinnerungen an das, was sich vor mehr als einem halben Jahrhundert ereignete. Das gilt gerade für die im Strafverfahren entscheidenden Details: Was passierte wann, wie, warum, in welcher Reihenfolge? Was wusste er zu welchem Zeitpunkt? Was hätte er wissen müssen, wissen können? Wie hat er wann auf welches Ereignis bei welchem Wissensstand reagiert?

- Eine Verteidigung, die diesen Namen verdient, ist unter solchen Umständen nicht möglich. Jeder Strafverteidiger ist darauf angewiesen, dass der Beschuldigte ihm den Sachverhalt schildern kann. Gross kann das nicht. Vieles, was ihm aus Akten vorgehalten wird, ist ihm fremd. Kein Verteidiger der Welt kann unter solchen Umständen seiner Aufgabe gerecht werden.

- Richter und Staatsanwaltschaft stehen vor demselben Problem. Auch sie haben nichts anderes als vergilbtes Papier in Händen. Unter anderem die Protokolle eines Prozesses, der 50 Jahre zurückliegt, schlampig geführt wurde und mit einem Urteil endete, das vom Höchstgericht als „widersprüchlich" aufgehoben wurde. Heute gibt es keine Möglichkeit mehr, die in den Akten zu findenden Widersprüche zu klären, Lücken zu schließen und den damaligen Zeugen jene Fragen zu stellen, die – aus welchen Gründen auch immer – unterblieben sind.

- Die Wahrheitsfindung mit Hilfe von Zeugen ist nicht mehr möglich. Die meisten leben nicht mehr. Überlebende hätten wie Gross keine verlässlichen Erinnerungen an wichtige Details. Protokolle früherer Aussagen sind von zweifelhaftem Wert. Die entscheidenden Zeugen im Prozess gegen Gross waren selbst in die Geschehnisse Am Spiegelgrund involviert. Niemand kann heute überprüfen, ob sie vor Gericht die Wahrheit sagten. Vielleicht haben sie wichtige Dinge verschwiegen, um sich nicht selbst zu belasten. Vielleicht haben sie versucht, Dritte zu decken. Vielleicht haben sie Wichtiges heruntergespielt, Unwichtiges übertrieben. Dass Zeugen nicht immer die Wahrheit sagen, ist normalerweise kein Problem: Geschworene erleben ihre Auftritte vor Gericht ja mit, können sich ein authentisches Bild von der Glaubwürdigkeit machen. Diese Möglichkeit besteht heute nicht. Ein Urteil ausschließlich auf Aussagen zu stützen, die vor Jahrzehnten gemacht und damals nicht ausreichend hinterfragt wurden, wäre eine unverantwortliche Beschneidung des Verteidigungsrechts.

- Zum Wesen der Rechtssprechung zählt, dass Richtern und Geschworenen die politischen und gesellschaftlichen Verhältnisse bekannt sind, unter denen eine Tat begangen wurde. Die Phänomene des Nationalsozialismus aber sind für heutige Generationen kaum mehr vorstellbar oder gar nachvollziehbar. Dass prominente Wissenschaftler, Ärzte, Juristen, ja sogar Verwandte der Betroffenen zu den Befürwortern der Vernichtung *lebensunwerten Lebens* zählten, ist heute ebenso unfassbar wie das Ausmaß der politischen und gesellschaftlichen Gleichschaltung unter dem Druck von Propaganda und Terror. Die für die Rechtsfindung entscheidende Frage damaliger Schuldeinsicht lässt sich damit nur noch unzureichend beantworten.

- Die Kontinuität als wichtigste Grundlage der Rechtssicherheit ist in Deutschland und Österreich auf der Strecke geblieben. Eine nach Kriegsende pauschal entnazifizierte und von Vergangenheitsbewältigung verschont gebliebene Justiz hat bei gleichen Tatbildmerkmalen oft völlig gegensätzliche Urteile gefällt: von der Todesstrafe über die Aussetzung der Strafverfolgung bis zur Rehabilitierung. Viel hing vom Zeitpunkt ab. Als die Gerichtsbarkeit unmittelbar nach Kriegsende unter Druck und Beobachtung des Auslandes stand, wurden härteste Strafen verhängt. Als der Druck nachließ, schienen Teile der Justiz die strafrechtliche Auseinandersetzung mit der NS-Vergangenheit einschlafen lassen zu wollen. Vielfach war es öffentlicher und medialer Druck, der Ermittlungen und Verfahren erzwingen musste. Unter diesen Umständen lässt sich ein Präzedenzfall für alles finden. Oder für gar nichts.

- Diese Fehler der Vergangenheit lassen sich heute nicht mehr korrigieren. 55 Jahre nach Kriegsende scheint ein faires rechtsstaatliches Verfahren nicht mehr möglich. Was politisch wünschbar wäre – die juristische Aufarbeitung der NS-Verbrechen zu einem korrekten Abschluss zu bringen – ist nicht durchführbar. Die Verurteilung von vergreisten Menschen, die allfällige Schuld verdrängt und relevante Einzelheiten vergessen haben, wäre ein Rückfall in die Steinzeit strafrechtlicher Vergeltungstheorien. Durch solche Prozesse wird kein Verbrechen verhütet, kein Rechtsgut geschützt, keine abschreckende Wirkung erzielt.

Die Aufarbeitung der NS-Geschichte ist Grundlage der Versöhnung und des ungestörten Zusammenlebens von Nachkommen der Opfer- und Täter-Generation. Die Justiz hat viele Möglichkeiten ungenützt gelassen, dazu ihren Beitrag zu leisten. Heute ist es für die juristische Wiedergutmachung entstandener Schäden an Rechtskultur und Rechtssicherheit zu spät. Was jetzt noch kommt, ist nicht nur Aufgabe der Historiker, sondern vor allem Aufgabe der Politik. Der entscheidende Satz aus Teddy Kolleks Vorwort soll auch am Ende dieses Buches stehen: Versöhnung basiert auf gemeinsamer Einsicht, die durch gemeinsames Wissen erst möglich wird.

Quellen und Anmerkungen

1 Joachim C. Fest, *Hitler*, 2. Aufl., Berlin 1991
2 M. Gaspar, *Ärzte als Anhänger der NS-Bewegung*, in: Fridolf Kudlien, *Ärzte im Nationalsozialismus*, Köln 1985
3 Michael Hubenstorf, *Von der freien Arztwahl zur Reichsärzteordnung – Ärztliche Standespolitik zwischen Liberalismus und Nationalsozialismus*, in: Johanna Bleker, Norbert Jachertz (Hrsg.), *Medizin im Dritten Reich*, Köln 1989
4 siehe 3
5 siehe 2
6 siehe 3
7 siehe 2
8 siehe 2
9 siehe 3
10 Hans-Walter Schmuhl, *Die Selbstverständlichkeit des Tötens. Psychiater im Nationalsozialismus*, in: *Mediziner im „Dritten Reich"*, Göttingen 1990
11 T. Süße, H. Meyer, *Abtransport der „Lebensunwerten". Die Konfrontation niedersächsischer Anstalten mit der NS-„Euthanasie"*, Hannover 1988
12 siehe 10
13 Hans Querner, *Darwin, sein Werk und der Darwinismus*, in: Gunter Mann (Hrsg.), *Biologie des 19. Jahrhunderts* (Vorträge eines Symposiums 1970 in Frankfurt)
14 Francis Galton, *Inquiries into the Human Faculty*, London 1883
15 Manfred Vasold in: Wolfgang Benz, Hermann Graml und Hermann Weiß, *Enzyklopädie des Nationalsozialismus*, München 1998
16 Gerhard Baader, *Rassenhygiene und Eugenetik*, in: Johanna Bleker, Norbert Jachertz, siehe 3
17 Ernst Haekel, *Natürliche Schöpfungsgeschichte*, 1. Teil, Leipzig/Berlin 1924
18 Alfred Ploetz, *Die Tüchtigkeit unserer Rasse und der Schutz der Schwachen*, Berlin 1895
19 siehe 18
20 Max von Gruber, Ernst Rüdin (Hrsg.), *Fortpflanzung, Vererbung, Rassenhygiene*, München 1911
21 siehe 20
22 *Arzttum im Dritten Reich*. Deutsches Ärzteblatt 63, 1966
23 Robert Jay Lifton, *Ärzte im Dritten Reich* (The Nazi doctors), Stuttgart 1988
24 siehe 23
25 siehe 23
26 Gisela Bock, *Zwangssterilisation im Nationalsozialismus*, Studien zur Rassenpolitik und Frauenpolitik, Opladen 1968
27 siehe 26
28 Christiane Rothmaler, *Zwangssterilisation nach dem „Gesetz zur Verhütung erbkranken Nachwuchses"*, in: Johanna Bleker, Norbert Jachertz, siehe 3
29 Ärztliche Mitteilungen 34, 1933
30 A. Gütt, E. Rüdin, F. Ruttke, *Zur Verhütung erbkranken Nachwuchses, Gesetz und Erläuterungen*, München 1934
31 siehe 30
32 Ärztliche Mitteilungen 34, 1933
33 Andrea Brücks, Forschungsprojekt der psychiatrischen Nervenklinik der Universität Hamburg, 1987
34 siehe 28
35 siehe 10
36 siehe 28
37 Staatsarchiv Hamburg, Medizinalkolleg 11, EOG III, Bd. 2
38 Staatsarchiv Hamburg, Sozialbehörde I, St. W. 32.16
39 H. J. Lemme, *Das deutsche Erbgesundheitsgericht*, in: Der öffentliche Gesundheitsdienst Nr. 8, 1936
40 Bundesarchiv Koblenz, Niederschrift des Sachverständigenbeirats für Rassenhygiene und Bevölkerungspolitik II, 1935
41 siehe 10
42 siehe 26
43 Friedrich Bartels, *Gesundheitsführung des Volkes, die Aufgabe des*

Staates, in: Deutsches Ärzteblatt 63, 1933

44 Alfred Haug, *Der Lehrstuhl für biologische Medizin in Jena,* in: Fridolf Kudlien, siehe 2

45 Karl Kötschau, *Zum nationalsozialistischen Umbruch der Medizin,* Stuttgart 1936

46 Fridolf Kudlien, *Fürsorge und Rigorismus. Überlegungen zur ärztlichen Normaltätigkeit im Dritten Reich,* in: Norbert Frei (Hrsg.), *Medizin und Gesundheitspolitik in der NS-Zeit,* München 1991

47 Friedrich Bartels, Rede auf der Tagung des ärztlichen Ausschusses der Deutschen Gesellschaft für Arbeitsschutz, April 1936 in Bad Nauheim, zitiert nach Ulrich Knödler, *Von der Reform zum Raubbau. Arbeitsmedizin, Leistungsmedizin, Kontrollmedizin,* in: Norbert Frei, siehe 46

48 Friedrich Bartels, Rede im April 1937 auf einer Tagung des Reichsarbeitskreises für die Durchführung der vier Gauuntersuchungen, Bundesarchiv Koblenz, NS 22/Vorl 745

49 Ulrich Knödler, siehe 47

50 Professor Strecker, Präsident des Reichsgesundheitsamtes, in: Deutsches Ärzteblatt 71, 1941

51 Hans Rinne, *Aufgaben des Amtes für Volksgesundheit der NSDAP,* in: Soziale Praxis 45, 1936

52 Peter Reeg, *Deine Ehre ist Leistung. Auslese und Ausmerze durch Arbeits- und Leistungsmedizin im Nationalsozialismus,* in: Johanna Bleker, Norbert Jachertz, siehe 3

53 siehe 46

54 siehe 46

55 Heinz Boberach (Hrsg.), *Meldungen aus dem Reich, die geheimen Lageberichte des Sicherheitsdienstes der SS,* Herrsching 1984

56 Hans Mommsen in seiner Einleitung zu: Susanne Willems (Hrsg.), *Herrschaftsstellung im Dritten Reich. Studien und Texte,* Düsseldorf 1988

57 *Das Schwarzbuch. Tatsachen und Dokumente. Die Lage der Juden in Deutschland 1933.* Hrsg. Comité des Délégations Juives. Paris 1934 (Repr. Frankfurt, Berlin, Wien 1983)

58 siehe 57

59 Siegfried Ostrowski, *Vom Schicksal jüdischer Ärzte im Dritten Reich,* in: Leo Baeck Institute Bulletin 6, 1963

60 siehe 57

61 Werner Friedrich Kümmel, *Die Ausschaltung rassisch und politisch missliebiger Ärzte,* in: Fridolf Kudlien, siehe 2

62 Werner Friedrich Kümmel, *Die Ausschaltung. Wie die Nationalsozialisten die jüdischen und die politisch missliebigen Ärzte aus dem Berufe verdrängen,* in: Johanna Bleker, Norbert Jachertz, siehe 3

63 siehe 61

64 siehe 59

65 Christian Pross. *Die „Machtergreifung" im Krankenhaus,* in: Johanna Bleker, Norbert Jachertz, siehe 3

66 siehe 61

67 siehe 61

68 Eduard Seidler, *Alltag an der Peripherie, Die medizinische Fakultät der Universität Freiburg im Winter 1932/33*

69 siehe 62

70 Michael H. Kater, *Medizinische Fakultäten und Medizinstudenten: Eine Skizze,* in: Fridolf Kudlien, siehe 2

71 siehe 70

72 Stephan Leibfried, *Stationen der Abwehr. Berufsverbote für Ärzte im Dritten Reich 1933–1938,* in: Leo Baeck Institute Bulletin 62, 1982

73 siehe 62

74 siehe 61

75 siehe 61

76 siehe 57

77 siehe 72

78 siehe 61

79 siehe 62

80 siehe 61

81 siehe 61

82 Hans-Peter Kröner. *Die Emigration von Medizinern unter dem Nationalsozialismus,* in: Johanna Bleker, Norbert Jachertz, siehe 3

83 siehe 82

84 Von den 30 bis 50 Gründungsmitgliedern sind namentlich bekannt: Leonardo Conti, Wilhelm Hildebrandt, Bernhard Hörmann, Wilhelm Holzmann, H. Hummel, Kurt Klare,

Gustav Kreglinger, Th. Lang, Ludwig Liebl, Fritz Schmierl, Walter Schultze, Eugen Stähle, H. Thimm, Gerhard Wagner; Gründungsvorstand: Ludwig Liebl (1. Vors.), Th. Lang (2. Vors.), Gerhard Wagner (3. Vors. Und Kassier); L. Conti, *Entwicklung und Grundsätze des NSD-Ärztebundes,* Mitteilungsblatt der Arbeitsgemeinschaft Groß-Berlin des Nationalsozialistischen Deutschen Ärztebundes 1/1931

85 Th. Lang, *Der Nationalsozialistische Deutsche Ärztebund,* in: Nationalsozialistische Monatshefte 1 / 1930

86 1. Satzung, wahrscheinlich September

87 *Die politischen Parteien zu den Schicksalsfragen des Ärztestandes,* in: Ärztliche Mitteilungen 31/1930

88 P. Zunke, *Der erste Reichsärzteführer Dr. med. Gerhard Wagner,* Diss. med. Kiel 1972

89 Adam, *Judenpolitik im Dritten Reich,* Düsseldorf 1979

90 siehe 84

91 E. Stähle, *Zwei Monate Staatskommissar für die Volksgesundheit in Württemberg,* in: Deutsches Ärzteblatt 63/1933

92 Fridolf Kudlien, siehe 2

93 *Das Erwachen der Ärzteschaft,* in: Ziel und Weg 3/1933

94 Ärztliche Mitteilungen 34/1933

95 Korrespondenz-Blätter d. Allg. Ärztl. Vereins v. Thüringen, 62/1933

96 siehe 57

97 Ärzteblatt für Hessen, Jg. 1934

98 *Verfügung des Reichsführers der Kassenärztlichen Vereinigung Deutschlands vom 2. 11. 1933,* in: Mitteilungen d. Mecklenburg. Ärztevereinsbundes 36/1933

99 Ausnahmen bildeten nur die Reichshauptstadt Berlin und München als Hauptstadt der Bewegung, in denen die Ämter getrennt blieben.

100 Fridolf Kudlien, siehe 2

101 siehe 88

102 Verhör Kurt Blome am 13. 3. 1947, Nürnberger Prozess

103 G. Wagner, *Über das Gesundheitswesen im Dritten Reich,* in: Deutsches Ärzteblatt 64/1934

104 Verhör H. Kosmehl am 12. 3. 1947, Nürnberger Prozess

105 Bekanntmachung des NS-Ärztebundes, in: Die Gesundheitsführung, Ziel und Weg 13/1943

106 Deutsches Ärzteblatt 64/1934

107 H. Grote, *Die ärztliche Fortbildung in ihren Beziehungen zur Reichsärztekammer und Kassenärztlichen Vereinigung Deutschlands,* in: Deutsches Ärzteblatt 67/1937

108 Volks-Gesundheits-Wacht 1935

109 siehe 108

110 Im Organ des NS Ärztebundes erschienen 1933 und 1934 fünf grundsätzliche Artikel zum „Nationalsozialistischen Umbruch der Medizin"

111 Mitteilungen zur weltanschaulichen Lage 41/1936

112 Deutsches Ärzteblatt 64/1934

113 siehe 112

114 Reichsärzteführer Wagner im Deutschen Ärzteblatt 65/1936

115 A. Hanse, *Erwerbslosigkeit als konstitutionelles Problem,* in: Ziel und Weg 7/1936

116 K. Kötschau, *Krankenhaus und Gesundungshaus,* in: Deutsches Ärzteblatt 66/1936

117 E. G. Schenck, *Aufgaben und Aufbau eines Krankenhauses. Eine Denkschrift,* Heidelberg 1. September 1937

118 E. G. Schenck, *Das Gesundungshaus Kempfenhausen (Heil- und Erziehungsstätte für Kranke).* Denkschrift vom 29. Juli 1938

119 siehe 117

120 G. Lilienthal, Der *„Lebensborn e. V.". Ein Instrument nationalsozialistischer Rassenpolitik*

121 G. Lilienthal, siehe 120

122 M. Hillel, C. Cerny, *Lebensborn e. V. Im Namen der Rasse,* Wien/Hamburg 1975

123 siehe 120

124 Reichsgesetzblatt 1942/I

125 K. Sosnowski, *The Tragedy of Children under Nazi Rule,* Warschau 1962

126 siehe 120

127 siehe 120

128 Adolf Jost, *Das Recht auf den Tod. Sociale Studie,* Göttingen 1895

129 Klaus-Dieter Thomann, *Auf dem Weg in den Faschismus. Medizin in Deutschland von der Jahrhundertwende bis 1933,* in: Barbara Bromberger, Hans Mausbach, Klaus-Dieter Thomann, *Medizin, Faschismus und Widerstand,* Köln 1985

130 Karl Binding und Alfred Hoche, *Die Freigabe der Vernichtung lebensunwerten Lebens: Ihr Maß und ihre Form,* Leipzig 1920

131 Hans-Walter Schmuhl, *Rassenhygiene, Nationalsozialismus, Euthanasie. Von der Verhütung und Vernichtung „lebensunwerten Lebens".* Göttingen 1987

132 Enzyklika „Casti connubii" vom 31. 12. 1930

133 Matthias Dahl, *Endstation Spiegelgrund. Die Tötung behinderter Kinder während des Nationalsozialismus am Beispiel einer Kinderfachabteilung in Wien 1940 bis 1945,* Med. Diss., Univ. Göttingen 1996

134 Rolf Winau, *Sterilisation, Euthanasie, Selektion,* in: Fridolf Kudlien, siehe 2

135 siehe 134

136 Dorothee Roer, *„Lebens-unwert". Kinder und Jugendliche in der NS-Psychiatrie,* in: Matthias Hamann, Hans Asbeck (Hrsg.), *Halbierte Vernunft und totale Medizin.* Beiträge zur nationalsozialistischen Gesundheits- und Sozialpolitik, 13, Berlin 1997

137 siehe 134

138 siehe 23

139 Erwin Leiser, *Nazi Cinema,* New York 1974

140 Kurt Ingo Flessau: *Schule und Diktatur. Lehrpläne und Schulbücher des Nationalsozialismus,* Frankfurt/Main 1979

141 Karl Brandt, 4. Februar 1947, Nuremberg Medical Case, Transkript, Nürnberger Ärzteprozess und die dazugehörigen stenografischen Protokolle, National Archives, Washington 1947

142 siehe 23

143 Alexander Mitscherlich, Fred Mielke (Hrsg.), *Medizin ohne Menschlichkeit. Dokumente des Nürnberger Ärzteprozesses,* Frankfurt 1989

144 siehe 143

145 siehe 134

146 Ernst Klee. *Dokumente zur „Euthanasie".* Frankfurt am Main 1986

147 siehe 134

148 Aussage Hans Hefelmann vor Gericht 1960, zitiert bei Martina Krüger, *Kinderfachabteilung Wiesengrund. Die Tötung behinderter Kinder in Wittenau,* in: *Totgeschwiegen 1933–1945. Zur Geschichte der Wittenauer Heilstätten,* Berlin 1989

149 Ernst Klee, *Was sie taten – Was sie wurden. Ärzte, Juristen und andere Beteiligte am Kranken- und Judenmord.* Frankfurt am Main 1986

150 siehe 23

151 siehe 134

152 Heike Bernhardt, *Anstaltspsychiatrie und „Euthanasie" in Pommern 1933 bis 1945. Die Krankenmorde an Kindern und Erwachsenen am Beispiel der Landesheilanstalt Ueckermünde,* Frankfurt am Main 1994

153 Ernst Klee, *„Euthanasie" im NS-Staat. Die „Vernichtung lebensunwerten Lebens",* Frankfurt am Main 1985

154 siehe 152

155 Bernhard Richarz, *Heilen, Pflegen, Töten. Zur Alltagsgeschichte einer Heil- und Pflegeanstalt bis zum Ende des Nationalsozialismus,* Göttingen 1987

156 siehe 153

157 siehe 23

158 Peter Malina, *Der „Reichsausschuss" und die „Kinderfachabteilungen",* Gutachten im Verfahren gegen Heinrich Gross, Wien 1999

159 siehe 153

160 siehe 153

161 Die in der Literatur registrierten 37 *Kinderfachabteilungen,* in denen die Kinder-*Euthanasie* durchgeführt wurde, sind: Ansbach, Berlin Kinderklinik Dr. Wentzler, Berlin Städtische Klinik/Kinderfachabteilung Wiesengrund, Blankenburg im Harz, Görden-Brandenburg, Bremen, Breslau, Eglfing-Haar bei

München, Eichberg bei Eltville, Graz, Großschweidnitz bei Löbau, Hamburg Rothenburgsort, Hamburg Langenhorn, Kalmenhof bei Idstein, Kaufbeuren, Klagenfurt, Königsberg, Leipzig Dösen, Leipzig Universitätskinderklinik, Loben in Oberschlesien, Lüneburg, Meseritz-Obrawalde, Niedermarsberg, Plagwitz in Niederschlesien, Posen, Sachsenberg bei Schwerin, Schleswig-Stadtfeld, Stadtroda in Thüringen, Stuttgart, Tiegenhof bei Danzig, Uchtspringe bei Stendal, Ueckermünde bei Stettin, Waldniel bei Andernach, Wien, Wiesloch, Ziegenort bei Stettin, sowie im westlichen Sudetenland bei Eger.

162 Ernst Klee, *Irrsinn Ost – Irrsinn West. Psychiatrie in Deutschland,* Frankfurt am Main 1993

163 Wolfgang Neugebauer, *Die Klinik „Am Spiegelgrund" 1940–1945, eine „Kinderfachabteilung" im Rahmen der NS-Euthanasie,* Sonderdruck aus: Studien zur Wiener Geschichte, Wien 1996/97

164 siehe 163

165 Peter Berner, Walter Spiel, Hans Strotzka, Helmut Wyklicky, *Zur Geschichte der Psychiatrie in Wien,* Wien 1983

166 Zitiert nach: Wolfgang Neugebauer, siehe 163

167 Anklageschrift des Volksgerichtes Wien, vom 18. 6. 1946, Dokumentationsarchiv des österreichischen Widerstandes (DÖW) 4974

168 siehe 163

169 Vernehmung des Beschuldigten Illing am 22. 10. 1945, Dokumentationsarchiv des österreichischen Widerstandes (DÖW) E 18262. Illing wurde am 18. 7. 1946 vom Volksgerichtshof zum Tod durch den Strang verurteilt (DÖW 4974 und E 18262)

170 siehe 169

171 Zeugenaussage Marianne Türk im Kreisgericht Krems, 24. 6. 1949

172 Alle Beispiele zitiert nach der Dissertation von Matthias Dahl, siehe 133

173 Aussage Ernst Illing in der Haupt-

verhandlung vor dem Volksgericht Wien am 15. 7. 1946

174 Aussage Anna Katschenka im Verfahren gegen Heinrich Gross am 27. 3. 1950

175 siehe 169

176 Vernehmung der Beschuldigten Dr. Türk am 12. 3. 1946, Türk wurde am 18. 7. 1946 zu einer zehnjährigen Freiheitsstrafe verurteilt (DÖW 4974)

177 Vernehmung der Beschuldigten Katschenka am 24. 7. 1946 (DÖW E 18262), Katschenka wurde am 9. 8. 1948 zu acht Jahren schweren Kerkers verurteilt (DÖW 4974)

178 Zeugenvernehmung Anna Katschenka am 24. 6. 1949 am Landesgericht Wien

179 siehe 169

180 siehe 133

181 Angaben in Illings Personalakt, auf die sich der Volksgerichtshof in seinem Urteil vom 17. 7. 1946 stützt

182 siehe 173

183 Zeugenvernehmung Hildegard Mozelt in der Strafsache gegen Heinrich Gross, 23. 6. 1949

184 Profil, 26. 1. 1998

185 Zeugenvernehmung von Johann Groß (nicht zu verwechseln mit Heinrich Gross) am Landesgericht für Strafsachen Wien am 18. 5. 1998

186 Hans Heinze in Görden-Brandenburg, Hermann Pfannmüller in Eglfing-Haar, Friedrich Mennecke in Eichberg, Mathilde Weber und Hermann Wesse in Kalmenhof, Valentin Falthauser in Kaufbeuren, Bräuner in Lüneburg, Hilweg in Ueckermünde

187 Götz Aly, *Der saubere und der schmutzige Fortschritt, in: Reform und Gewissen. „Euthanasie" im Dienste des Fortschritts,* Beiträge zur nationalsozialistischen Gesundheits- und Sozialpolitik, Berlin 1985

188 Ernst Illing, *Pathologisch-anatomisch kontrollierte Encephalographien bei tuberöser Sklerose,* Wien 1943

189 Ernst Illing, *Erbbiologische Erhebungen bei tuberöser Sklerose,* 1939

243

190 Medizinische Klinik 1943
191 Götz Aly, *Aktion T4 1939–1945. Die „Euthanasie"-Zentrale in der Tiergartenstraße 4* (ungekürzter Abdruck des Dokuments) Berlin 1987
192 Martina Krüger, K*inderfachabteilung Wiesengrund. Die Tötung behinderter Kinder in Wittenau,* in: *Totgeschwiegen 1933–1945. Zur Geschichte der Wittenauer Heilstätten.* Berlin 1989
193 siehe 192
194 G. Schwarberg, *NS-Menschenversuche in KZs,* in: *Medizin und Nationalsozialismus, Dokumentation des Gesundheitstages Berlin 1980,* Berlin 1983
195 Heinrich Gross, Barbara Uiberrak, *Klinisch-anatomische Befunde bei Hemimegalencephalie,* Virchows Archiv 327, 1955
196 Heinrich Gross, *Der Hypertelorismus. Über die Beziehungen des pathologisch weiten Augenabstandes zu den cranio-cerebralen Dysostosen.* Virchows Archiv 330, 1956
197 Heinrich Gross, Franz Seitelberger, *Über eine spätinfantile Form der Hallervorden-Spatzschen Krankheit,* 1957
198 Heinrich Gross, Franz Seitelberger, *Die pathologische Anatomie der zerebralen spastischen Paresen,* Wiener Medizinische Wochenschrift 1966
199 Profil, 17. 5. 1997
200 siehe 162
201 siehe 191
202 B. Müller-Hill, *Tödliche Wissenschaft. Die Aussonderung von Juden, Zigeunern und Geisteskranken 1933–1945,* Reinbek b. Hamburg, 1984
203 U. Pötzl, *Sozialpsychiatrie, Erbbiologie und Lebensvernichtung – Valentin Falthauser, Direktor der Heil- und Pflegeanstalt Kaufbeuren-Irrsee in der Zeit des Nationalsozialismus,* Husum, 1995
204 siehe 191
205 siehe 191
206 Wiener Landesgericht, Aktenzahl 23b VR/12.100/97
207 Profil, 19. 1. 1998
208 Zeugenaussage Anna Katschenka in der Hauptverhandlung gegen Heinrich Gross, 27. 3. 1950
209 Zeugenaussage Marianne Türk in der Hauptverhandlung gegen Heinrich Gross, 27. 3. 1950
210 Aussage von Heinrich Gross in der Hauptverhandlung vor dem Landesgericht Wien, 27. 3. 1950
211 siehe 208
212 siehe 210
213 Urteil des Oberlandesgerichts Wien vom 26. 5. 1981
214 Eingriffe 13/14, Informationen der AG Kritische Medizin und des AK Kritische Medizin Innsbruck, 1./2. Quartal 1980
215 siehe 214
216 siehe 214
217 Urteil des Oberlandesgerichts Wien vom 26. Mai 1981
218 siehe 217
219 Beantwortung einer Anfrage des Abgeordneten Karl Öllinger im Nationalrat durch den Justizminister
220 siehe 10
221 Hans Luxenburger, *Grundsätzliches zur kausalen Prophylaxe der erblichen Geisteskrankheiten,* in: Zeitschrift für psychische Hygiene 2, 1929
222 siehe 10
223 siehe 10
224 Berthold Kihn, *Die Ausschaltung der Minderwertigen aus der Gesellschaft,* in: Allgemeine Zeitschrift für Psychiatrie und ihre Grenzgebiete 98, 1932
225 siehe 23
226 G. Aly, K. W. Roth, K. Dörner, D. Peukert
227 Helmut Ehrhardt, *Euthanasie und Vernichtung „lebensunwerten" Lebens,* Stuttgart 1965
228 siehe 23
229 Strafprozess gegen Werner Heyde, Gerhard Bohne und Hans Hefelmann, Strafkammer des Landgerichts Limburg, 1962
230 siehe 229
231 siehe 229
232 siehe 23
233 siehe 143

234 siehe 23
235 siehe 143
236 siehe 10
237 siehe 10
238 Brief von L. Schlaich an Hans Frank, 6. September 1940 (Kopie an Lammers), Nuremberg Medical Case, Nürnberger Ärzteprozeß und die dazugehörigen stenografischen Protokolle, National Archives, Washington 1947
239 Bonhoeffer unterstützt daraufhin noch engagierter seine beiden Söhne und seinen Schwiegersohn, die alle aufgrund ihres Widerstandes gegen das Nazi-Regime umgebracht werden.
240 Geoffrey Cocks, *Psychotherapy in the Third Reich: The Göring Institute,* New York 1985; Eberhard Bethge, *Widerstand und Ergebung, Briefe und Aufzeichnungen aus der Haft,* München 1964
241 siehe 23
242 siehe 23
243 siehe 23
244 Paul-Gerhard Braune, *Denkschrift, Betrifft: Planwirtschaftliche Verlegung von Insassen der Heil- und Pflegeanstalten,* 9. Juli 1940, in: Prozeßunterlagen gegen Werner Heyde, Gerhard Bohne und Hans Hefelmann, Strafkammer des Landgerichts Limburg
245 siehe 146
246 siehe 146
247 Nuremberg Medical Case, siehe 238
248 Till Bastian, *Furchtbare Ärzte. Medizinische Verbrechen im Dritten Reich,* München 1995
249 siehe 248
250 Siehe 248
251 siehe 248
252 siehe 146
253 Martin Broszat, *Nationalsozialistische Konzentrationslager 1933 bis 1945,* in: Hans Buchheim, Martin Broszat, Hans-Adolf Jacobsen, Helmut Krausnick, *Anatomie des SS-Staates,* Band 2, Nördlingen 1984
254 siehe 253
255 F.K. Kaul, *Ärzte in Auschwitz,* Berlin 1968

256 Raul Hilberg, *Die Vernichtung der europäischen Juden,* München 1979
257 siehe 253
258 siehe 253
259 Benjamin B. Ferencz, *Lohn des Grauens, Die Entschädigung jüdischer Zwangsarbeiter, ein offenes Kapitel deutscher Nachkriegsgeschichte,* Frankfurt 1986
260 *Rudolf Höß, Kommandant in Auschwitz. Autobiographische Aufzeichnungen,* Hrsg. Martin Broszat, Nördlingen 1987
261 siehe 253
262 siehe 260
263 siehe 255
264 Lucy S. Dawidowicz, *Der Krieg gegen die Juden,* München 1979
265 siehe 253
266 siehe 256
267 siehe 260
268 Heinz Höhne, *Der Orden unter dem Totenkopf. Die Geschichte der SS,* Gütersloh 1967
269 siehe 260
270 Joseph Borkin, *Die unheilige Allianz der I. G. Farben, Eine Interessengemeinschaft im Dritten Reich*
271 siehe 23
272 Auschwitz-Prozeß, Anklageschrift gegen Baer u. a.
273 siehe 23
274 siehe 255
275 siehe 260
276 siehe 256
277 Schriftliche Äußerung von Lagerkommandant Rudolf Höß 1946 während seiner Haft in Krakau
278 Aussage des ehemaligen Häftlings Ceslaus Glowacki im Auschwitz-Prozeß, Verfahren gegen Baer u. a.
279 siehe 278
280 Aussage des Zeugen Emil Martini im Auschwitz-Prozeß, Verfahren gegen Baer u. a.
281 siehe 23
282 siehe 270
283 Akten des Verfahrens gegen Baer u. a., Bl. 7696
284 siehe 23
285 Aussage der Häftlingsärztin Ella Lingens, Auschwitz-Prozeß, Verfahren gegen Baer u. a.

286 siehe 253
287 siehe 260
288 siehe 23
289 siehe 23
290 siehe 260
291 siehe 23
292 Aussage im Auschwitz-Prozess, zitiert in: Fränkische Nachrichten, 12. 6. 1964
293 siehe 255
294 siehe 259
295 siehe 23
296 siehe 23
297 siehe 23
298 Urteil des Obersten Gerichts der DDR am 25. März 1966
299 Fritz Stern, *Gold und Eisen. Bismarck und sein Bankier Bleichröder,* Darmstadt 1978
300 siehe 23
301 siehe 23
302 Hermann Langbein, *Menschen in Auschwitz,* Wien 1972
303 siehe 260
304 siehe 23
305 siehe 23
306 siehe 260
307 siehe 23
308 siehe 23
309 Eugen Kogon, *Der SS-Staat,* München 1988
310 siehe 23
311 siehe 143. Dieses Kapitel stützt sich weitgehend auf die von den beiden Autoren vorgelegte Dokumentensammlung des Nürnberger Ärzteprozesses.
312 siehe 143
313 Urteilsbegründung im Nürnberger Ärzteprozess, zitiert nach Alexander Mitscherlich und Fred Mielke, siehe 143
314 Aussage Romberg im Nürnberger Ärzteprozess, zitiert nach Alexander Mitscherlich und Fred Mielke, siehe 143
315 Zentralblatt für Chirurgie, 70/1943
316 Gerhard Baader, *Menschenversuche in Konzentrationslagern,* in: Johanna Blecker, Norbert Jachertz, siehe 3
317 Ernst Klee, *Auschwitz, die NS-Medizin und ihre Opfer,* Frankfurt/Main 1997
318 Aussage des ehemaligen Häftlings Walter Neff, der Rascher von der Lagerführung als Helfer zugeteilt wurde
319 Fridolf Kudlien, *Begingen Wehrmachtsärzte im Russlandkrieg Verbrechen gegen die Menschlichkeit?,* in: *Der Wert des Menschen, Medizin in Deutschland 1918–1945,* Reihe Deutsche Vergangenheit 34/1989
320 Alfred Streim, *Die Behandlung sowjetischer Kriegsgefangener im „Fall Barbarossa". Eine Dokumentation,* Heidelberg 1981
321 Helmut Krausnick, *Hitlers Einsatzgruppen. Die Truppen des Weltanschauungskrieges,* Frankfurt am Main 1985
322 siehe 319
323 siehe 143 und 248
324 Christian Streit, *Keine Kameraden. Die Wehrmacht und die sowjetischen Kriegsgefangenen 1941 bis 1945,* in: *Studien zur Zeitgeschichte,* Band 13, Stuttgart 1978
325 siehe 319
326 siehe 270
327 siehe 248
328 Aussage Joachim Mrugowsky im Nürnberger Ärzteprozess
329 Aussage Eugen Kogon, der als Stationsschreiber an Ding-Schulers Abteilung Dienst tat, im Nürnberger Ärzteprozess
330 siehe 329
331 Siehe 143
332 siehe 143
333 Verantwortung Gerhard Rose im Nürnberger Ärzteprozess
334 1660–1727, Begründer des britischen Königshauses Hannover
335 Zeugenaussage des Apothekers Hirtz beim Nürnberger Ärzteprozess, der als Häftling im Revier tätig war
336 siehe 143
337 siehe 143
338 Zeugenaussage des ehemaligen politischen Häftlings Nales beim Nürnberger Ärzteprozess
339 Aussage des ehemaligen Sachsenhausen-Häftlings Bruno Meyer, zitiert nach Till Bastian, siehe 248
340 siehe 248

341 *Menschenversuche in Dachau und Auschwitz,* in: Rappel, Revue de la L.P.P.D., 3/4, März/April 1990

342 E. Ost, *Die Malaria-Versuchsstation im Konzentrationslager Dachau,* in: Dachau-Hefte 4/1988

343 Barbara Distel, *Konzentrationslager Dachau,* Brüssel 1972

344 siehe 143

345 Aussage Gebhardt beim Nürnberger Ärzteprozess

346 siehe 23

347 Freya Klier, *Die Kaninchen von Ravensbrück, Medizinische Versuche an Frauen in der NS-Zeit,* München 1994

348 siehe 143

349 siehe 143

350 siehe 143

351 siehe 143

352 siehe 143

353 siehe 256

354 siehe 256

355 siehe 256

356 siehe 256

357 siehe 143

358 siehe 23

359 Karl Lill, zitiert bei Hermann Langbein, siehe 302

360 Zeuge Glowa, zitiert bei Hermann Langbein, siehe 302

361 siehe 23

362 siehe 23

363 siehe 23

364 Clauberg an Himmler, Nürnberger Ärzteprozess, Band 1, Institut für Zeitgeschichte, München

365 siehe 260

366 Brandt an Clauberg, Nürnberger Ärzteprozess, siehe 364

367 siehe 23

368 Philippe Aziz, *Doctors of Death,* Genf 1976

369 siehe 23

370 siehe 23

371 Kremers Tagebuch, in: Hefte von Auschwitz 13/1971

372 siehe 23

373 siehe 302

374 siehe 371

375 siehe 302

376 siehe 256

377 Bernd Naumann, Auschwitz. Bericht über die Strafsache gegen Mulka und andere vor dem Schwurgericht Frankfurt

378 Hermann Langbein, *Der Auschwitz-Prozess, eine Dokumentation,* Frankfurt 1965

379 Jan Mikulski, *Pharmakologische Experimente im Konzentrationslager Auschwitz-Birkenau,* in: Hefte von Auschwitz 10/1967; vergleiche auch Ernst Klee, siehe 317

380 siehe 23; vergleiche auch Ernst Klee, siehe 317

381 Rolf Orthel, Hans Fels, Dokumentarbericht im holländischen TV, Erstausstrahlung April 1975

382 Wirths Rechtfertigungsschrift vom Sommer 1945 in britischer Gefangenschaft

383 siehe 302

384 siehe 23

385 siehe 381

386 siehe 302

387 Lucette Matalon Lagnado, Sheila Cohn Dekel, *Children of the Flames,* New York 1991; deutsch: *Die Zwillinge des Dr. Mengele, Der Arzt von Auschwitz und seine Opfer,* Reinbek bei Hamburg 1994

388 siehe 23; vergleiche auch Ernst Klee, siehe 317

389 siehe 387

390 siehe 387

391 siehe 387; vergleiche auch Ernst Klee, siehe 317

392 siehe 23

393 siehe 23; vergleiche auch Ernst Klee, siehe 317

394 siehe 387

395 siehe 317

396 siehe 317; vergleiche auch: Lucette Matalon Lagnado, Sheila Cohn Dekel, siehe 387

397 siehe 317

398 Benno Müller-Hill, *Tödliche Wissenschaft: die Aussonderung von Juden, Zigeunern und Geisteskranken 1933–1935,* Reinbek bei Hamburg 1984 (der Autor interviewte Verschuers Sohn)

399 siehe 23

400 siehe 387

401 siehe 23; vergleiche auch: Ernst Klee, siehe 317

402 siehe 23; vergleiche auch: Ernst Klee, siehe 317
403 D. Czech, *Kalendarium der Ereignisse im Konzentrationslager Auschwitz-Birkenau 1939–1945*, Reinbek bei Hamburg 1989; siehe auch: Ernst Klee, siehe 317
404 siehe 23
405 Alex Shlomo Dekel, in: Lucette Matalon Lagnado, Sheila Cohn Dekel, siehe 387
406 siehe 317
407 Pokorny an Himmler, Nürnberger Ärzteprozess, Band 1, Institut für Zeitgeschichte, München, siehe auch: Ernst Klee, siehe 317
408 1946 verurteilt das Volksgericht Graz, Senat Klagenfurt, den Arzt Franz Niedermoser und drei Pflegerinnen der Heil- und Pflegeanstalt Klagenfurt zum Tod. Das Volksgericht Wien verurteilt Ernst Illing, Leiter der Wiener Kinderfachabteilung *Am Spiegelgrund* zum Tod, während die Ärztin Marianne Türk mit zehn Jahren davonkommt. Das Berliner Schwurgerich Moabit verurteilt die Ärztin Hilde Wernicke zum Tod, die in der pommerschen Anstalt Meseritz-Obrawalde mehr als 100 Kranke durch tödliche Injektionen ermordet hat. Das Landesgericht Frankfurt spricht ein Todesurteil gegen den *T4*-Gutachter Friedrich Mennecke, Leiter der Anstalt Eichberg, in der mehr als 2700 Patienten ermordet wurden. 1947 fällt das Landesgericht Frankfurt im so genannten Kalmenhof-Prozess Todesurteile gegen den Leiter der Heilerziehungsanstalt Kalmenhof in Idstein, Wilhelm Großmann, sowie die Ärzte Hermann Wesse und Mathilde Weber. Die Urteile gegen Weber und Großmann werden 1949 in Haftstrafen von dreieinhalb bzw. viereinhalb Jahren umgewandelt. Ebenfalls 1947 verurteilt das Landesgericht Frankfurt im Hadamar-Prozess die beiden Ärzte Hans Bodo Gorgass und Adolf Wahlmann wegen Mordes in mindestens 1000 bzw. mindestens 900 Fällen zum Tod.
409 siehe 317
410 siehe 149
411 Peter Ferdinand Koch, *Menschenversuche im Dritten Reich, die tödlichen Experimente deutscher Ärzte*, München 1996, siehe auch Karl Heinz Roth, *Der Fall Viktor von Weizsäcker*, in „1999" 1/86
412 siehe 411
413 siehe 411
414 Kurt Kolle (Hrsg.) *Große Nervenärzte*, Stuttgart, 1959
415 Peter Ferdinand Koch, siehe 411
416 Hermann Muckermann, *Die Familie. Darlegungen für das Volk zur Frage des Wiederaufbaues im Licht der Lebensgesetze*, Bonn 1946
417 Hermann Muckermann, *Der Sinn der Ehe. Biologisch – ethisch – übernatürlich*, Bonn 1947
418 Wolfgang Stroothenke, *Erbpflege und Christentum. Fragen der Sterilisation, Aufnordung, Euthanasie, Ehe*, Leipzig 1940
419 siehe 149
420 Peter Ferdinand Koch, siehe 411
421 Peter Ferdinand Koch, siehe 411
422 siehe 149
423 Aussage von Werner Heyde vor Beamten des Bayerischen Landeskriminalamtes
424 Bericht des Untersuchungsausschusses des Schleswig-Holsteinischen Landtags in der Angelegenheit Prof. Heyde/Dr. Sawade zum Landtagsbeschluss vom 15. Dezember 1959
425 Aussage Bureschs in der nicht öffentlichen Sitzung des Untersuchungsausschusses vom 8. 4. 1961, siehe 424
426 siehe 424
427 Liste abgedruckt bei: Ernst Klee, siehe 149
428 siehe 149
429 Hamburger Echo, 14. Februar 1964
430 siehe 149
431 Aussage Hans Bodo Gorgass vor einem Untersuchungsrichter des Landesgerichts Dortmund vom 17. 2. 1961
432 siehe 149
433 siehe 149

434 Anklageschrift gegen Schumann, Landgericht Frankfurt/Main, vom 12. 12. 1969

435 Aussage von Hans-Joachim Becker, der als *Euthanasie*-Gehilfe mit ihm inhaftiert war

436 siehe 149

437 siehe 149

438 Urteil des Schwurgerichts beim Landgericht Frankfurt/Main vom 23. 5. 1967 gegen Ullrich, Bunke, Endruweit

439 siehe 149

440 siehe 438

441 siehe 149

442 Urteil des Schwurgerichts beim Landgericht Frankfurt/Main vom 6. 6. 1972

443 Urteil des Bundesgerichtshofs vom 20. 3. 1974

444 Süddeutsche Zeitung, 22. März 1974

445 Frankfurter Allgemeine Zeitung vom 10. Juni 1974, Offener Brief an Bundespräsident Dr. Gustav Heinemann, unterzeichnet von Joseph Beuys, Norbert Blüm, Heinrich Böll, Marion Gräfin Dönhoff, Günter Grass, HAP Grieshaber, Gert Kalow, Marie Luise Kaschnitz, Siegfried Lenz, Hans Növer, Ulrich Sonnenmann, Eckart Spoo, Martin Walser, Walter Warnach, Ulrich Wickert.

446 siehe 149

447 Approbation wird nicht entzogen. Gemeinsame Erklärung der Hamburger Gesundheitsbehörde und der Ärztekammer Hamburg, in: Ärztliche Mitteilungen 5/1961

448 siehe 447

449 siehe 149

450 Leine-Zeitung, Regionalbeilage der Hannoverschen Allgemeinen Zeitung für Wunstorf, 11. 2. 1983

451 Aussage Werner Catel vor dem Untersuchungsrichter beim Landesgericht Hannover vom 14. 5. und 17. 5. 1962

452 Werner Catel, *Leidminderung richtig verstanden,* Nürnberg 1966

453 Das Urteil gegen Wesse wird nicht vollstreckt. Er wird 1966, nach mehr als zwanzigjähriger Haft, krankheitshalber entlassen.

454 Berliner Telegraf, 29. März 1946

455 Urteil des Schwurgerichts Berlin vom 25. März 1946

456 Urteil des Schwurgerichts beim Landesgericht München I vom 12. März 1965

457 Urteil des Schwurgerichts beim Landesgericht Augsburg vom 30. Juli 1949

458 Landesgericht Hamburg, Strafkammer 1, 19. 4. 1949

459 siehe 149

460 G. Bittner, *Der deutsche Widerstand gegen Hitler – Ärzte in der Opposition. Die sozial- und gesundheitspolitischen Vorstellungen des deutschen Widerstandes,* Ärztliche Mitteilungen 46/1961

461 Barbara Bromberger, Hans Mausbach, Klaus-Dieter Thomann: *Medizin, Faschismus und Widerstand,* Köln 1985

462 Fridolf Kudlien, siehe 2

463 siehe 461

464 Fridolf Kudlien, siehe 2

465 siehe 461

466 Fridolf Kudlien, siehe 2

467 Fridolf Kudlien, siehe 2

468 Fridolf Kudlien, siehe 2

Namenregister

Degkwitz, Rudolf 234
Dehnel, N. N. 209
Deist, Hellmuth 187
Delitz, Hellmut 209
Delmotte, Hans 209
Dennding, Helmut 187
Deuschl, Hans 22, 56 f.
Deuticke, Hans-Joachim
161
Diehl, Nini 155
Dienstbach, Oskar 209
Dietz, Hans 209
Dietz, Kurt 213
Dingfelder, Johannes 22
Ding-Schuler, Erwin
169, 173 ff., 209, 213
Diringshofen, Heinz
von 161
Dohmen, N. N. 178
Donaubauer, Josef 209

Eberl, Irmfried 119, 121,
123, 224 f.
Ebner, Gregor 63, 65
Ehrlich, Gerhard 209
Ehrsam, Ludwig 209
Eichler, Wolfdietrich
187
Eichmann, Adolf 140,
192, 208
Eicke, Theodor 136, 138
Eimer, Karl 187
Eisele, Hans Kurt 209
Eisen, Carl 209
Ellenbeck, Hans-Dieter
209
Endruweit, Klaus 119,
225 f.
Entress, Friedrich 148,
209
Ernst, W. 22
Eversbusch, Gustav 187
Ewald, Gottfried 129,
187, 235

Fahrenkamp, Karl 209
Falthauser, Valentin 94,
119, 244
Fehringer, N. N. 119
Feingold, Marko M. 13
Feix, Robert 164
Fejkiel, Wladylsaw 145,
149
Fetscher, Rainer 235

Finke, Erich 209
Fischer, Eugen 15
Fischer, Fritz 183, 185 f.,
188 ff., 209, 216
Fischer, Hanns 209
Fischer, Hermann 209
Fischer, Horst 151, 209
Fischer, Karl Josef 209
Fischer, Wilhelm 186
Flach, Karl 209
Flocken, Erika 209
Flury, Ferdinand 187
Foerster, Otfrid 219
Fölsch, Wilfried 186
Frank, Hans 245
Frank, Willi 209
Freisler, Roland 234
Freud, Sigmund 50
Frey, Gottfried 186
Friboes, Walter 187
Friedl, Herbert 209
Fritsche, Heinz 213
Fritz, Amalie 13
Fritzsch, Karl 140
Frowein, Ernst 209
Fuchs, Adolf 187
Fuchs, Hilde 13
Fuchs, Katriel 13
Funk, Carl Friedrich 187

Gaberle, Alois 209
Galen, Clemens Graf
von 131 f.
Galton, Francis 25
Garding, Barthel 213
Gauer, Otto 161
Gaupp, Robert 219
Gebhardt, Karl 163,
180 ff., 188 ff., 213,
216
Geiger, Hans-Joachim
209
Gelbard, Rudolf 13
Gerhardt. N. N. 209
Gernet, Richard von
209
Geussenhainer,
Frederick 234
Geyer, N. N. 209
Gietzelt, Georg Fritz 235
Gildemeister, Eugen 178
Ginsbach, N. N. 209
Glowa, Stanislaw 148
Glowacki, Ceslaus 246

Gluck, John 233
Goebbels, Joseph 69,
221, 235
Goetze, Otto 186
Gohrbrandt, Erwin
161 f., 186
Golla, N. N. 209
Gorgass, Hans Bodo 119,
224, 248
Göring, Hermann 129,
138 f.
Göring, Matthias 129,
187
Görz, Heinrich 209
Gottlieb, Hans 213
Gottron, Heinrich 187
Graf, Willi 233
Grafe, Erich 187
Gräff, Herbert 209
Grawitz, Ernst Robert,
von 115, 140 f., 171 f.,
178 f., 183 ff., 191,
212
Gremels, Hans 187
Grenzken, Karl 216
Greunuß, Werner 209
Groh, Herbert 213
Grönlund, Hans 213
Gross, Heinrich 81 f., 84,
87 f., 90, 95 f., 99 ff.,
236
Großcurth, Georg 233
Grosse-Brockhof,
Franz 161
Großmann, Wilhelm 249
Grote, Heinrich 56
Grote, Louis R. 59
Groth, Walter 161
Gruber, Max von 26
Gruber, N. N. 187
Grunske, Friedrich 187
Gudacker, Heinz 209
Gugig, Hermann 13
Gulecke, Nicolai 186
Gundel, Max 83
Günther, Richard 83, 209
Gürtner, N. N. 130
Güssow, Hans-Joachim
209
Gutberlet, Wilhelm 15
Gütt, Arthur J. 30, 222
Gutzeit, Kurt 178, 187

Haack, Kurt 213

253